한국은
자본주의
사회인가

한국은
자본주의
사회인가

—— 자본주의가
지나쳐서 문제인가
부족해서 문제인가

최성락 지음

페이퍼로드
paperroad

차례

지금 한국 경제는 자본주의 때문에 어려워진 걸까?

1등에서 10등까지 하는 학생들이 있다고 하자. 공부를 굉장히 열심히 하고, 또 성적도 좋다. 그런데 이들 모두가 건강이 나빠지는 문제가 발생했다. 건강이 나빠지다 보니 성적도 전체적으로 떨어지기 시작했다. 우등생들에게 총체적으로 위기가 발생했다.

그 원인을 살펴보니 이들이 모두 밤에 잠을 잘 자지 않고 있었다. 하루에 4시간도 자지 않고 공부를 했고, 결국 몸에 이상이 오고 건강에 빨간불이 켜졌다. 이런 문제가 발생한 이유는 학생들의 성적만 우선시했기 때문이다. 건강과 일상생활의 조화를 이루며 공부해야 하는데, 건강을 희생하면서까지 공부에 매달려 이런 문제가 발생했다.

다른 것을 고려하지 않고, 공부만 중요하게 여겨서 발생한 문제이다. 이에 대한 대응 방안은 공부 말고 건강도 중요하다는 것을 강조하고, 이 우등생들이 충분히 잠을 잘 수 있도록 하는 것이다.

성적이 50등 정도인 학생이 있다. 이 학생도 최근 건강이 나빠지고, 성적이 떨어졌다. 어떻게 해야 건강을 되찾고 다시 성적을 올릴 수 있을까 고민하고 있는데, 1등에서 10등까지의 학생들도 건강이 나빠지고, 성적이 떨어졌다는 것을 알았다. 그리고 1~10등 까지의 학생들에 대한 처방이 수면 시간을 늘리는 것이라는 것도 알았다. 그래서 50등 학생은 '공부만 중요한 것이 아니라 건강도 중요하니, 충분히 잠을 자야 한다'라고 말하고 잠을 더 자려고 한다. 이것은 제대로 된 진단이고 처방일까?

그렇지 않다. 10등 이내 학생들의 건강이 나빠지고, 성적이 떨어진 이유는 공부를 너무 많이 해서, 잠도 자지 않고 공부를 해서 발생한 문제이다. 하지만 50등 학생의 건강이 나빠지고 성적이 떨어진 이유는 과도한 공부 탓이 아니다. 밤마다 잠을 안 자고 게임을 해서 발생한 문제일 수 있다. 그런 학생이 공부 시간을 줄이고, 지금보다 잠을 더 자면 성적은 오히려 더 떨어진다. 이 학생은 공부 시간을 줄이는 게 아니라 공부 시간을 늘리는 게 정확한 대응 방안이다. 공부 잘하는 학생에게 내린 처방을 그대로 따라 하면 안 된다.

이것과 똑같은 문제가 오늘날 한국의 경제 문제 진단과 처방에 나타나고 있다. 한국의 경제 문제에 초점을 맞추는 것이 아니라 미국, 유럽 등 경제선진국의 진단과 처방을 그대로 따라 하려고 한다.

미국, 영국, 유럽 등 선진 서구 국가들은 현재 자본주의의 한계에 부딪혀 고생하고 있다. 그동안 이들 국가는 자본주의를 만들었고, 자본주의를 발전시켜왔다. 사회 곳곳에 자본주의적 사고방식을 도입하고, 자본주의 경제 시스템을 만들었다. 그런데 지금은 오히려 이 자본주의 시스템에서 나타나는 경제 부작용으로 고생하고 있다.

자본주의 경제의 문제점이 주목받은 것은 2008년 세계금융위기이다. 1997년에 동아시아 경제위기가 있었지만, 이것은 어디까지나 동아시아의 개발도상국에서 나타난 위기였다. 신흥국가의 경제 발전 과정에서 쌓인 문제 때문에 발생한 위기였지 자본주의 자체의 위기라고는 볼 수 없었다. 하지만 2008년 금융위기는 그렇지 않다. 자본주의의 원류인 미국에서 위기가 시작되었고, 곧이어 서구 유럽국가도 직격탄을 맞았다. 자본주의의 오류와 한계가 그대로 드러난 것이 2008년 세계금융위기였다. 그래서 그 이후 자본주의의 한계와 문제점이 계속 거론됐다.

세계금융위기 이후 문제시되는 자본주의의 주된 한계점은 자본주의와 신자유주의의 경제 시스템에서 소득 격차가 계속 커진다는 점이다. 소득 격차가 커지는 것은 사회를 불안정하게 만들고, 자본주의의 기본적 개념인 '누구나 성공할 수 있다'는 명제를 허구로 만든다. 또 토마 피케티Thomas Piketty는 『21세기 자본』에서 노동과 자본 중에서 자본이 항상 더 많은 소득을 가져갔다고 주장했다. 자본주의에서는 자본 소득이 노동 소득보다 항상 더 우위에 있기 때문에 필연적으로 부자가 더 큰 부자가 될 수밖에 없다. 이런 소득 분배의 문제, 그리고 빚을 계속 늘려야만 발전할 수 있는 자본주의의 한계가 드러나면서 자본주의의 위기 상황이 왔다고 일컬어진다. 그래서 부자들에 대한 세금 증세 등 자본주의 시스템을 수정하는 방향의 경제 개혁 방안이 제시되고 있다.

미국, 영국, 서구 유럽 등 선진국들이 계속해서 자본주의의 한계점을 제시하고, 새로운 경제 제도의 필요성을 주장한다. 이런 미국과 유럽의 움직임을 보는 한국도 한국 자본주의의 문제점을 말한다. 그리고 미국과 유럽처럼 자본주의 경제를 보다 완화하고, 자본주의가 아닌 다른 방식의 경제 시스템을 도입해야 한다는 주장도 나타난다. 지금 한국 경제는 엄청난 위기 상황이다. 이 경제위기의 원인은 한국이 자본주의를 너무 많이 도입했기 때문이라고 본다. 자본주의는 완전한 제도가 아니고 많은 한계점이 있는데, 한국은 이런 자본주의를 너무 많이 도입하고 또 자본주의 경제의 결정체인 신자유주의를 도입해서 그 부작용이 발생하고 있다. 그래서 한국에서 자본주의 경제를 보다 완화하고 보완할 수 있는 새로운 방안을 마련해야 한다고 주장한다.

그런데 여기서 질문. 정말 한국 경제의 문제가 자본주의가 너무 적용되어서 발생한 문제일까? 미국과 유럽은 분명히 자본주의, 신자유주의가 너무 많이 도입되어 경제 문제가 발생한 것이 맞다. 그런데 한국의 경제 문제도 자본주의가 너무 많이 도입되어서 발생한 것일까?

서구에서 말하는 자본주의 경제의 문제점 말고 한국 경제의 문제에 초점을 맞춰보자. 그러면 전혀 다른 그림이 그려진다. 한국 경제의 문제점은 자본주의가 심화해서 발생한 것이 아니다. 오히려 자본주의가 부족해서 발생한 문제이다.

지금 한국 경제에서 가장 대표적인 문제로 꼽히는 것은 재벌에 의한 경제력 집중, 그리고 소득 격차 심화의 문제이다. 그런데 이 두 가지 문제가 자본주의가 심화해서 발생하는 문제인가?

한국에서는 재벌그룹이 형성되어 경제가 지나치게 기형화되고 있다. 오늘날 한국 경제는 재벌그룹에 대한 의존도가 너무 높다. 재벌 때문에 재벌에 의한 경제력 집중, 국가 경제 왜곡도 일어난다. 그런데 이 문제가 자본주의의 문제인가? 미국, 영국 등 자본주의 국가에는 재벌이 없다. 원래 자본주의가 제대로 작동하면 재벌이 나타날 수 없다. 재벌은 전통사회, 국가 주도의 이권 사회에서나 가능하지 자본주의 사회에서는 불가능한 시스템이다. 한국 재벌들이 경제 지배권을 가지고 있다는 것 자체가 한국에서 자본주의가 제대로 작동하지 않는다는 증거이다. 이 경우 자본주의 적용을 완화하는 게 해결 방안이 될 수 없다. 오히려 자본주의를 강화하는 게 재벌 문제를 해결하는 방안이다. 제대로 된 자본주의에서는 재벌의 세습 체제가 자연스럽게 해체될 수밖에 없기 때문이다.

소득 격차도 마찬가지이다. 미국에서 소득 격차가 커지는 것은 맞다. 미국의 경우, 원래 1,000만 원을 버는 근로자, 1억 원을 버는 근로자가 있었는데, 이들의 소득이 1,000만 원을 버는 근로자, 5억 원을 버는 근로자로 달라졌다. 이전에는 소득 격차가 9,000만 원이었는데 이제는 4억 9,000만 원이 넘게 되었다. 소득 격차가 엄청나게 커졌다. 그런데 소득이 적은 근로자의 수입이 감소한 것은 아니다. 부자가 더욱 부자가 되면서 소득 격차가 커진 것이다.

한국도 소득 격차가 심화하였다. 한국에서도 원래 1,000만 원을 버는 근로자, 1억 원을 버는 근로자가 있었는데, 이들의 소득이 500만 원을 버는 근로자, 2억 원을 버는 근로자로 바뀌었다. 한국은 근로자의 소득이 전보다 줄어드는 경우가 나타났다. 그래서 소득 격차가 커졌다.

한국에서 나타나는 소득 격차 문제의 주된 이유는 부자가 더 큰 부자가 되었기 때문이 아니다. 비정규직, 계약직 등 새로운 노동자층이 생기면서 이들의 임금 수준이 떨어진 게 더 큰 문제이다. 이전에는 노동자들이 모두 같은 임금 수준이었는데, 지금은 노동자들의 임금 격차가 커졌다. 이것이 자본주의 때문인가? 자본주의에서는 노동자를 정규직과 비정규직으로 구분하지 않는다. 같은 일을 하는 노동자를 정규직, 비정규직으로 나누는 것 자체가 자본주의적이 아니다. 한국은 비정규직을 없애고, 모두 정규직으로 고용하는 게 소득 격차 문제를 해결하는 데 중요하다. 이것은 자본주의를 배제하는 것이 아니라 자본주의를 받아들여야 해결되는 문제이다.

한국 경제 문제의 많은 부분은 자본주의가 너무 심화해서 생기는 문제가 아니라 자본주의가 제대로 적용되지 않아서 나타나는 문제이다. 오늘날 한국 경제의 문제점들이 자본주의 때문에 발생하는지, 자본주의가 적용되지 않아서 발생하는지, 그리고 그 해결 방안은 어떠해야 하는지를 직접 살펴보자.

2016년 12월
최성락

Part 1

한국의 재벌은 자본주의일까?

한국의 재벌오너는
왜 쫓겨나는 일이 없을까?

　　최근 10년 사이에 세계에서 가장 유명한 기업가이자 CEO로 스티브 잡스Steve Jobs가 있다. 스티브 잡스는 1976년 애플을 설립하고, 개인용 컴퓨터인 '애플2'를 개발해 모든 가정에서 컴퓨터를 사용하는 시대를 열었다. 이것만으로도 잊히지 않는 경영자가 될 수 있는데, 그 이후 아이팟, 아이폰, 아이패드를 개발했다. 아이팟은 사람들이 음악을 듣는 형태를 바꾸었다. 그리고 아이폰은 전 세계 스마트폰 열풍의 시작이었다. 또 아이패드는 노트북을 위협하며 태블릿을 유행시켰다. 한 사람이 한 가지 상품으로 세상을 바꾸기도 어렵다. 그런데 스티브 잡스는 애플2에서 시작해서 아이팟, 아이폰, 아이패드를 새로 개발하면서 지금의 스마트 시대를 열었다. 스티브 잡스가 사망한 지 5년이 지났지만, 여전히 그는 세계에서 가장 존경받는 CEO로 꼽힌다. 스티브 잡스는 정말 현대 문명에 막대한 기여를 했다.

　　그런데 이런 스티브 잡스에게도 흑역사가 있다. 스티브 잡스의 애플사는 1977년에 애플2를 개발하면서 전 세계 컴퓨터 회사의 선두에 선다. 하지만 그 이후 애플은 계속 추락한다. 마이크로소프트의 윈도Windows가 PC 운영체제를 점령하였고, 애플의 맥Mac 운영체제는 사양길에 들어섰다. 또 애플2 이후에 출시된 제품들이 연이어 실패하면서 애플의 영업실적도 계속 하락했다.

스티브 잡스의 개인적인 문제도 있었다. 스티브 잡스는 훌륭한 CEO라 평가되지만 성격까지 훌륭한 것은 아니었다. 스티브 잡스의 괴팍하고 까칠한 성격은 회사 안에서 문제를 일으켰다. 결국, 스티브 잡스는 1985년에 애플사에서 쫓겨난다. 하지만 스티브 잡스는 1997년 애플에 다시 복귀했고, 이때부터 아이팟, 아이폰, 아이패드의 신화를 새로 써나가기 시작했다.

그런데 여기서 질문. 애플은 스티브 잡스가 만든 회사이다. 스티브 워즈니악Steve Wozniak, 로널드 웨인Ronald Wayne과 함께 애플을 창립했다. 즉, 스티브 잡스는 애플의 창립자이다. 또 스티브 잡스는 애플의 대주주이기도 했고, CEO이기도 했다. 그런데 스티브 잡스는 애플에서 쫓겨났다. 자기가 만든 회사이고 자기가 CEO이고 대주주이기도 한데 그 회사에서 쫓겨났다.

한국에서 이건희 회장이 삼성그룹에서 쫓겨나는 일이 일어날 수 있을까? 정몽구 회장이 현대자동차그룹에서 쫓겨나는 일이 일어날 수 있을까? 삼성그룹, 현대자동차그룹 내부에서 이건희, 정몽구를 스스로 쫓아내는 일이 상상이 되나? 한국에서 이런 일은 상상하기 힘들다. 정부가 나서서 자리를 내놓으라고 협박해서 물러나는 경우는 상상할 수 있어도 삼성그룹, 현대자동차그룹 내부에서 자체적으로 이건희, 정몽구 회장을 쫓아내는 일은 상상할 수 없다. 그런데 스티브 잡스는 애플에서 쫓겨났다. 어떻게 이런 일이 가능했을까?

사실 스티브 잡스가 애플에서 쫓겨난 것은 자본주의 경제에서 특별한 일이 아니다. 미국에서는 창업자이자 CEO이지만 자기 회사에서 쫓겨나는 일이 다반사로 일어난다. 자본주의 사회에서 주식회사의 주인은 주주이다. 그 회사의 주식을 가지고 있는 사람들이 그 회사의 주인이다. 그런데 주식회사의 주주는 그 수가 많을 수 있다. 주주들이 모두 모여 의사결정을 하기가 어렵다. 그래서 주주들의 대표인 이사회가 만들어진다. 회사의 주요 결정은 바로 이 이사회에서 한다.

이사회에서는 회사를 운영하는 데 적합하다고 생각되는 사람을 CEO로 임명한다. 그리고 그 CEO가 일을 잘하는가를 감시하고 평가한다. 만약 CEO가 일을 제대로 하지 않으면 해임하기도 한다. 주식회사에서 가장 큰 권한을 가지고 있는 것은 CEO도 아니고 회장도 아니다. 바로 이 이사회이다.

이사회는 주주총회에서 주주들이 임명하지만, 이사회 내에서 이사들은 독립적이다. 그리고 1인 1표를 행사한다. 이사회는 과반수의 결정에 따라 의사결정을 한다. 일곱 명이 이사라면 이 중에서 네 명이 찬성을 하면 그 안건은 통과된다. 이사회 중 어느 한 명이 대주주를 대표한다고 해서 그 한 명이 이사회를 좌지우지하는 것이 아니다.

그래서 스티브 잡스는 창업자이자 CEO, 대주주임에도 불구하고 애플 CEO에서 해임된다. 스티브 잡스가 대주주라 하더라도 다른 대주주들이 있다. 다른 대주주들이 임명한 이사들은 스티브 잡스와 다른 의견을 가질 수 있다. 또 스티브 잡스가 CEO이기는 하지만, 그 CEO라는 것이 바로 이사회에서 임명하는 것이다. 스티브 잡스가 내가 CEO를 하겠다고 해서 할 수 있는 게 아니다. 또 스티브 잡스가 창업자라는 것도 주식회사에서는 아무런 고려 사항이 되지 않는다. 주식회사에서 권한을 가지고 있는 사람은 주주이지 창업자가 아니다. 창업자가 주식을 가지고 있으면 그만큼 권한을 가지고 있을 수 있다. 하지만 주식이 없는 창업자는 회사 차원에서 볼 때 그냥 과거의 인물일 뿐이다. 이것이 바로 주식회사의 원칙이고, 또 자본주의 경제의 원칙이기도 하다. 자본주의의 주식회사는 이사회가 운영하는 것이다.

자본주의 경제에서는 이렇게 창업자이자 대주주, CEO도 쫓겨날 수 있다. 일을 잘 못하면 쫓겨나는 게 당연하고, 또 이사회와 사이가 안 좋거나 부딪혀도 쫓겨날 수 있다. 그것이 자본주의이다.

한국의 회사는 자본주의적일까 자본주의적이 아닐까? 이건희 회장이 삼성그룹 내부의 반란 때문에 쫓겨나는 일이 상상이 되면 삼성은 자본주의적인 것이고, 이건희 회장이 삼성에서 쫓겨나는 일이 상상이 안 되면 자본주의적이 아니다. 정몽구 현대자동차그룹 회장이 이사진들에 의해서 쫓겨나는 일이 가능하다면 자본주의 사회인 것이고, 정몽구 회장이 쫓겨나는 일이 불가능하다면 자본주의 사회가 아니다. 그런데 한국에서는 아무도 이건희 회장이 삼성에서 쫓겨나는 일을 상상할 수 없다. 정몽구 회장이 현대에서 쫓겨나는 일도 상상할 수 없다.

이건희 회장이 삼성 주식 50% 이상을 가지고 있는 대주주라면 쫓겨날 리가 없을 것이다. 주식 50%를 차지하고 있으면 이사회에서도 50% 이상을 차지할 수 있다. 이사회의 50% 이상이 이건희 편이기 때문에 이사회에서 이건희를 물러나게 하는 안건은 통과되지 않는다. 현재 이건희 회장이 삼성그룹 회장이기는 하지만 삼성그룹에서 가장 중요한 삼성전자의 경우 막상 이건희가 가지고 있는 주식은 3.38%밖에 되지 않는다. 가족들의 주식을 모두 합쳐도 4.74%밖에 되지 않는다. 사실 이 정도 가지고는 회사에 영향을 주는 대주주라고 할 수도 없다.

한국에서 재벌그룹들은 창업주 일가의 주식이 아니라 관계 회사 주식들을 통해서 지배권을 행사한다. 삼성전자에서 이건희 일가의 주식은 5%도 되지 않지만 삼성 계열사들이 17.64%의 주식을 가지고 있다. 이 17.64%의 지분을 가지고 이건희는 삼성전자에 대한 지배권을 보유한다. 하지만 그래 봤자 과반수에는 절대적으로 미달이다. 다른 주주들이 단합하면 얼마든지 주식 수에서 이건희와 삼성 계열사를 누를 수 있다.

삼성만이 아니라 현대, LG, SK, 한진 등 다른 재벌그룹도 모두 마찬가지이다. 지금 한국 재벌그룹 중에서 창업자 가족이 과반수 주식을 보유하고 있는 곳은 아무 데도 없다. 그러나 그렇게 재벌가 가족들의 보유 주식이 많지 않다 하더라도 사람들은 그 회사들을 재벌 가족 소유로 생각한다. 삼성의 주인은 당연히 이건희이고, 현대의 주인은 정몽구이다. 그 점에 대해서 아무런 의심도 품지 않는다. 만약 이건희 일가 외에 다른 외부 세력이 삼성의 경영권에 영향을 미치려고 하면 난리가 난다.

2003년 SK그룹과 소버린Sovereign 간 경영권 다툼이 있었다. 소버린이 SK 주식을 매수하면서 제1대 주주가 되었다. 소버린은 대주주의 권한으로 SK그룹에 대한 개혁을 요구했다. 한국은 난리가 났다. SK그룹의 주인은 故 최종현 회장의 아들인 최태원이고, 다른 사람이 SK그룹에 경영권을 행사하는 것은 절대 용납할 수 없는 일이었다. 한국은 최태원을 적극적으로 지원했고, 갑자기 끼어든 소버린을 비난하고 욕했다. 결국, 소버린은 SK의 대주주였음에도 SK에서 손을 뗀다(그 대가로 돈은 많이 벌었다). 대주주가 소수 주주와 여론 때문에 경영권을 행사하지 못했다. 사람들은 최태원이 다른 주주들의 힘으로 SK그룹에서 쫓겨나는 것을 인정할 수 없었다.

자본주의 사회에서는 창업자라 하더라도 쫓겨날 수 있다. 스티브 잡스처럼 큰 업적을 세운 CEO, 대주주도 쫓겨나는 게 바로 자본주의이다. 재벌가 CEO가 이사진에 의해서 쫓겨나는 것을 상상할 수 없는 한국은 아직 자본주의 기업 시스템이라 할 수 없다.

한국의 전문경영인은 왜
전문적으로 경영하지 못할까?

자본주의의 특징 중 하나는 전문경영인 제도이다. 전문경영인 제도가 제대로 도입되기 전, 회사는 자기 자식이나 친척들에게 물려주는 경우가 많았다. 회사를 처음 창업하면 그 사람이 보통 창업주이자 대주주가 된다. 창업주가 죽으면 자본주의 사회에서 그 재산이 자식들에게 상속된다. 주식도 물려받게 되니 자식도 대주주가 된다. 그러면 그 자식이 대주주의 권한으로 회사의 경영에 참여하고 회사의 CEO 자리까지 물려받았다. 사실 회사를 후세에게 물려주는 것은 오늘날 한국에서만 일어나는 일은 아니다. 서구 자본주의 사회에서도 처음에는 회사를 자식들이 물려받았다. 20세기 초 헨리 포드Henry Ford의 아들이 포드자동차 사장이 되었고, 포드의 손자인 헨리 포드 2세가 1980년까지 CEO 자리에 있었다. 또 금융 재벌로 유명한 J.P 모건John Pierpont Morgan은 자기 아버지 헨리 모건의 금융회사를 물려받았다.

하지만 서구 자본주의에서 자식들이 회사를 물려받다 보니 곧 문제가 발생한다. 창업자가 회사 경영 능력이 있었다고 해서 그 자식도 경영 능력이 있지는 않다. 설사 자식이 경영 능력이 있다고 해도 창업자 수준에는 미치지 못하고, 또 그 회사에서 몇십 년간 일해 온 사람들에 비해 회사 업무에 대해 더 많이 알지도 못한다.

2세까지는 그래도 괜찮다. 지금 아무리 큰 회사라 하더라도 창업자가 회사를 처음 만들었을 때부터 대기업은 아니다. 창업자는 처음에 스타트업 기업, 벤처기업으로 시작해서 점차 대기업으로 키웠다. 벤처기업, 중소기업 단계에서 창업자의 나이는 최소한 40대는 넘겼을 것이고, 자녀들은 어린 상태이다. 2세들의 청소년기에는 아직 자기 아버지가 대기업 회장은 아니었다. 그냥 조그만 기업의 사장이었을 뿐이다. 2세들이 자기 아버지 회사에 들어갈 때도 대기업은 아니다. 이때는 자기 아버지의 큰 회사를 물려받는다는 생각보다는 회사 경영에 어려움을 겪는 아버지를 도와드린다는 생각이 더 크다. 2세들은 그런 중소기업에서 대기업으로 커가는 과정을 그래도 직접 경험한 세대들이다. 대기업으로 성장한 다음에 회사에 들어온 사람들보다는 훨씬 회사에 대해서 잘 안다.

하지만 3세 때부터는 다르다. 3세가 태어났을 때 이미 회사는 대기업이 되었을 때다. 3세는 대기업이 된 상태를 자연스럽게 받아들이고 자란다. 대기업 손자로서 누릴 것을 다 누릴 수 있다. 3세부터가 정말로 귀족이라고 할 수 있다. 하지만 3세부터는 중소기업이 대기업으로 성장할 때 어떤 과정을 겪어야 하는지, 회사 경영이 어떤지도 모른다. 2세가 회사를 물려받으면 그래도 괜찮지만, 3세부터는 문제가 발생한다.

그래서 자본주의 회사들은 전문경영인 체제로 바뀌게 된다. 단지 창업자의 후손이라는 이유로 CEO가 되지 못하도록 하고, 경영 전문가인 전문경영인에게 회사 경영을 맡긴다. 전문경영인들은 일단 회사 내에서 몇십 년 동안 일해온 사람들이다. 자기 회사이든 다른 회사이든 몇십 년간 일하면서 경영에 대한 노하우를 쌓아왔다. 어떤 분야든 전문가가 일반인들이나 아마추어보다 실력과 성과가 나은 법이다. 경영의 전문가인 전문경영인에게 회사 운영을 맡긴다. 그리고 그것이 오늘날 자본주의 경제의 기본이 되었다. 아직 창업자가 생존해 있는 경우나 중소기업의 경우에는 가족 경영이 이루어지기도 하지만, 최소한 대기업 수준에서는 대부분 전문경영인 체제를 갖추고 있다. 창업자 가족이나 후손이 운영하는 것보다 전문경영인이 운영할 때 훨씬 더 실적이 좋다.

그런데 한국에서 전문경영인은 다르다. 한국에서는 전문경영인보다 창업자 가족이 경영을 맡는 것이 낫다고 본다. 2010년 LG전자 부회장은 전문경영인인 남용이었다. 2010년 10월, 남용 LG전자 부회장이 물러나고 LG 재벌가의 구본준이 부회장으로 취임한다. 전문경영인에서 재벌가 가족이 경영을 맡게 되었으니 더 좋아져야 할까 나빠져야 할까? 한국에서는 재벌가 가족이 경영을 맡게 되니 더 나아진다고 평가했다. 전문경영인은 빠르게 투자 결정을 내릴 수 없고, 자기 책임 하에서 제대로 일하기 힘들다. 하지만 재벌가 사람이 왔으니 책임 있게 의사결정을 하고 회사를 운영해나갈 수 있을 것이라는 평가였다. 전문경영인보다는 재벌가 가족이 운영하는 게 낫다는 이야기다.

한국에서 전문경영인의 능력이 의심되는 경우는 많이 있다. 과거 10대 그룹에 포함되었던 동아그룹이 해체되었을 때, 당시 그룹 회장은 회사가 망한 이유 중 하나로 전문경영인 체제를 꼽았다. 동아그룹 회장은 선진 경영을 배우고 깨어있는 사람이었다. 그래서 가족, 친척들보다는 전문경영인을 주로 썼다. 전문경영인들을 믿고 회사 경영을 완전히 맡겼다. 전문경영인들은 회사가 잘 굴러간다고 보고를 했고, 그룹 회장은 그 말들을 믿었다. 하지만 회사는 완전히 망해가고 있었고, 결국 그룹이 해체되어 버린다. 전문경영인을 믿고 맡긴 것이 문제였다.

최근 법정관리에 들어간 한진해운의 경우도 마찬가지이다. 한진해운이 살아날 수 있느냐가 의문시될 때, 채권은행단은 한진그룹 회장에게 '한진해운에 대해 말하는 부하 임원들의 말을 믿지 말라'는 충고를 한다. 전문경영인에 속하는 임원들의 말을 믿지 말고, 그룹 회장이 직접 사태를 파악해보라는 조언이었다. 한국에서는 전문경영인의 말만 믿고, 그냥 내버려 두었다가는 회사가 망해버리는 경우가 많다.

그런데 미국 등에서는 전문경영인이 아무 문제 없이 회사를 경영하고, 또 우상으로 떠오르기도 하는데 왜 한국에서는 전문경영인들에 대한 신뢰가 없을까? 전문경영인들은 분명 몇십 년 동안 회사 생활을 한 사람이고, 그 능력을 인정받아 이사, 사장까지 된 사람들이다. 누구보다 능력이 있는 사람들인데, 왜 회사를 맡기기 힘들다고 보는 것일까?

자본주의에서는 이익을 중요시한다. 그래서 전문경영인이 회사를 잘 운영했느냐 아니냐에 대한 평가는 그 회사의 이익이 어떻게 되느냐이다. 이익을 높이면 성공적인 전문경영인으로 평가를 받는다. 계속 CEO로 일할 수 있고, 그에 따르는 성과급도 엄청나게 받을 수 있다. 미국에서 CEO의 보수는 엄청나다. 미국에서 크게 성공할 수 있는 주된 길이 바로 전문경영인이 되는 것이다. 로또에 당첨되어도 몇십억 수준이다. 하지만 전문경영인 CEO가 되면 보통 1년에 몇십억을 벌 수 있고, 실적을 잘 쌓기만 하면 몇백억의 성과급을 받는 것도 드문 일이 아니다. 팔백만분의 일의 확률을 가진 로또에 당첨이 되어도 몇십억 수준이다. 그런데 성공적인 CEO가 되면 몇백억도 벌 수 있다. 미국에서 CEO들은 회사의 이익을 높이기 위해서 매우 노력한다. 그러면 자기 자신도 계속 CEO 지위를 가지면서 엄청난 부자가 될 수 있다. 이것이 자본주의 사회에서 원래 전문경영인의 모습이다.

그런데 한국의 전문경영인은 어떨까? 회사가 이익만 계속 내면 그 자리에 계속 있을 수 있을까? 아니다. 한국의 전문경영인에게는 회사의 이익이 중요하지 않다. 물론 회사인 이상 이익이 중요하긴 하지만 그것이 가장 중요한 결정적인 요소는 아니다. 재벌가 회장의 신임이 무엇보다 중요하다. 아무리 이익을 많이 내도 그룹 회장의 눈 밖에 나면 다음 날 그만둬야 한다. 회사가 적자를 내도 회장의 신임을 받으면 계속 그 자리를 유지한다. 전문경영인으로 계속 일할 수 있는 여부가 얼마나 회사 경영을 잘하는가에 있지 않다. 재벌가에 얼마나 충성을 다하고 비위를 맞추느냐에 따라 결정된다.

동아그룹의 전문경영인들이 부도에 가까워지는 회사의 상태를 몰랐을 리 없다. 하지만 회사의 실태를 솔직히 말하고 회사를 살리려고 노력했다면 CEO로 계속 일할 수 있었을까? 그룹 회장이 듣고 싶어 하지 않는 말을 하는 순간에 잘렸을 것이다. 이 회사의 CEO들은 회장의 기분을 좋게 하는 것에 가장 노력을 기울였던 것이고, 회사의 경영 상황은 그다음이었다.

현대자동차의 경우 임원들의 지위는 그룹 회장의 신임 여부에 따라 정해지는 것으로 유명했었다. 회장이 임원회의 석상에서 자기 가까이 앉히는 사람이 실세가 된다. 멀리 떨어져 앉으라고 하면 그 순간부터 찍힌 임원이 된다. 이익을 많이 내면 실세가 되고, 이익을 내지 못하면 찍히는 게 아니다. 회장이 어떻게 평가하느냐에 따라 자신의 회사 내 위치가 결정된다. 그러면 전문경영인들은 회사의 이익보다는 회장에게 잘 보이는 것을 더 중요하게 여기게 된다.

한국에서 전문경영인들이 재벌가 후계자들보다 낮은 평가를 받는 것은 전문경영인들 자체의 문제가 아니다. 대주주가 아니라 전문경영인 체제를 활용하는 자본주의의 문제는 더더욱 아니다. 이것은 전문경영인 평가에서 회사의 이익보다 재벌가의 신임이 더 중요하게 작용하는 한국 사회의 문제이다. 이익을 무엇보다 중요시하는 자본주의 시스템이라면 한국에서 전문경영인이 무시되는 지금과 같은 상황은 벌어지지 않았다.

재벌의 세습 경영은 당연한 것일까?

　　한국의 재벌들은 자기 지위를 자식들에게 물려준다. 대주주의 지위만 물려주는 것이 아니라 최고경영자의 지위도 같이 물려주려 한다. 자식의 실제 공식 명칭이 무엇이든, 재벌가의 자식이 회사의 실질적 지배자가 된다. 이렇게 자기 핏줄에 경영을 물려주는 것이 2세 경영을 지나 3세 경영, 4세 경영까지 이어지고 있다.

　　삼성그룹은 2세인 이건희를 지나 3세 이재용 체제를 만들어가는 중이다. 현대자동차그룹은 2세 정몽구가 아직 회장이기는 한데, 3세 정의선이 현대자동차의 부회장, 기아자동차의 비상무이사로 있다. 정의선이 앞으로 현대가를 이끌어가리라는 것에 대해 아무도 이의를 제기하지 않는다.

　　한진그룹은 현재 2세 조양호 체제이고, 조양호 회장의 자녀로 조현아, 조원태, 조현민이 있다. 땅콩회항 사건으로 물러난 조현아는 대한항공 부사장이었다. 한화그룹은 2세 김승연이 회장이고, 3세인 김동관, 김동원, 김동선이 각각 한화큐셀 전무,

한화생명 상무, 한화건설 팀장으로 있다. 두산은 회장이 이미 3세이다. 4세인 박서원, 박재원 등이 오리콤 부사장 겸 두산그룹 전무, 두산인프라코어 부장으로 일하고 있다.

재벌그룹 회장이 자기 자식에게 대주주의 지위와 최고경영자의 지위를 물려주는 것은 자본주의 사회에서 당연할까, 아니면 자본주의 사회에서는 볼 수 없는 일일까? 자본주의 사회에서는 자기 자식들에게 재산을 물려주는 것은 당연한 일이다. 하지만 재산 이외에 다른 것은 물려주지 않는다. 자본주의는 자본이 주요한 가치이다. 자본을 중요시하기 때문에 자본은 물려주지만 다른 것은 물려주지 않는다. 그것이 자본주의이다. 그래서 자본주의에서는 대주주의 지위는 물려받을 수 있다. 하지만 최고경영자 자리는 아니다. 최고경영자의 지위를 자식에게 물려주려고 하는 한국은 자본주의로 보기 어렵다.

자본주의가 대두되기 전에는 귀족사회였다. 귀족사회는 혈연이 모든 것을 결정한다. 아버지가 공작이면 자식도 공작이 되고, 아버지가 남작이면 자식도 남작이 된다. 귀족의 자식은 평생 귀족이고, 평민의 자식은 평생 평민이다. 그리고 이런 신분 차이는 아무리 노력해도 극복할 수 없다.

그래도 귀족들 사이에서는 지위 고하가 변화될 수 있었다. 큰 공을 세우면 남작이 공작이 될 수도 있었고, 자작이 공작이 될 수도 있었다. 하지만 이런 지위 변화도 어디까지나 귀족들 사이에서만 이루어졌다. 평민은 아무리 공을 세워도 자작, 공작이 되는 것이 불가능했다. 아니, 평민들에게는 그런 공을 세울 기회조차 주어지지 않았다.

전쟁에서 큰 공을 세우려면 높은 장교 계급이어야 한다. 하지만 평민은 장교가 될 수 없었다. 장교는 오로지 귀족들만 가능했다. 장교가 아닌 일반 사병이 전쟁에서 큰 공을 세울 수는 없는 일이다. 높은 관직에 오르는 것도 귀족만 가능했다. 평민은 아무리 똑똑하고 일을 잘해도 중간관리층밖에 오를 수 없었다. 높은 관직에 오를 수 없는데 공작이 될 수 있을 만큼 큰 공을 세울 수는 없는 일이다.

사회의 모든 면이 이렇게 신분에 의해서 결정되었다. 신분에 따라 오를 수 있는 자리 수준이 정해졌고, 입을 수 있는 옷, 먹을 수 있는 음식, 주거하는 주택 등이 결정되었다. 아무리 능력이 있어도 자기 신분을 벗어나는 옷, 음식, 주택을 누릴 수 없었다. 그것이 신분사회이다. 그리고 이 신분은 혈연에 의해서 후세에게 대물림되었다. 귀족의 자식은 자기 능력이 어떻든 간에 귀족으로서 지위를 누릴 수 있었다.

자본주의 사회는 혈연을 중시하는 신분사회를 타파하면서 나왔다. 신분사회는 혈연에 의해서 자기 지위가 정해진다. 혈연은 태어나서 죽을 때까지 변하지 않는다. 즉 자기 지위는 평생 고정되는 것이다. 자본주의는 이런 시스템의 부조리함을 외치면서, 누구나 자기 노력으로 자신의 신분을 바꿀 수 있도록 도입된 제도이다.

자본주의는 돈을 중요시한다. 돈이 많으면 신분이 높아지고, 돈이 없으면 신분이 낮아진다. 신분사회와 같이 자본주의 사회에서도 지위의 높낮이가 있다. 하지만 그 내부 구성 원리는 완전히 다르다. 혈연 중심의 신분사회에서는 내가 아무리 노력을 해도 나아질 수 없지만 자본주의는 다르다. 내가 노력해서 돈만 벌면 된다. 그러면 더 나은 사회적 지위를 얻을 수 있다. 신분사회에서 귀족은 어떻게 해도 귀족이다. 그러나 자본주의 사회에서는 처음에 높은 지위라 하더라도 돈을 다 잃어버리면 낮은 지위로 떨어진다.

자본주의 사회에서는 자신이 타고난 신분이 어떻든 간에 자기 노력으로 신분을 바꿀 수 있다. 자본주의는 사회계급을 고착시키는 제도가 아니다. 사회계급을 유동적으로 만들고 자기 노력으로 신분을 바꿀 수 있는 제도이다.

그런데 한국에서는 재벌가의 자식들이 그 지위를 계속 물려받는다. 재벌가만이 아니라 보통 사람들도 그것을 당연하게 생각한다. 하지만 이런 식으로 자식들이 아버지의 지위를 물려받는 것은 자본주의 사회에서는 절대 당연한 것이 아니다.

혹자는 자본주의를 채택한 미국이나 유럽에서도 후세에게 기업을 물려주는 경우가 적지 않다는 것을 말하기도 한다. 가족들끼리 경영하는 것이 오히려 회사 경쟁력이 더 높다는 연구 결과가 있기도 하다. 물론 외국에도 가족들끼리 경영을 하고 자녀에게 회사를 물려주는 경우가 많이 있다. 하지만 그것은 회사 형태가 원래 가족 회사인 경우이다. 합자회사나 유한회사들인 경우가 많고 주식회사인 경우라도 상장되지 않고 가족들이 절대다수의 주식을 보유하고 있는 경우이다. 이런 회사들은 가족

경영을 해도 상관없다. 전통적으로 이런 회사들은 가족 위주의 경영을 해왔다.

주식회사는 자본주의의 꽃이라 불린다. 그리고 주식회사 중에서도 주식시장에 상장된 회사가 중요하다. 자본주의를 이끄는 회사들은 이런 상장회사들이고, 이 상장회사들은 가족 경영을 하거나 자식에게 물려주지 않는 것이 원칙이다. 애플의 CEO는 스티브 잡스였다. 스티브 잡스가 CEO 자리에서 물러나면서 스티브 잡스의 자식이 경영권을 물려받을 것이라고 상상한 사람이 전 세계에 한 명이라도 있었을까? 마이크로소프트의 창업자이자 CEO였던 빌 게이츠Bill Gates는 지금 CEO에서 물러났다. 빌 게이츠에게도 자식이 있다. 그런데 전 세계에서 빌 게이츠의 자식이 마이크로소프트의 CEO가 될 것이라고 생각하는 사람이 한 명이라도 있었을까?

자본주의 사회의 상장회사에서 그런 일은 벌어지지 않는다. CEO의 자녀는 주식을 상속받을 수 있다. 하지만 CEO 자리는 물려주지 않는다. 자본주의 사회에서 물려주는 것은 재산뿐이다. 그 외의 다른 것은 물려주지 않는다. 재산 이외에 다른 것도 같이 물려준다면 그것은 자본주의가 아니다. 자본 중심의 신분 사회이다. 그런데 왜 한국 재벌들은 재산만 물려주는 것에서 멈추지 않고 CEO 자리까지 물려주려고 할까?

자본주의 사회에서는 자본만 있으면 되는 것이 원칙이다. 그 밖에 다른 사회적 지위는 별로 필요하지 않다. 미국에서 한 회사의 대주주가 더 소중한 사람일까, CEO가 더 소중한 사람일까? 당연히 대주주의 지위가 더 높다. CEO는 대주주로부터 월급을 받고 일하는 사람이다. CEO의 월급이 매우 많기는 하지만, 어쨌든 월급을 받고 일하는 고용인이다. 자본주의 사회에서는 아무리 평소에 놀고먹더라도, 사회적 지위가 없다 하더라도 자본이 많으면 사회에서 인정을 받는다.

하지만 한국에서는 그렇지 않다. 아무리 돈이 많고 주식이 많아도 직업이 없으면 곤란하다. 돈이 아무리 많아도 백수면 높게 보지 않는다. 돈이 없더라도 한 회사의 CEO라고 해야 뭔가 있어 보이고 능력 있는 사람으로 인정받는다. 즉 한국에서는 가지고 있는 돈, 자본으로 그 사람을 평가하지 않는다. 그 사람의 사회적 지위로 평가한다. 얼마나 사회적으로 높은 자리에 있는가가 중요하지, 재산이 얼마인가는 그다음이다. 그래서 한국의 재벌가 자식들은 대주주라는 것에 만족이 안 된다. 회사에서 전무, 사장, CEO 등의 자리를 차지하려고 한다. 재벌가들이 CEO 자리에 집착하는 한, 한국은 아직 제대로 된 자본주의라고 볼 수 없다.

회장님이 감옥에 있으면
투자 결정이 이뤄지지
못하는 것이 자본주의일까?

한국 재벌그룹 회장 중에는 감옥에 갔다 온 사람들이 많다. SK그룹의 최태원 회장도 감옥에 있었고, 한화그룹 김승연 회장, CJ그룹 이재현 회장도 감옥에 있었다. 그런데 재벌그룹 회장들이 감옥에 있을 때 나오는 이야기 중 하나는 회장이 감옥에 있어 투자가 잘 안 이루어진다는 것이다. 회장이 그룹 차원에서 의사결정을 하고, 새로운 사업 진출 등의 투자 결정을 한다. 그런데 회장이 감옥에 있다 보니 그런 결정을 할 수가 없다. 그룹의 투자를 활성화하고 그룹의 경영 활동을 원활히 하기 위해 회장들을 감옥에서 내보내 줘야 한다는 주장을 한다.

이런 주장이 완전히 터무니없느냐 하면 그렇지는 않다. 사실 한국에서 재벌그룹 회장이 감옥에 있을 때 새로운 사업 투자가 잘 이루어지지는 않는다. 그래서 정부도 재벌그룹 회장들을 수감 도중에 다 풀어주었다. 재벌그룹 회장들을 사면해주고 풀어줄 때마다 특혜 논란이 발생하지만, 국가 경제 활동에 기여하라는 의미로 형 집행 도중에 사면해준다.

그러면 이렇게 경제를 위해서 재벌 회장들을 사면해주는 것이 자본주의적일까? 한국은 워낙 경제를 중시하는 자본주의가 심화하여서 기업의 경제 활동을 위해 재벌들을 사면해주는 것일까?

그렇지 않다. 한국은 분명 재벌그룹 회장들이 그룹 전체에 대해 결정적인 의사결정권을 가지고 있다. 그런데 이것은 자본주의가 발달해서가 아니다. 자본주의가 제대로 작동하지 않기 때문에 재벌그룹 회장들이 의사결정권을 행사하는 것이다.

회사 운영과 관련해서 최고 의사결정권은 누가 가지는 것이 원칙일까? 주식회사에서 가장 중요한 두 개의 기관은 이사회, 그리고 주주총회이다. 이사회는 기업 경영과 관련된 의사결정을 한다. 그리고 주주총회는 이것을 승인하거나 거부하는 결정을 할 수 있다. 하지만 거부라고 해도 대놓고 그 결정을 뒤집는 것은 아니다. 주주총회는 이사회의 이사 임명권을 가지고 있다. 주주총회는 대부분 자기의 의견에 반대하는 이사를 해임하고, 자기 의견에 찬성하는 이사를 고용하는 식으로 영향을 미칠 뿐이다. 회사의 존폐가 걸린 일이라면 주주총회가 실제 의사결정을 하지만, 회사 운영과 관련해서는 어디까지나 감독의 역할에 그친다. 실제 기업 운영과 관련된 의사결정은 이사회, 그리고 이사회에 포함된 경영진이 한다.

이사회는 사장, 부사장, 전무, 상무 등의 이사로 구성된다. 이들이 회사의 투자 결정을 하고 회사 운영을 한다. 미국 등 자본주의 경제에서 주목을 받는 것이 바로 이 경영전문가, 그리고 사장인 CEO이다. 이들은 경영에 대한 전문가로 회사의 투자 결정에서부터 경영 전략까지 결정한다.

그런데 한국에서는 CEO들이 힘을 못 쓴다. 회사의 최고 의사결정을 해야 하는 CEO에게 결정권이 없다. 한국에서 회사 운영과 관련해서 최고 의사결정을 하는 것은 CEO가 아니라 회장이다.

외국의 유명 대기업이 동업 관계에 있는 국내 재벌그룹 계열사와 새로운 사업 방향에 대해서 협의를 하려고 했다. 외국 기업의 책임자가 국내 재벌그룹 계열사의 이사와 사장을 계속 만나 이야기하는데 진척이 없었다. CEO인 사장을 만나서 이야기하면 뭔가 방향이 잡히거나 아니면 아예 사업을 접거나 하는 결론이 나와야 하는데 아무리 이야기를 해도 진행이 되지 않았다. 이때 주변에서 이 외국 대기업에 조언한 것은 '그 재벌그룹의 회장을 만나야 한다'는 이야기였다. 계열사 CEO에게는 그 사안을 자기 마음대로 결정할 권한이 없다. 재벌그룹 회장을 만나서 한마디 하게 하면 진행될 수 있을 것이라는 논지였다.

한국은 자본주의 사회일까? 자본주의에서 회사의 의사결정 권한은 CEO, 그리고 이사회에 있다. 하지만 한국은 회사의 사장이라 하더라도 실질적인 의사결정권이 없다. 회사의 잡다한 일상적인 업무에 대한 운영권은 가지고 있지만, 새로운 사업에 대한 투자 등 중요한 안건에 대해서는 결정권이 없다. 그 대신 회장이 의사결정권을 가진다.

그렇다면 회장은 법적으로 어떤 존재일까? 사실 회장 직위는 원래 실질적 권한이 없는 명예직이다. 상법에서도 회사의 경영권은 대표이사 등 이사진에게 있다고 명시되어 있다. 회장은 회사 경영과 직접적인 관련이 없다. 설사 회장이 회사 경영에 대해 뭐라 뭐라 하더라도 그건 어디까지나 자문의 역할일 뿐이다. 회사 운영에 대한 결정권은 없다.

한국에서 재벌그룹 회장들이 계열사의 회사 운영에 대해 이러쿵저러쿵 하는 것은 '회장'으로서의 권한이 아니라 대주주로서의 권한이다. 대주주이기 때문에 계열사의 운영에 대해 뭐라 뭐라 한다. 그런데 주식회사는 대주주라는 이유만으로 회사에 대해 시시콜콜하게 지시할 수는 없다. 대주주는 어디까지나 주주총회를 통해서 자신의 의사를 전달하는 게 원칙이다. 아니면 자기를 지지하는 이사를 임명해서 회사 운영에 영향을 미친다. 주식회사에서 주주가 직접 회사 운영에 간여하는 경우는 없다.

그런데 한국에서는 그런 식으로 회사 운영이 이루어진다. 회장에게 회사 운영과 관련한 최종 결정권이 있고, 실제 중요한 의사결정을 한다. 법적으로는 분명히 사장과 이사진들이 결정권을 갖게 되어 있는데, 한국은 회장이 그런 결정권을 행사한다. 한국 재벌그룹 회장들이 계열회사에 미치는 영향력은 사실 초법적인 것이다. 법으로는 회사의 CEO가 권한을 행사하게 되어 있지만, 한국은 법적으로 책임이 없는 재벌그룹 회장이 최종 권한을 행사한다.

세계에서 유명한 경영자들을 보자. 그들은 모두 CEO들이다. 그 회사의 최종 결정권을 가지고 운영하는 사람들이다. 잭 웰치

Jack Welch, 칼리 피오리나Carly Fiorina, 팀 쿡Tim Cook 등 유명 경영자는 모두 CEO라는 명칭을 가지고 있다. 구글의 래리 페이지Larry Page, 페이스북의 마크 저커버그Mark Elliot Zuckerberg, 버크셔 해서웨이의 워런 버핏Warren Buffett, 버진의 리처드 브랜슨Richard Branson 등은 대주주이면서 CEO들이다. 하지만 이들이 유명한 것은 CEO이기 때문이다. 단지 대주주이기 때문에 유명해지지는 않는다. 이렇게 자본주의 국가들은 회장의 명칭을 가지고 있다고 유명한 사람은 없다. 빌 게이츠가 마이크로소프트 CEO에서 물러나 회장의 명칭을 가지고 있기는 하다. 그런데 빌 게이츠가 마이크로소프트 회장이 되면서는 마이크로소프트 회사와 관련해서 빌 게이츠가 거론되는 것이 아니라 자선단체 운영, 자선단체 기부 등과 관련해서만 거론된다. 마이크로소프트 회장은 명예직이기 때문에 마이크로소프트 운영 자체와는 별 관련이 없다. 그래서 빌 게이츠는 마이크로소프트와 관련이 적은 자선단체 운영, 기부 등과 관련해서 논의될 뿐이지, 마이크로소프트의 운영이나 전략과 관련해서 거론되는 경우는 없다. 이것이 원칙이다. 회장은 실권을 가진 사람이 아니라 명예직이기 때문이다.

하지만 한국에서는 사장보다는 회장이 더 높은 사람이다. 실제 한국에서는 회장이 CEO인 사장보다 힘이 더 세다. 한국에서 회장은 현직에서 은퇴한 사람이 아니라 사장들의 우두머리이다. 사장들에게 이래라저래라 명령하는 높은 사람이다.

그래서 한국에서 유명한 사람은 CEO가 아니라 회장이다. 보통 사람들이 아는 것은 삼성그룹의 회장인 이건희와 그 아들인 이재용이다. 삼성전자 CEO가 누구인지, 삼성생명 CEO가 누구인지는 잘 모른다. 현대자동차그룹 회장이 정몽구라는 것은 알고 있는데 현대자동차 CEO가 누구인지는 잘 모른다. 해당 업체 사람들이야 삼성전자 사장이 누구인지, 현대자동차 사장이 누군지 알겠지만, 보통 사람들은 단지 이건희, 정몽구만 알뿐이지 개별 계열회사 사장이 누구인지 잘 모른다. 그래서 한국에서는 유명한 CEO가 거의 없다. 단지 재벌 회장들, 그리고 그 후계자들만 유명할 뿐이다.

그러면 외국 회사의 CEO들과 한국의 재벌 회장들 중에서 누가 더 회사를 위한 의사결정을 잘할까? 자본주의 회사의 CEO들은 매일 매일 자기 회사만 생각한다. 어떻게 하면 자기 회사가 더 나아질 수 있는지를 고민하고 결정한다. 하지만 한국의 재벌 회장들은 자기가 담당하는 회사가 몇십 개나 된다. 하나의 회사에 대해서 고민하는 것이 하루에 30분도 안 된다. 회사 경영의 천재라면 하루 30분도 안 되는 고민으로 매일 고민하는 CEO들을 능가할 수도 있을 것이다. 하지만 이런 천재는 한 시대에 한두 명만 나온다. 모든 재벌 기업마다 한두 명씩 그런 천재들이 있을 수는 없다.

한국의 재벌 회장들이 그룹을 운영하는 것을 보고 자본주의의 특성을 이야기하고, 자본주의에 문제가 있다고 해서는 안 된다. 자본주의에서 회사는 사장, CEO가 책임을 지고 운영을 한다. 사장, CEO가 힘이 없고 재벌 회장들이 모든 실권을 쥐는 한국의 기업 운영 형태는 자본주의의 회사 운영이 아니다.

자본주의라면 일감 몰아주기가 있을 수 있을까?

한국의 재벌그룹과 관련해서 주요한 문제점 중 하나로 손꼽히는 것이 일감 몰아주기이다.

A라는 대기업이 있다고 하자. 대기업이다 보니 근로자들도 많고, 근로자들이 많으니 사무용품 소비량도 많다. 직원이 천 명이라 하면 한 명이 한 달에 볼펜 한 자루가 필요하다고 해도 한 달에 볼펜 천 자루, 1년에 만이천 자루가 필요하다. 볼펜 외에 종이, 사인펜, 테이프, 스테이플러 등 사무용품 전체를 고려하면 1년에 몇억 원 정도가 사무용품비로 지불될 수 있다.

이 A 대기업은 부서별로 수요를 파악하고, 총무팀에서 일괄적으로 사무용품 회사로부터 구매를 한다. 사무용품 회사가 C 회사라 하면 A 대기업 총무팀은 사무용품 C 회사와 거래를 하면서 회사에 필요한 용품을 산다.

그런데 이때 A 대기업이 자기가 필요한 사무용품을 오로지 B 회사를 통해서 구매한다고 결정한다. B 회사는 중개회사이다. 사무용품이 필요한 기업에 구매대행을 하는 회사이다. B 회사는 사무용품 회사인 C 회사로부터 물품을 사서 A 대기업에 넘기는 역할을 한다.

사실 이렇게 A 대기업이 스스로 사무용품을 사지 않고, B 기업을 중간에 세워 사무용품을 구매하는 것은 자본주의에서 일반적으로 이루어지는 일이다. A 대기업이 전자회사라 하자. 그러면 A 기업은 전자제품에 경쟁우위가 있고, 전자제품 관련 업무를 다른 기업보다 더 잘한다. A 기업은 자기가 잘하는 일만 하고 싶고, 그 외의 일은 안 하고 싶다. 하지만 사무용품 구매는 회사 운영에 필요한 일이다. 전자회사에서 사무용품 구매가 자기 경쟁력에 도움이 되지는 않는다. 그러나 사무용품이 없으면 회사가 굴러가지 않기 때문에 꼭 해야 하는 일이다. 이럴 때 A 기업은 사무용품 구매를 직접 하지 않고, 다른 회사에 맡긴다. 자기가 직접 하려면 여러 사무용품 기업들로부터 견적서를 받고, 비교하고 심사해야 한다. 중간에 회의도 많고 의사결정 절차도 많다. 자기 회사 경쟁력과는 관계가 없는 그런 일에서 벗어나기 위해 A 기업은 구매대행 회사인 B와 계약을 맺고, B 회사가 알아서 A 대기업의 사무용품을 구매하게 한다. 그러면 A 기업은 자기에게는 번거로운 일로 느껴지는 사무용품 구매에서 벗어나 주요 업무에 집중할 수 있다.

A 기업은 사무용품 구매 전문 회사가 아니다. 또 A 기업에서 구매하는 물품의 양이 전체 사무용품 시장에서 그렇게 많은 것도 아니다. 하지만 구매대행 회사 B는 전문적으로 사무용품을 구매해서 전달해주는 역할을 한다. 어느 사무용품 회사 제품이

더 좋은지, 더 저렴한지를 잘 알고 있다. 그리고 여러 기업의 구매대행을 같이하다 보니 A 기업에서 단독으로 구매할 때보다 훨씬 더 많은 양을 구매한다. 대량구매를 할 수 있으니 더 낮은 가격으로 사무용품을 구매할 수 있다.

A 대기업은 B 기업에 구매대행 권한을 주면서 수수료를 준다. '사무용품 가격 + 수수료'가 A 대기업이 지출하는 금액이다. 하지만 B 기업에 구매대행을 의뢰하면 A 기업이 직접 사무용품 회사 C와 거래하는 것보다 더 저렴한 가격에 구매할 수 있다. 또 A 기업 내부에서 사무용품을 구매하기 위해 이런저런 절차를 거치고 노동력을 투입하는 것을 고려하면 B 기업에 구매대행 수수료를 지급하는 것이 오히려 더 낫다. 그래서 A 대기업은 자기가 직접 구매하지 않고 구매대행 회사에 일을 맡긴다. A 회사도 이익을 보고 구매대행 회사 B도 중간 거래를 해주면서 이익을 챙긴다. 사무용품 회사 C도 이전에는 여러 회사 구매처를 다 상대해야 했지만, 이제는 구매대행 회사에 집중해서 계약하면 되기 때문에 거래비용이 감소한다. A 대기업, B 구매대행 회사, C 사무용품 회사 모두가 이익을 본다. 이것이 자본주의에서의 구매대행 사업이다.

그런데 이렇게 모두가 이익을 보는 구매대행이 한국에서는 문제가 되고 있다. 재벌그룹의 대표적인 불공정한 행위이고, 소득 재분배를 악화시키는 원인이라는 비판을 받는다. 또 중소기업의 활로를 막고 대기업의 이익만 챙기는 이기적인 행위로 공정거래위원회와 검찰이 조사 대상으로 삼기도 한다.

원래 자본주의 경제에서 A 대기업이 자기가 충분히 할 수 있는 일인데도 불구하고 B 구매대행 회사에 업무를 주는 이유는 B 구매대행 회사가 더 싸게 구매할 수 있기 때문이다. 그리고 그 일을 자기가 직접 하지 않음으로써 A 대기업의 지출비용이 줄고 이익이 증가하기 때문이다.

그런데 한국 재벌그룹들은 구매대행 전문 회사에 구매대행 일을 주지 않는다. 재벌 2세나 3세, 가족들이 회사를 만들고, 그 회사에 구매대행 업무를 준다. 이렇게 새로 만든 구매대행 D 회사는 원래 구매대행 전문 회사가 아니다. 사무용품 회사들과 특별한 거래도 없고, 그래서 다른 회사들은 이 회사에 구매대행을 맡기지 않는다. A 기업만 구매대행 업무를 주고, 다른 회사는 업무를 주지 않으니, 재벌 가족회사인 D 회사는 사무용품 회사들로부터 대량구매도 불가능하고, 더 낮은 가격으로 사무용품을 살 수도 없다. 하지만 구매대행을 해주는 것은 분명하니 A 회사로부터 수수료는 받는다. 결국, A 회사는 자기가 직접 구매하는 것보다 더 높은 가격을 주고 사무용품을 구매하게 된다.

자본주의 시스템에서는 A 기업, B 기업, C 기업 모두가 이익이 증가하였다. 하지만 한국 재벌의 일감 몰아주기에서는 A 기업은 손실을 보고, D 기업만 이익을 본다. C 기업은 이전과 동일하다. A 기업은 유명한 재벌 기업이다. 많은 사람이 주식을 가지고 있다. 하지만 D 기업은 겉으로는 재벌 기업이 아니다. 단지 재벌의 가족이 소유하고 있는 조그만 회사일 뿐이다. 그런데 그 재벌 가족 회사가 큰 이익을 본다.

D 기업은 망할 일도 없다. A 기업이 일을 계속 주는 한 안정적으로 이익을 낸다. 다른 구매대행 회사가 사무용품 가격을 올리거나 하면 거래처로부터 더는 거래를 안 하겠다는 통고를 받을 수 있다. 하지만 D 기업은 그럴 일도 없다. 사무용품 가격을 더 올려도 A 기업은 불평하지 않고 거래 대금을 지급한다. 이때 D 기업은 사회에 공헌을 하는가? 원래 사무용품 구매대행 회사인 B 기업은 기업 간 거래비용을 줄이는 공헌을 한다. 하지만 재벌 가족회사인 D 회사는 사회에 아무런 공헌을 하지 않는다. D 기업은 단지 A 기업의 이익을 빼서 자기 이익으로 만들 뿐이다.

한국의 재벌그룹은 이런 식으로 중간 거래 회사를 만들어서 이익을 냈다. 모회사인 A 기업의 이익이 좀 감소하기는 하지만 자기가 만든 D 회사의 이익이 증진되니 전체적으로는 손해가 아니다. 재벌 측면에서는 A, D 회사가 모두 자기 마음대로 할 수 있는 회사이니, A 회사의 이익과 D 회사의 이익을 합한 것이 중요하지, A 회사가 이 거래로 인해 적자를 봐도 크게 상관은 없다.

하지만 일반 주주와 근로자 측면에서는 그렇지 않다. A 회사의 이익은 감소하였고, 그래서 A 회사의 주주들은 분명히 손해를 본다. A 회사의 근로자들도 자기 회사 이익이 줄어드니 월급과 성과급에서 손해를 본다. 그 대신 D 회사의 주주는 이익을 본다. 그런데 D 회사의 대주주는 재벌 가족이다. A 회사는 주주가 일반인들에게 많이 배분되어 있지만 D 회사 주식은 그렇지 않다. 재벌그룹 가족들이 절대다수의 지분을 소유하고 있다. 이것은 A 회사 일반 주주들의 이익이 D 회사의 대주주인 재벌 가족들에게 옮겨가는 것이다. 따라서 재벌의 일감 몰아주기는 불공정하고 자기 이익만 챙기는 이기주의가 맞다.

하지만 한국 재벌의 일감 몰아주기가 자본주의 때문에 발생하는 것일까? 자본주의에서는 A 기업이 관계사인 D 기업과 계약을 맺어 보다 높은 비용으로 물품을 구매하도록 하는 일은 벌어지지 않는다. A 기업 주주들은 자기 기업의 이익을 갉아먹는 회사 정책을 절대로 받아들이거나 용인하지 않는다. 자본주의에서 자기 회사 이익을 줄이고, 다른 회사 이익을 증대시키는 방안이 통과될 리 없다. 그런데 한국에서는 이런 식의 거래가 이루어지고 있다. 한국의 기업 간 거래는 자본주의 논리에 의해서 이루어지지 않는다. 재벌 가족들의 총이익의 합이 어떤가에 따라서 움직인다. 이것은 자본주의가 아니다. 일감 몰아주기는 진정한 자본주의에서 일어날 수 없다.

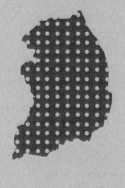

Part 2

한국의 정부는 자본주의일까?

자본주의는
회사편일까, 국민편일까?

2009년, 몇몇 업체에서 제조한 생수에서 발암 물질이 검출되었다. 정부는 발암 물질이 포함된 생수 업체에 시정 조치를 내렸다. 하지만 어느 회사의 생수에서 발암 물질이 포함되었는지는 발표하지 않았다. 시민단체, 국민들은 발암 물질이 발견된 생수 업체가 어디인지 밝히기를 요구했다. 발암 물질이 들어간 생수를 마시지 않으려면 어떤 생수 제품에 발암 물질이 들어있었는지 알아야 한다. 하지만 정부는 발암 물질이 발견된 생수 업체를 발표하지 않았다. 시민단체는 그 생수 업체 명단 공개를 요구하며 정보공개 청구를 했지만 받아들여지지 않았다. 결국, 시민단체는 행정소송을 제기했고, 법원은 생수 업체를 공개하라는 판결을 내렸다. 결과적으로 국민들은 생수에 발암 물질이 있다는 것을 알게 된 지 1년 만에 발암 물질이 들어있는 생수가 어떤 것인지 알 수 있었다. 그것도 정부 스스로 공개한 것이 아니라 법원 판결 때문에 어쩔 수 없이 공개했다.

정부가 발암 물질을 함유한 생수 제품을 발표하지 않은 이유는 이 사실을 발표했다가는 해당 생수 업체가 망할 수 있기 때문이다. 발암 물질이 들어간 생수는 아무도 사 마시지 않을 것이고, 그러면 그 생수 회사는 도산할 수 있다. 발암 물질이 들어간 물을 판 것이 잘못되기는 했지만, 앞으로 안 하면 된다. 그 잘못으로 생수 업체를 망하게까지 할 수는 없다는 게 정부가 해당 업체를 끝까지 공개하지 않으려고 했던 이유였다.

2010년 9월, 서울시는 시중에 유통 중인 낙지에 중금속의 한 종류인 카드뮴이 기준치 이상 포함되어 있다고 발표했다. 서울시에서 낙지에 카드뮴이 많이 있다고 발표하자 사람들은 낙지를 사 먹지 않았다. 그래서 낙지를 파는 수산업자, 낙지 음식점, 낙지를 잡는 어부들이 난리가 났다. 낙지 매출이 크게 폭락하면서 사회적으로 문제가 되었다. 식품의약품안전처는 낙지를 다시 조사해서 낙지를 먹어도 건강에 이상이 없다고 발표한다. 낙지에 카드뮴이 있기는 하지만 낙지 머리에만 있고 다리에는 없다. 낙지 머리 부분은 낙지 전체로 보면 큰 비중이 아니다. 그러니 낙지 전체에 카드뮴이 그렇게 많이 있는 것이 아니다. 낙지를 먹어도 상관이 없다고 했고, 그래서 지금까지 낙지는 그대로 팔리고 있다.

한국은 사업자 편인가 일반 국민 편인가? 한국 정부는 분명 사업자 편이다. 국민의 건강을 더 생각했다면 발암 물질 생수 업체를 바로 공개했어야 한다. 국민들이 발암 물질 생수를 먹을 수 있는 위험을 완전히 제거해야 했다. 카드뮴 사건에서도 국민 건강보다는 낙지 관련 사업자들을 우선시했다. 낙지 머리에 분명히 카드뮴이 많이 들어있는데도, 낙지 관련 수산업자, 음식점, 어부들의 강력한 반발에 낙지를 먹어도 큰 문제가 되지 않는다고 지도했다.

자본주의를 비판하는 사람들은 이처럼 자본주의가 국민보다는 사업자를 위하는 시스템이라고 주장한다. 국민의 건강보다 회사의 이익을 챙기는 게 자본주의이고, 그래서 자본주의는 부도덕하다고 본다. 그런데 정말로 자본주의는 일반 국민보다 회사를 위하는 시스템일까? 국민의 이익보다 기업의 이익을 더 중시하는 것이 자본주의의 원래 모습일까?

자본주의가 사업체 위주의 시스템이라고 보는 것은 오해이다. 자본주의는 사업체보다는 일반 국민을 더 우선시하는 경제제도이다. 국민보다 사업체를 더 중시하는 것은 전통사회, 그리고 사회주의에서의 사고방식이다.

우선 회사라는 것은 원래 아무나 만들 수 있는 게 아니었다. 전통사회에서 회사라는 조직체를 만드는 것 자체가 엄청난 특혜였다. 그리고 전통사회에서 사업체는 정부의 보호와 특혜를 받고 유지되었다. 조선 시대의 유통업체라 할 수 있는 시전을 보자. 시전은 보통 사람들이 마음대로 열 수 있는 것이 아니었다. 정부의 특별한 허가를 받아 만든다. 그리고 시전 상인들은 정부로부터 독점권을 받았다. 각 물품을 거래할 수 있는 권한은 시전 상인들만 가지고 있었고, 다른 사람들이 물품을 거래하면 처벌을 받았다.

사회주의도 그렇다. 사회주의에서 사업체는 국가의 소유다.

사업체 사장이 바로 당 고위 관료이기도 하다. 보통 사람들은 사업체를 소유할 수도, 운영할 수도 없다. 전통사회와 사회주의에서 사업체는 정부와 밀접한 관련이 있었다. 정부가 바로 그 사업체를 운영하도록 허락한 주체이기도 했고, 운영자이기도 했다. 조선 시대에 보부상 단체는 정부 편을 들면서 반정부 운동을 하는 독립협회를 습격하기도 했다. 지금 중국의 주요 국영 기업 간부는 모두 당 간부이다. 이렇게 정부와 사업체 간에 밀접한 관계가 있으니 사업체와 일반 국민 사이에 분쟁이 생기면 정부는 사업체 편을 든다. 일반 국민이 정부가 허가한 사업체에 대드는 것은 정부에 직접 대드는 것과 마찬가지인 것이다.

또 전통사회나 사회주의 국가에서 정부가 사업자나 회사 편을 드는 이유는 사업자와 정부가 긴밀한 관계를 맺고 있기 때문이기도 하지만 전통사회나 사회주의 국가에서는 사업체 수가 적기 때문이기도 하다. 전통사회나 사회주의에서는 한 부문을 여러 사업체에게 허가하지 않는다. 예를 들어 생수 회사라면 한두 군데만 사업허가를 내준다. 이 상태에서 그 사업체가 잘못했다고 해서 문을 닫게 하면 당장 그 사회에 생수가 사라진다. 아무리 사업체가 잘못해서 망하게 하고 싶어도 그 물품이 사회에서 사라지면 국민들이 큰 불편을 겪는다. 조선 시대 때 시전 상인이 잘못했다고 가게를 문 닫게 하면 전국에 그 물품이 유통되지 않는다. 그래서 전통사회나 사회주의에서는 사업체가 비록 큰 잘못을 저질렀어도 사업체를 망하게 하지 않는다. 조금 벌을 주기는 하지만 사업체의 존망이 위험할 정도로 징계하지는 않는다.

아무리 위법한 일을 했어도 사업 자체는 유지하게 해준다.

자본주의는 누구나 사업체를 만들 수 있게 한 시스템이다. 사실 자본주의의 가장 큰 특징은 이렇게 회사를 마음대로 만들 수 있게 한다는 점이다. 자본주의가 자리 잡기 전에는 사업체를 마음대로 만들 수 없었다. 술집, 음식점, 여관, 대장간 같은 기본적 자영업은 모를까, 규모가 있는 사업체를 만드는 것은 금지되어 있었다. 모든 사업은 정부의 허가나 특허를 받은 사람만 할 수 있었다. 하지만 자본주의는 돈만 있으면 누구나 사업체를 설립할 수 있다. 자본금과 법인 설립 절차만 그대로 따르면 누구나 큰 사업체를 만들 수 있는 것이 자본주의이다.

전통사회나 사회주의에서는 특별한 사람만 사업을 할 수 있었기 때문에 정부와 밀접한 관련이 있는 사람만 사업을 했다. 하지만 자본주의는 누구나 사업을 할 수 있다. 정부와 밀접한 관련이 없는 사람도 사업을 할 수 있다. 자본주의에서는 사업자와 정부 관료 간 긴밀한 유착관계가 깨진다.

또 전통사회나 사회주의에서는 이렇게 밀접한 관련이 있는 사람만 사업을 할 수 있으므로 그 사업의 이익을 보장해주어야 했다. 한 사람이 하나의 사업을 하면 다른 사람은 그 사업을 하지 못하게 했다. 그래야 독점을 해서 큰 이익을 얻을 수 있기 때문이다. 하지만 자본주의는 그렇지 않다. 자본주의에서는 모든 사람들이 마음대로 사업을 할 수 있다. 생수 사업이 돈을 벌 수 있다고 하면 몇십 개 몇백 개의 생수 회사가 생긴다. 이때 어느 한 생수 회사가 위법을 저질렀다고 하자. 전통사회나 사회주의에서는 잘못을 저지른 회사를 문 닫게 하면 사회에 그 물품을 생산하는 회사가 없어진다. 하지만 자본주의는 그렇지 않다. 그 회사가 문을 닫아도 다른 회사들이 굉장히 많이 있다. 회사 하나를 문 닫게 한다고 해서 그 물품이 사회에서 더 이상 생산이 안 되는 경우는 발생하지 않는다. 그래서 자본주의에서는 잘못을 저지른 회사에 크게 벌을 준다. 벌금이 너무나 커서 그 회사가 망할 수 있어도 상관하지 않는다. 위법을 저지르는 회사에 대해서는 본때를 보이기 위해서라도 가혹하게 한다.

사업체를 굉장히 소중하게 생각하고, 사업체에 특혜를 주고, 국민의 이익보다 사업체의 이익을 중시하는 것은 사회주의, 전통사회에서의 시스템이다. 자본주의에서는 누구나 마음대로 사업을 할 수 있도록 하는 대신에 사업체에 대해 특혜를 주지 않는다. 국민의 이익보다 사업체의 이익을 우선하는 것은 전통사회, 사회주의에서 그런 것이고 자본주의에서는 국민 이익보다 사업체를 우선시할 이유가 없다.

2015년, 폭스바겐은 자동차 배출가스를 조작하는 위법을 저질렀다. 자본주의 국가인 미국은 폭스바겐에 16조7000억 원의 과징금을 부과했다. 어마어마한 액수이다. 그리고 한국에서도 배출가스 저감장치 등을 조작했다는 사실이 밝혀졌다. 그런데 한국에서 폭스바겐에 부과한 과징금 총액은 178억 원이다. 한국에서 회사가 잘못했을 때 부과되는 과징금은 상한선이 있다. 아무리 위법을 저질러도 어느 수준 이상의 과징금을 부과하지 않는다. 미국은 그 한계가 없다. 회사가 위법을 저지르면 어마어마한 과징금을 내야 한다. 하지만 한국은 1,000만 원 이하, 1억 원 이하 등으로 규정되어있다. 위법을 저지르면 어느 정도 벌을 받지만 절대로 회사가 망할 정도로 크게 벌을 받지는 않는다. 한국은 사업체를 보호한다. 일반 국민보다 사업체의 생존이 우선이다. 이것은 자본주의가 아니다. 전통사회, 또는 사회주의에서의 방식이다.

발암 물질 생수 업체 사건, 낙지 카드뮴 사건, 폭스바겐 과징금 사건은 한국이 일반 국민보다 사업체의 생존을 우선시하고 있다는 것을 보여준다. 이런 식으로 국민의 안전보다 사업체를 우선시하는 것은 자본주의가 발달해서가 아니다. 아직 자본주의가 제대로 도입되지 않았기 때문에 그렇게 된 것이다.

한국에서 우유는 남아도는데 우윳값은 왜 비쌀까?

자본주의는 사업자에게 유리한 제도라고 알고 있는 사람이 많다. 자본주의는 돈을 추구하는 제도이고, 가장 돈을 추구하는 사람들이 바로 사업가들이다. 그래서 자본주의가 사업하는 사람들에게 많은 특혜를 주고 사업가들을 보호해주는 제도로 알고 있다.

분명 자본주의에서 사업가들이 많은 이득을 보는 것은 맞다. 하지만 그것은 자본주의하에서 사업자들이 사업을 시작하기가 쉽기 때문이다. 자본주의가 아닌 곳에서는 사업을 시작하기가 어렵다. 일단 왕정 시대에는 왕의 특별한 허가를 받아야 큰 사업을 할 수 있었다. 각종 제도와 관습들이 새로운 사업을 시작하는 것을 막았다. 하지만 자본주의에서는 누구나 쉽게 사업을 시작할 수 있다. 그래서 자본주의는 사업가에게 유리한 제도가 맞다. 하지만 자본주의는 어디까지나 사업의 시작을 쉽게 해 줄 뿐이다. 자본주의에서는 일단 사업을 시작하면 사업가들끼리 피 터지게 싸우게 한다. 사업을 시작하기가 쉬운 것이지 사업에서 성공하기는 쉽지 않다. 많은 경쟁자를 이겨내고 자리를 잡아야지만 돈을 벌 수 있다. 자본주의에서는 이렇게 사업자가 서로 경쟁할 때 소비자가 이익을 얻을 수 있다고 본다. 자본주의에서 근본적인 목적은 소비자들의 이익이다. 그래서 자본주의는 회사 운영 과정에서 생산자를 돕지 않는다.

전통사회나 사회주의에서는 그렇지 않다. 이런 사회에서는 사업을 시작하기가 어렵다. 하지만 사업을 시작한 다음에는 사업 운영이 쉽다. 정부가 어떻게든 사업이 적자 나지 않게 해주고, 각종 보조를 해준다. 사업자가 나쁜 짓을 하더라도 사업 자체가 망하지는 않게 한다. 소비자들이 좀 희생하더라도 생산자를 위해준다. 그래서 사업가 입장에서는 전통사회나 사회주의에서 사업하기가 훨씬 더 쉽다. 사업을 시작하기가 어렵지, 사업을 운영하는 과정은 자본주의에서보다 훨씬 수월하다.

그래서 단순히 경제 환경이 사업가에게 유리한가 아닌가의 기준으로 자본주의인가 아닌가를 파악하면 안 된다. 사업가가 처음 사업을 시작하기 쉬우면 자본주의이고, 처음 사업을 시작하기 어려우면 자본주의가 아니다. 그리고 사업을 운영하는 과정에서 각종 정부 지원이 들어가면 자본주의적이 아니고, 사업을 운영하는 과정에서 정부 지원이 없으면 자본주의이다. 생산자가 어렵더라도 소비자가 이득을 보면 자본주의이다. 하지만 소비자를 희생해서 생산자가 이득을 보게 한다면 자본주의가 아니다.

자본주의에서 사업자에게 혜택을 주는 이유는 그 자체가 목적이 아니라 어디까지나 국민의 이득을 위한 수단이다. 자본주의는 국민들이 이익을 위해 사업자들을 이용한다. 사업자들이 열심히 일해서 좋은 제품을 만들고, 그 이익을 국민들이 보게 한다. 그리고 그것을 달성한 사업가에게는 큰 이익을 볼 수 있게 해준다. 이 이익을 바라고 사업가들은 사업을 시작한다. 하지만 국민들에게 이익을 주지 못하는 사업가는 그냥 망하게 한다. 자본주의는 냉혹하다. 국민들에게 이익을 주는 사업가에게는 큰 부를 안겨주지만, 국민들을 이롭게 하지 않는 사업가는 그냥 망하게 한다.

그래서 어떤 제도가 자본주의적인가 아닌가를 판단하는 기준은 그 제도가 궁극적으로 일반 소비자, 국민의 이익을 추구하는가 아니면 사업자의 이익을 추구하는가이다. 소비자를 희생해서 사업자의 이익을 보장하는 제도를 갖추고 있다면 이것은 자본주의적이 아니다.

2016년 현재 한국의 우윳값은 점점 비싸지고 있다. 2016년도 우유 500ml의 가격이 1,750원으로 다른 음료에 비해 훨씬 더 비싸다. 자본주의하에서 상품의 가격은 수요와 공급에 따라 결정된다. 우유에 대한 수요가 많고, 공급이 적어서 우유 가격이 높다면 아무 문제가 없다. 그런데 2016년도에 우유 수요는 점점 더 감소하고 있고, 우유 원유 공급량은 점점 더 늘어나고 있다. 공급은 많아지는데 수요는 감소하고 있어서 우유가 남아돈다. 우유 형태로는 오래 보관하면 썩기 때문에 팔리지 않는 우유는 분유로 가공한다. 이 분유 재고량이 사상 최고치를 넘었다. 이렇게 우유가 남아도는데도 우유 가격은 내려가지 않는다. 자본주의에서라면 우유가 남아돌면 우윳값이 내려가야 한다. 하지만 한국에서는 우유 재고가 사상 최대치를 기록하는데도 우윳값이 떨어지지 않는다.

그 이유는 우유 생산업자의 우유 가격을 보장해주는 원유가격연동제 때문이다. 목축업자들은 젖소를 길러서 우유를 생산한다. 그런데 우유 가격이 내리면 손해를 본다. 또 우윳값이 오르락내리락 왔다 갔다 하면 손해를 보았다 이익을 보았다 정신이 없다. 만약 우유를 생산했는데 우유 가공업체들이 구매하지 않아도 손해를 본다. 언제 손해를 볼지 모르면서 목축업을 하고 있으니 너무 불안하다. 그래서 정부는 원유가격연동제를 도입했다. 목축업자가 생산하는 원유 가격을 정하고, 이 이하의 가격에서는 거래되지 못하게 했다. 그리고 목축업자가 생산한 원유의 일정 부분을 우유 가공업체가 분명히 사주도록 했다. 목축업자는 이제 원유 가격이 오를지 내릴지를 걱정하지 않아도 된다. 원유를 생산했는데 사주는 회사가 없을까 걱정할 필요도 없다. 원유를 생산만 하면 우유 가공 회사에서 일정한 금액으로 다 사준다. 이 제도는 목축업자를 위한 제도이다.

이렇게 원유 가격이 고정되니, 원유를 이용해서 만든 제품 값도 고정이 된다. 원유가 아무리 남아돌아도 원유 가격은 내려가지 않고, 원유 가격이 내려가지 않으니 우유 가격도 내려가지 않는다. 원유가 남아돌아도 물가상승률만큼 우유 가격도 오른다. 자본주의 시스템에서는 물건이 남아돌면 가격이 내려가야 한다. 하지만 한국에서는 원유가 남아돌아도 우유 가격은 내려가지 않는다.

원유가격연동제는 분명히 사회 혼란을 막고, 안정을 취하기 위해 만든 제도이다. 그런데 이 제도는 자본주의적일까 반자본주의적일까? 원유가격연동제 시행으로 이익을 보는 사람은 낙농업자이다. 낙농업자는 소비자가 아니라 생산자이다. 즉 이 제도는 생산자를 위한 제도이다. 자본주의에서는 생산자 이익을 보장하는 제도는 만들어질 수 없다. 생산자가 이익을 얻기 위해 죽도록 고생하라고 하는 것이 자본주의이다. 이렇게 마음 편히, 생산만 하면 가격이 보장되고 구매자가 보장되는 제도는 진정한 자본주의에서는 나올 수 없다. 더구나 생산자 이익을 보장하기 위해서 소비자가 구매하는 가격이 오른다면 이것은 더더욱 자본주의가 아니다.

우리나라 국민들은 여름, 겨울만 되면 전기료 때문에 한바탕 소동을 피운다. 한국의 여름은 무더워서 에어컨을 켜야 하고, 또 겨울은 추워서 난방을 해야 한다. 그런데 한국의 가정용 전기료는 굉장히 비싸다. 조금 사용하면 비싸지 않지만, 한국의 전기 사용료에는 누진제가 적용된다. 조금 많이 사용하면 전기료가 기하급수적으로 올라간다. 100㎾h 이하를 사용하면 전기료는 1㎾h당 60.7원이다. 하지만 그 이상 사용하면 계속 단위당 전기값이 오르고, 500㎾h 이상을 사용하면 전기료는 1㎾h당 690.8원으로 열 배 이상 오른다.

모든 전기료가 이렇게 비싸진다면 이해할 수 있다. 한국은 석유가 안 나오는 국가이고 그러니 에너지 절약 차원에서 전력을 아껴야 한다고 하면 이해할 수 있는 일이다. 그런데 한국에서는 가정용 전기만 누진세를 적용해 비싸진다. 산업용, 일반용 전기는 비싸지지 않는다. 아예 처음부터 산업용 전기는 싸고 가정용 전기는 비싸다. 가정용 전기는 많이 쓰면 기하급수적으로 비싸지지만 산업용 전기는 아무리 많이 써도 그렇게까지 비싸지지 않는다. 한국은 산업용 전기를 싸게 팔고, 가정용 전기에서 비싼 값을 받는다.

사업가가 사용하는 산업용 전기를 싸게 해주는 것은 사업자의 편의를 위해서이다. 사업자의 편의를 단순히 봐주는 것까지는 좋은데, 그 부담은 일반 국민, 소비자가 진다. 소비자에게는 비싼 값을 받고, 생산자에게는 싼 가격을 받는다는 것은 소비자를 희생해서 생산자에게 이익을 주는 것이다. 이것은 자본주의가 아니다. 소비자보다 사업자의 편의를 우선하는 전통사회, 사회주의에서의 시스템이다.

국민연금이 손실을 무릅쓰고
삼성물산 합병안을
찬성한 것이 애국일까?

2015년 7월, 삼성물산의 주주총회가 열렸다. 삼성물산과 제일모직이 합병해야 하는지 합병하지 말아야 하는지를 결정하는 주주총회였다.

삼성그룹 측은 삼성물산과 제일모직을 합병하고자 했다. 삼성의 후계자인 이재용은 제일모직의 대주주였다. 하지만 삼성물산에서 절대적인 권한을 가지는 대주주는 아니었다. 이때 제일모직과 삼성물산을 합병하면 이재용은 삼성물산에서도 절대적인 대주주가 될 수 있었다.

삼성물산은 삼성전자 주식을 4.18% 가지고 있었다. 삼성전자에서 주요 대주주이다. 이재용이 삼성물산의 대주주가 되면 삼성물산이 가지고 있는 삼성전자 주식을 이용해서 삼성전자에 대해서도 절대적인 권한을 가질 수 있게 된다. 삼성전자는 삼성에서 가장 중요한 기업이다. 삼성전자의 지배권을 가지는 사람이 삼성의 지배권을 가진다. 그래서 삼성물산과 제일모직 간의 합병은 삼성그룹 전체의 지배권과 관련해서 중요한 사안이었다. 이때까지 삼성그룹의 지배권을 가지고 있던 사람은 이건희였다. 하지만 삼성물산과 제일모직이 합병하면 삼성그룹의 지배권을 가지는 사람이 이재용이 된다. 삼성은 그룹 차원에서 삼성물산과 제일모직 합병을 준비하고 추진했다.

그런데 이때 삼성물산과 제일모직의 합병을 반대하고 나선 기관이 있다. 미국의 투자기관인 엘리엇 매니지먼트Elliot Management다. 엘리엇은 삼성물산 주식을 사서 삼성물산의 대주주가 되었고, 삼성물산과 제일모직 간 합병을 공식적으로 반대한다.

엘리엇에서 문제 삼은 것은 합병 비율의 문제였다. 자본 규모 1억 원의 회사와 자본 규모 10억 원의 회사를 합병할 때 일대일로 합병할 수는 없다. 1억 원 회사에서 50% 지분을 가지고 있는 사람의 순재산은 5,000만 원이다. 그런데 10억짜리 회사와 합병을 하면서 1:1로 합병을 하면 이 사람은 11억짜리 회사에서 25% 지분을 가지게 된다. 11억의 25%는 2억 7,500만 원이다. 원래 5,000만 원만 가지고 있었는데 1:1로 합병하면 2억 7,500만 원으로 재산이 증가한다. 반대로 10억 회사에서 50% 지분을 가지고 있는 사람은 처음에 5억 원어치 주식을 가지고 있다. 이때 1:1로 합병을 하면 11억 회사에서 25% 지분을 가지게 되는데, 그러면 순재산은 2억 7,500만 원이 된다. 5억 재산이 2억 7,500만 원으로 감소한다. 그래서 회사가 합병할 때는 합병 비율이 중요하다. 두 회사의 가치에 맞게 합병 비율을 산정해야지, 그렇지 않으면 손해 보는 사람과 이익을 보는 사람이 발생한다.

제일모직과 삼성물산 간의 합병 비율은 1:0.35였다. 하지만 엘리엇은 합병 비율이 부당하다고 보았다. 삼성물산 가치가 지나치게 저평가되었고, 삼성물산 주주들이 손해를 보고 제일모직 주주들이 이익을 본다. 제일모직 대주주는 이재용이다. 즉 삼성 후계자인 이재용이 큰 이익을 보는 합병 비율이라고 주장했다. 그래서 이 합병을 인정할 수 없다고 반대를 했다.

제일모직과 삼성물산의 합병 비율은 공정했는가, 불공정했는가? 이 문제는 지금까지 법원에서 재판을 하고 있는 사안이다. 삼성물산은 법적으로 인정되는 방법이기 때문에 문제가 없다고 주장했다. 하지만 주식가치 산정 기관들은 모두 이 합병 비율은 불공정하다고 했다. 외국의 관련 기관들도 불공정하다고 했고, 국내 기관들도 불공정하다고 했다. 사실 제일모직과 삼성물산은 사업상 특별한 관계가 없다. 그런데도 두 기업을 합병하려고 한 것은 이재용의 삼성그룹에 대한 지배권을 확립하기 위해서였다. 제일모직 대주주인 이재용이 삼성그룹 지배권을 확립하기 위해서는 합병 비율이 제일모직에 유리해야 했다. 대등하게 합병을 하면 이재용이 삼성그룹에 대한 지배권을 확보하기는 힘들었다. 이런 이유로 엘리엇은 삼성물산과 제일모직 간 합병 비율이 불공정하게 산정되었다고 주장했고, 두 회사 간 합병을 인정하지 않겠다고 나섰다.

두 회사가 합병하기 위해서는 주주총회에서 의결이 필요하다. 결국, 삼성물산과 제일모직 간 합병 건은 주주총회에서 표대결을 하게 되었다. 이때 국민연금이 등장한다. 국민연금은 삼성물산의 주식을 9.92% 가지고 있었다. 삼성물산의 2대 주주였다. 국민연금이 찬성을 하면 삼성물산과 제일모직 간 합병은 성사되는 것이고, 국민연금이 반대를 하면 삼성물산과 제일모직의 합병은 불가능했다. 삼성은 그룹 차원에서 합병안을 통과시키기 위해서 노력했다. 삼성물산 주식을 몇백 주만 가지고 있는 주주들에게도 직접 찾아가서 합병에 찬성해달라고 부탁을 했을 정도이다. 엘리엇도 외국인 주주들을 대상으로 반대표를 모으기 위해서 노력했다. 하지만 가장 중요한 것은 국민연금이 어디에 표를 던지느냐였다.

자본주의에서라면 국민연금은 어디에 표를 던져야 할까? 국민연금은 국민들에게 국민연금 부담금을 받고, 그 돈을 굴려서 나중에 국민들에게 연금을 지불해야 하는 기관이다. 국민연금은 국민들에게 받은 부담금을 잘 보관하고 운영해야 할 책임이 있다. 손해 보면 안 되고 더 높은 수익을 올릴 수 있도록 노력해야 한다. 국민연금은 자금을 손해 보지 않도록 잘 운용하고 수익을 올려야 하는 것이 첫 번째 의무이다. 이것이 자본주의에서 회사의 원칙이고 금융기관의 원칙이기도 하다.

하지만 자본주의가 아니라 국가의 부를 무엇보다 중요시하는 중상주의라면 어떨까? 중상주의에서는 자기 나라 기업을 보호하는 것이 중요하다. 다른 나라 기업들이 우리나라에 들어와서 활개 치지 못하게 하는 것이 중요하다. 우리나라 기업이 돈을 버는 것이 중요하지, 다른 나라 기업들이 한국에서 수익을 얻는 것은 곤란하다. 특히 다른 나라 기업이 한국 기업에 대해 이래라저래라 하는 것은 안 된다.

국민연금은 제일모직과 삼성물산 합병안에 찬성표를 던졌다. 국민연금은 삼성물산의 대주주였다. 하지만 삼성물산 주주들에 불합리한 합병안, 삼성물산 주주들이 손해를 보게 되는 합병안에 찬성했다.

다른 투자 자문기관들이 삼성물산 합병 비율이 불공정하다고 보았는데, 국민연금만 이 합병 비율이 공정하다고 판단해 찬성한 것은 아니다. 국민연금은 이런 사안에 대해서 어떻게 판단해야 하는가를 규정으로 두고 있다. 국민연금은 한국기업지배구조원과 서스틴베스트로부터 이 합병 비율이 공정한지 공정하지 않은지 자문을 받았고, 이 두 기관은 삼성물산 합병 비율이 불공정하다고 했다. 삼성물산과 제일모직과의 합병은 삼성물산 대주주인 국민연금에 손해가 되니 반대해야 한다고 했다. 하지만 국민연금은 이런 의견을 받아들이지 않았다.

또 국민연금은 논란이 되는 투자안에 대해서는 의결권행사 전문위원회에서 결정하도록 하고 있다. 하지만 국민연금은 삼성물산 합병안을 의결권행사 전문위원회에 올리지도 않았다. 그리고 삼성물산 합병에 찬성표를 던졌다. 그렇게 국민연금이 합병안에 찬성하면서 삼성물산과 제일모직 간에 합병이 성사되었다. 그리고 그 이후 국민연금은 한두 달 사이에 삼성물산에서 6,000~8,000억 원의 손실을 본다. 국민연금이 삼성물산 주식에서 큰 손해를 본 건 특별한 일이 아니었다. 주식 관련 기관들은 모두가 다 합병 비율이 불공정하고 따라서 삼성물산 주주가 손해를 본다고 했다. 그렇게 예측했던 대로 국민연금은 삼성물산에서 한두 달 사이에 수천억 원의 평가 손실을 보았다.

국민연금이 삼성물산 합병안에 찬성한 것이 옳은 것이었을까, 부당한 것이었을까? 국민연금이 삼성물산 주주총회 이전에 언론과 인터뷰한 것이 있다. 여기에서 국민연금 측은 국가기관으로서 국가 경제를 고려해야 한다고 언급을 했다. 삼성물산에서 지금 당장 손해를 보느냐 여부보다는 국가 경제에 미치는 영향이 중요하다고 했다. 물론 이 말이 맞기는 하다. 그런데 이 논리가 자본주의 논리일까 중상주의 논리일까?

국가 경제 전체가 중요하기는 하다. 그런데 국가 경제를 고려해서 움직이는 정부 부처들은 많다. 재경부, 한국은행, 산업부 등 정부 부처들은 국가 경제를 위해 판단하고 행동하는 것이 원칙이다. 하지만 국민연금은 국가 경제를 담당하는 기관이 아니다. 어디까지나 국민이 낸 연금을 잘 관리하고 수익을 올려서 연금을 지급해야 하는 기관이다. 국가 경제 발전은 국민연금의 업무 영역이 아니다. 또 국민연금이 투자한 돈은 자기 돈도 아니다. 국민이 낸 돈이다. 국민은 그 돈을 낼 때 국가 발전을 위해서 써달라고 하지 않았다. 나중에 연금으로 돌려달라고 낸 돈이다. 자본주의에서는 절대 이런 돈을 고객의 수익과 관련이 없는 곳에 쓰지 않는다.

더구나 삼성물산 합병 건은 국가 경제와 밀접한 관련이 있다기보다는 삼성그룹의 후계 구도와 밀접한 관련이 있었다. 삼성물산 합병 건이 무산된다고 한국 경제가 어려워질 리는 없다.

외국 기업인 엘리엇이 국내 대표기업인 삼성그룹의 경영에 간여하는 것을 부정적으로 생각하는 것은 한국 정서에서 충분히 이해될 수 있다. 국민연금이 삼성물산 합병에 찬성표를 던진 것도 이해될 수 있다. 그런데 정말로 한국이 자본주의 사회였다면 국민연금이 자기 손해가 확실해 보이는 합병 건을 찬성할 수 있었을까? 국민연금이 국민의 돈을 몇천억 원 손해를 보면서 삼성물산 합병에 찬성표를 던진 것은 한국이 자본주의적이 아니라는 것을 말해준다.

한국이 자본주의였다면
IMF 사태가 일어났을까?

한국의 가장 큰 경제위기는 1997년 IMF 사태였다. 지금부터 무려 20년 전의 일이다. 20년 전에 발생한 일이지만 IMF는 아직도 한국 경제에 큰 트라우마로 남아있다. 지금도 경제가 안 좋아지고 경제 개혁이 미뤄지거나 하면 제2의 IMF가 올 수 있다는 말로 경고한다. IMF 사태는 단지 트라우마로만 남은 것은 아니다. 오늘날 한국 경제에도 큰 영향을 미친다. 비정규직이라는 고용 형태가 나타난 것도 1997년 IMF 때문이다. 대학을 졸업한 청년들이 취업하기가 어려워지기 시작한 것도 이때부터다. 그전까지 기업들은 항상 신입사원을 여유 있게 뽑았었는데, IMF 이후로 기업들은 직원을 고용하는데 굉장히 신중해지기 시작했다. 지금 한국에서 빈부 격차, 소득 격차가 심해지고 있는데, 1997년 이전에는 한국의 소득 격차는 감소하고 있었다. 1997년 이후에 소득 격차가 증가하기 시작했다. 1997년 이전에는 기업들의 부채 비율이 높은 것이 당연했고, 분식회계도 많았다. 회식 문화, 접대 문화도 광범위하게 이루어졌다.

1997년 이후에는 회계 제도가 정비되고 부채 비율을 낮추었다. 매일 매일 회삿돈으로 모든 직원이 흥청망청하던 회식 문화도 사라지기 시작했다. 한국 경제의 모든 제도, 행태, 관습 등은 IMF 이전과 이후로 구분된다.

그런데 한국에서 IMF는 왜 발생했을까? 자본주의 경제에서는 필연적으로 불황이 발생하기 때문에 한국에서도 그런 경제 운영 과정에서 경제위기가 발생한 것일까, 아니면 자본주의의 부작용이 극대화되어서 나타난 것일까? 2008년 세계금융위기가 발생한 이후 많은 사람들은 자본주의의 한계 때문에 금융위기가 발생했다고 말한다. 2008년 세계금융위기와 마찬가지로 한국의 IMF 경제위기도 자본주의의 한계, 자본주의의 부작용 때문이라고 해석하는 사람이 많다. 하지만 그렇지 않다. 한국의 IMF 경제위기는 한국이 자본주의 원칙을 지키지 않아서 발생했다. 자본주의 경제 체제였다면 한국에서 IMF 경제위기는 발생할 수 없었다.

IMF 경제위기는 원래 한국 경제 전체의 위기가 아니었다. 한국 경제의 여러 부문 중에서 금융 부문에서 발생한 위기였다. 한국의 은행, 투자금융 회사들이 모두 부도가 날 처지에 빠졌다. 그래서 IMF 금융위기이다. 그런데 한국의 금융기관들이 모두 부도 위기에 빠지게 된 이유가 은행에 돈이 없어서가 아니다. 은행에는 돈이 많이 있었고, 또 설사 은행에 돈이 없더라도 한국은행에서 돈을 얼마든지 지원해줄 수 있다. 한국은행이 돈을 찍어서 도와주는데 어느 한 은행이 부도가 날 수는 있어도 은행 전체가 부도가 날 수는 없다.

그런데도 은행들이 부도위기에 빠지게 된 것은 은행에서 부족한 돈이 원화가 아니라 달러였기 때문이다. 은행들은 외국 금융기관에 달러 빚을 많이 지고 있었다. 변제 기한이 되어서 이 달러 빚을 갚아야 했다. 하지만 은행들은 달러가 부족했다. 정부가 나서서 도와주려고 했지만 한국은행도 달러가 없었다. 결국, 한국은 외화인 달러가 없어서 부도가 날 처지에 몰렸고, IMF에 달러를 빌려달라고 요청했다. IMF는 달러를 빌려주기는 했는데, 그냥 공짜로 빌려주지는 않았다. 달러를 빌려주는 대신에 자기가 하는 말대로 경제 정책을 바꿀 것을 요구했다. IMF로부터 달러를 빌리고 그 대신에 IMF가 요구하는 경제 개혁을 했다. 이 경제 개혁들은 부작용도 많았지만 한국 경제의 체질을 바꾸는 데 기여했다. 어쨌든 IMF 경제위기는 사실 한국 경제 전체의 위기가 아니라 금융 부문, 그리고 그중에서도 외환위기에서 시작되었다. 한국이 달러 빚을 졌는데 달러가 떨어진 것이 한국 경제위기의 시작이다. 그래서 IMF 외환위기라고도 한다.

혹자는 IMF 경제위기가 단순히 외화 부족이 아니라 한국 경제의 활력 저하, 제도적 미비, 경쟁력 저하 등 총체적인 경제 문제 때문에 발생했다고도 한다. 하지만 실업률이 증가하고, 인플레이션이 나타나고, 소득 격차가 벌어지는 등의 많은 문제가 있다 해도 이것 때문에 국가가 부도 위기에 빠지지는 않는다. 한국 경제에서 실업률과 인플레이션이 문제가 된 시기는 1997년 말고도 많다. 소득 격차가 큰 것이 문제라고 하지만 소득 격차가 사회적 문제로 대두된 2016년 현재, 이것 때문에 국가 부도가 일어날 것으로 생각하는 사람은 아무도 없다. 국가 부도는 외국에 지급해야할 외화가 부족해서 발생한다. 아무리 나라 경제 전체가 안 좋았어도 달러 빚이 없었다면, 달러가 많았다면 국가 부도에 다다르는 사태는 발생하지 않았다. 그렇다면 당시 한국은 왜 외국 금융기관에 달러 빚이 많았고, 국내에 가지고 있는 달러가 부족했을까? 그 원인은 당시 한국 정부가 환율을 인위적으로 조작했기 때문이다.

자본주의에서는 국가가 나서서 환율을 조정하지 않는다. 환율은 외화에 대한 수요와 외화 공급에 따라 결정되는 게 원칙이다. 수출이 잘돼서 외화 공급이 증가하면 환율은 하락한다. 그 대신 수입이 많아서 외화 수요가 증가하면 환율은 오른다. 수출, 수입에 따른 국제수지에 따라 국민과 기업들이 알아서 외화를 사거나 팔게 하고, 그 과정에서 자연적으로 환율이 결정된다. 정부가 환율 시세에 개입하면 반드시 부작용이 발생하고 경제가 왜곡된다. 환율은 외환의 가격이다. 자본주의에서는 정부가 상품가격에 개입하지 않는 것이 원칙이다. 그래서 자본주의 경제에서는 국가가 외화의 가격인 환율 시세에 간여하지 않는다. 수출이 많으면 환율이 내리고, 수입이 많으면 환율이 오르고, 그렇게 자율적으로 환율이 결정되는 것이 자본주의에서의 환율이다.

하지만 1990년대 중반 당시 김영삼 정부는 우리나라 환율에 적극적으로 개입했다. 1994년 한국의 경상수지 적자는 40억 달러였다. 1995년은 86억, 1996년은 231억 달러 적자였다. 1996년 한국의 국내총생산Gross Domestic Product은 5,979억 달러였다. 국내총생산의 약 4% 규모일 정도로 엄청난 규모의 적자를 보고 있었다. 이 정도 적자를 보면 환율은 올라야 했다. 하지만 한국의 환율은 거의 오르지 않았다. 1994년 초 1달러당 환율은 807원 정도였다. 그런데 1996년 초 환율은 800원도 안 되었다. 몇 년간 계속 경상수지 적자를 보면 환율이 올라가야 하는데 오히려 떨어졌다. 1996년 말에는 840원까지 올랐는데, 무역적자 규모를 고려하면 거의 오르지 않은 것이다. 당시 한국 정부는 인위적으로 원화 가치가 높아지도록 조정을 했다.

당시 김영삼 정부는 한국이 OECD 국가에 들어가기를 원했다. 한국이 그야말로 선진국 그룹에 들어가기를 바랐다. 그런데 환율이 오르면 국가 GDP는 떨어지고 1인당 GDP도 하락한다. 한국의 1인당 GDP가 1,000만 원일 때 1달러=1,000원이라고 하면 달러로 환산한 1인당 GDP는 1만 달러가 된다. 그런데 1달러=1,200원이라면 달러로 환산한 1인당 GDP는 8,333달러가 된다. 환율이 오르면 달러로 환산한 국내총생산량, 1인당 국민 소득은 낮아지게 된다.

그래서 김영삼 정부는 환율이 오르는 것을 막는다. 인위적으로 원화 가치를 높게 유지했다. 그러나 이런 인위적인 환율 조정은 부작용이 발생한다. 1달러에 1,000원이었는데, 이것이 1달러에 900원, 1달러에 800원으로 가격이 변화한다고 하자. 원화 가치가 상승하는 경우다. 그러면 누구나 달러를 손에 쥐고 있으려 하지 않으려 한다. 달러를 손에 쥐고 있으면 손해이다. 원화를 가지고 있어야 한다. 손에 가지고 있는 달러는 하루빨리 팔아서 원화를 가지고 있어야 한다. 당시 한국의 은행들이 달러를 많이 가지고 있지 않았던 이유는 분명하다. 원화 가치가 높아질 때 달러를 가지고 있으면 손해가 커진다. 최대한 달러를 가지고 있지 않아야 했다.

또 원화 가치가 높아질 때는 달러로 빚을 지면 질수록 이득이 된다. 지금 1달러를 빌려서 원화로 바꾸면 1,000원을 손에 얻을 수 있다. 그런데 2년 지나서 1달러=800원일 때 빌린 돈을 갚으면 800원만 있으면 1달러 빚을 갚을 수 있다. 달러로는 똑같은 1달러이지만, 한국 원화로는 1,000원을 빌려서 800원만 갚으면 된다. 1달러의 빚을 지면 그 자체로 200원이 이득이다. 1997년 당시에 한국 금융기관들이 외국에 엄청난 외화 빚을 지고 있었던 이유도 분명하다. 정부가 원화 가치를 높게 유지하는 상황에서는 달러 빚을 지면 질수록 이득이기 때문이다.

IMF 외환위기는 한국에 달러 빚은 많은데 보유 달러가 없어서 발생했다. 한국의 은행들이 많은 달러 빚을 지고 달러를 가지고 있지 않았던 이유는 환율 때문이다. 당시 정부와 국민들은 은행들이 이런 식으로 자금을 운용한 것을 비난했지만, 은행을 그렇게 움직이게 한 것은 정부의 환율 정책이었다. 정부가 환율을 이런 식으로 조종하지 않았다면 외화 부족으로 국가 부도가 날 일은 발생하지 않았다.

자본주의 경제에서는 환율 움직임에 개입하지 않는 것이 원칙이다. 환율에 개입하더라도 무역수지를 조정하기 위해서 하지, 이렇게 '우리나라가 외국으로부터 선진국으로 인정받기 위해서'라는 이유로 환율을 조정하는 것은 자본주의 경제에서는 말도 안 되는 일이다. 한국이 자본주의 원칙에 충실했다면 한국에서 1997년 외환위기는 발생하지 않았고, IMF 체제도 존재하지 않았다.

관피아 천국인 한국은
자본주의 사회일까?

2016년 5월, 지하철 2호선 구의역에서 스크린도어를 수리하던 19세 청년이 역으로 들어오는 열차와 스크린도어 사이에 끼어 사망하는 사고가 발생했다. 이 청년은 혼자서 스크린도어를 점검하다가 이런 사고를 당했는데, 사고가 나자 안전 규정을 준수하지 않았다는 이야기가 바로 나왔다. 지하철을 돌면서 안전 점검을 하는 사람은 항상 2인 1조로 움직이게 되어 있다. 중간에 한 명이 사고를 당하거나 부상을 당하면 바로 다른 사람이 대응할 수 있게 하려는 조치이다. 2인 1조로 움직이는 것은 근무 시 위험이 발생할 수 있는 직업에서는 언제나 요구되는 기본적인 안전 수칙이다. 예를 들어 경찰도 최소한 2인 1조로 움직이게 되어 있지 혼자 움직이지는 않는다.

그런데 지하철 사고를 당한 청년은 혼자서 스크린도어를 수리하고 있었다. 이 사고 이전에도 지하철 시설을 혼자 점검하다가 사고를 당하는 경우가 있어 반드시 2인 이상이 함께 움직이라고 안전 지침을 강조했는데도 혼자서 움직였다. 분명한 안전

기준 위반이었다.

왜 2인 1조로 움직이지 않고 혼자 안전 점검을 했는지를 조사하다 보니 놀라운 사실이 나타났다. 지하철 안전 점검 회사에 안전 점검을 할 수 있는 충분한 인원이 없었다. 하루에 점검해야 하는 승강장 길이가 있다. 2인 1조로 돌아다니면 그 할당량을 채울 수 없었다. 2인이 각자 혼자서 점검을 하고 다녀야 하루에 점검해야 할 부분을 다 점검할 수 있었다. 그 할당량을 채우기 위해서 정비업체 직원들은 2인 1조가 아닌 1인 1조로 움직이고 있었다.

그런데 서울시가 지하철 안전 점검 회사를 선정할 때는 안전 점검 인원이 최소한 어느 정도는 되어야 한다는 기준이 있었다. 안전 점검원이 모자라서 점검을 제대로 하지 못하는 사태가 발생하지 않게 하려는 이유이다. 그 안전 점검 회사는 분명 2인 1조로 움직일 수 있는 충분한 인원수가 있었다. 하지만 그 회사 인원 중에서 40%가 서울메트로에서 퇴직하고 이 회사에 온 사람들이었다. 소위 말하는 관피아였고, 또 낙하산이었다. 이 사람들은 안전 점검, 작업 수리 같은 험한 일은 하지 않았다. 그러면서도 높은 임금을 받았다. 안전 점검 회사에서 안전 점검 일을 하지 않는 사람들이 높은 임금을 받으면서 편한 직장 생활을 하고 있었다. 이런 사람들이 많다보니 실제 안전 점검을 하고 돌아다니는 근로자들은 인원이 부족했고 보수도 낮았다.

정부 공무원이나 공공기관에서 일하던 사람들이 퇴직 후에 민간 기업으로 이동한다. 그리고 민간 기업으로 갈 때 신입 사원의 지위로 가는 것이 아니라 간부급으로 간다. 정부의 인맥으로 새로 자리를 잡게 되는 것이니 관피아이고, 또 갑자기 윗자리로 들어가니 낙하산이다. 이 관피아 낙하산은 겉으로는 잘 보이지 않지만 실제로는 경제의 경쟁력을 상당히 많이 잠식한다. 그래서 관피아 낙하산은 한국 경제의 독이라고 일컬어진다.

공기업, 공공기관의 경우는 기관의 장 중에서 정부 관련 인사가 오는 경우는 29%이다. 정치 관련 인사가 기관의 장이 되는 경우는 6%이다. 각 산업의 협회에서 회장 등을 맡는 사람들도 정부 퇴직 인사들이다. 한국에서 산업 부문별 협회는 단순히 사업자 간 친목 단체가 아니라 그 산업 사업자의 이해관계를 조정하고 대정부 업무를 대표하는 업무를 맡는다. 실질적으로 많은 권한을 가지고 있는데 이런 협회 인사들은 대부분 정부 관련 분야에서 온 사람들이다. 일반 사기업 같은 경우에도 감사 업무를 관피아가 맡는 경우가 많다. 그리고 이런 것은 고위직에만 해당하는 것은 아니다. 지하철 안전 점검 회사에서 나타나듯이, 고위직만 아니라 중간 관리자급에서도 정부 퇴직 인사들이 민간 기업체에 낙하산으로 가곤 한다.

자본주의에서 기업들은 이익을 중요하게 생각한다. 그래서 자기 이익에 도움이 되는 사람을 채용하고 지위를 주려고 한다. 회사에 도움이 되지 않는 사람은 채용하려 하지 않는다. 그런데 왜 한국에서는 정부 관련 인사들이 퇴직 후에 낙하산으로 많이 자리를 잡게 될까?

정부 관피아들은 자기들이 능력이 있어서라고 말한다. 공직에서 그동안 관련 분야의 일을 몇십 년 동안 해왔으니 충분히 그런 일을 담당할 능력이 있다고 주장한다. 물론 관피아들은 충분히 능력있는 사람들이고, 또 그 분야에 대해서도 잘 알고 있는 사람들이다. 하지만 종목이 다르다. 민간 기업은 실제 상품이나 서비스를 만들어내야 하고 또 수익을 내야한다. 하지만 정부 관련 부문에서 일하는 사람들은 실제 상품이나 서비스를 만들어내지 않는다. 수익성에 대해서는 한 번도 생각해본 적이 없다. 피겨 스케이팅 선수 김연아는 평생 스케이팅을 해왔고 올림픽 금메달을 딸 정도로 뛰어나다. 하지만 아무리 피겨 스케이팅에서 잘했다고 해도 쇼트트랙을 하라고 하면 못한다. 100m, 200m 단거리 달리기에서 세계 최고 기록을 세우는 달리기 선수도 1,000m, 2,000m 달리기에서는 성적이 좋지 않다. 같은 분야라고 해도 업무가 조금만 달라져도 능력에는 큰 차이가 난다. 평생을 이익, 생산성을 생각하지 않던 관피아들이 이익에 민감하게 움직이는 민간 기업에서 능력을 발휘하기는 쉽지 않다.

그래서 민간 기업들이 관피아를 채용할 때는 정식 회사 업무를 맡기지는 않는다. 보통은 대정부 업무를 맡긴다. 정부를 대상으로 로비할 때 관피아들은 엄청난 능력을 발휘할 수 있다. 정부에서 일해 온 인맥을 바탕으로 뭔가 회사에 유리한 정부 정책을 끌어 낼 수 있다. 그게 아니면 회사 업무에 크게 영향을 주지 않는 한직을 준다. 직접 많은 일을 하지는 않지만, 관피아 출신이 그 회사에 있다는 것 자체가 그 회사에 도움을 줄 수 있다. 현재 정부에 있는 사람들이 관피아가 있는 그 회사를 의식하고 고려하기 때문이다.

그런데 이런 관피아와 낙하산은 자본주의 경제에서 쉽게 일어나는 일일까, 아니면 자본주의 경제에서는 일어날 수 없는 일일까? 자본주의가 발달한 미국이나 영국에서 정부에서 일하던 사람이 갑자기 민간 기업의 고위직으로 갔다는 말을 들어본 적이 있나? 정치를 하던 사람이 갑자기 공기업의 장으로 갔다는 말을 들어본 적이 있나? 이익과 관계가 없는 공공기관으로 갈 수는 있다. 하지만 이익이 중요시되는 기업에 낙하산으로 가는 경우는 거의 없다.

반면 아직 사회주의 국가인 중국에서는 이런 낙하산을 쉽게 찾아볼 수 있다. 중국 주식시장에 상장된 공기업들의 수장 중 많은 수는 공산당에서 내려온다. 정부 고위직들이 기업의 장이 된다.

관피아 낙하산은 진정한 자본주의에서라면 일어날 수 없다. 민간 기업에서 정부 퇴직 인사를 채용하는 이유는 대정부 업무에서 도움을 받기 위해서이다. 그런데 자본주의에서는 정부의 공공 영역과 민간 기업 영역이 완전히 분리되어있다. 아니 분리되어있다기보다는, 민간 기업은 정부나 정치에 아무 신경을 쓰지 않고 그냥 자기 일만해도 되게 되어있다. 민간 기업은 만들어진 법만 지키면서 사업을 하면 된다. 그리고 법을 지키는데 특별히 관피아 낙하산 인사가 필요하지 않다. 장관이 누가 되든 부처 국장이 누가 되든 하나도 신경 쓰지 않고 그냥 기업 활동만 하면 된다.

한국에서 관피아가 중요하다는 이야기는 한국 기업들은 정부에 대해 크게 신경을 써야 한다는 뜻이다. 누가 장관이 되고, 누가 관련 국장이 되는가가 기업 활동에 크게 영향을 미치고 있다는 뜻이다. 그리고 정부 공무원들을 얼마나 알고 잘해주느냐가 기업의 이익에 큰 영향을 준다는 뜻이다.

기업 입장에서는 자기 회사 기존 직원이 가서 정부 로비를 하든, 공무원 출신의 관피아가 가서 정부 로비를 하든 똑같은 결과가 나온다면 일부러 높은 지위와 월급을 주어야 하는 관피아를 채용할 리가 없다. 그런데도 회사에서 높은 지위와 임금으로 관피아를 채용하는 이유는 관피아 출신이 정부 로비를 했을 때와 일반 직원이 정부 로비를 했을 때 그 결과가 달라지기 때문이다. 즉 한국에서 한 산업이나 기업에 대한 정책이 공무원 개인에 따라 달라진다는 이야기이다.

공무원 개인이 회사 이익에 막대한 영향을 줄 수 있는 시스템이 자본주의 시스템이라고 할 수는 없다. 자본주의 시스템은 정부가 기업 활동에 큰 영향을 미치지 않아야 하고, 또 설사 기업 활동에 영향을 미친다고 해도 제도에 의해서 이루어진다. 공무원이 누구이고 그 개인이 어떻게 생각하고 행동하느냐에 따라 기업의 이익이 왔다 갔다 한다면 그것은 이미 자본주의라고 보기 어렵다. 그리고 공무원 개인에 의해 기업이 큰 영향을 받는 한, 한국에서 관피아 낙하산이 사라질 가능성도 없다.

한국에는 왜 이용하지 않는 공항이 그렇게 많을까?

한국에는 지방 공항들이 참 많다. 열다섯 개나 된다. 국토가 넓어서 항공 산업이 굉장히 발달해 있는 미국은 사백여 개의 지방 공항이 있다. 그런데 한국은 미국 국토 넓이의 98분의 1밖에 안 된다. 그런데도 열다섯 개의 공항이 있다. 국토 넓이를 기준으로 했을 때 한국은 미국보다 3.5배나 더 많은 공항을 가지고 있다. 세계 최대의 항공 시장보다 훨씬 더 많은 공항이 있다.

비행기는 보통 시속 800km로 난다. 한 시간에 800km를 날아간다. 그래서 비행기는 못해도 800km 정도 되는 거리는 움직여야 경제성이 있다. 그 정도 거리를 움직였을 때 비행기가 뜨고, 뜬 상태에서 운항하다가 착륙하기 위해서 내려올 수 있다. 400~500km 정도는 비행기가 30분 정도면 갈 수 있는 거리이다. 이 정도 거리 내에서 이륙하고 착륙을 하려면, 뜨자마자 바로 착륙 준비를 해야 한다.

그런데 한국은 서울에서 부산까지가 지도상 직선거리로 약

350km이다. 서울에서 여수도 약 320km이다. 인천에서 강릉은 약 200km이다. 비행기 운항에 경제성 있는 국토 넓이가 아니다. 자동차와 기차로 연결될 수 없는 제주도와 육지를 연결하기 위해서 비행기를 이용하는 것은 어쩔 수 없다. 하지만 제주도 외에는 한국 내륙 안에서 비행기로 이동하는 것은 경제성이 낮다. 이용자도 비행기를 이용하는 게 큰 도움이 되지 않는다. 시내에서 멀리 떨어져 있는 공항으로 이동하고, 비행기를 타고 이동해서, 다시 공항에서 시내로 들어가는 것을 고려하면 비행기를 타는 것이 KTX 등 기차를 이용하는 것에 비해 별 이점도 없다. 그래서 한국의 지방 공항은 대부분 적자이다. 한국의 가장 대표적인 대도시인 서울과 부산 부근에 있는 인천공항, 김포공항과 김해공항, 그리고 제주공항을 제외하고는 모두 적자이다.

적자도 그냥 적자가 아니라 엄청난 적자이다. 공항은 몇억, 몇십억 원으로 만들 수 있는 것이 아니다. 공항 부지와 건물, 활주로를 만들기 위해서는 최소 몇천억 원이 들어간다. 이렇게 큰 시설을 만들어놓았지만 이용률은 형편없다. 2012년도에 양양공항, 원주공항, 무안공항의 활주로 활용률은 1%도 안 되었다. 활주로를 이용할 수 있는 능력의 0.5%~0.6%만 사용했다. 99% 이상을 그냥 놀렸다는 이야기이다. 김포공항, 김해공항을 제외하고 나머지 공항들은 모두 10%도 안 되는 활용률을 보였다. 이것은 공항 측이 좀 더 노력하고 경영 혁신을 한다고 해서 나아질 수 있는 수준이 아니다. 민간 기업에서 공장을 만들었는데 사용률이 10%라면 바로 부도가 나서 문을 닫아야 한다. 처음부터 만들어서는 안 되는 시설물이다.

그런데 어떻게 해서 자본주의 국가인 한국에서 이런 공항들이 만들어지고 운영될 수 있었을까? 자본주의에서는 수익성, 이익을 중요시한다. 수익성이 높다고 예측이 되면 아무리 투자금이 많이 필요하다고 해도 어떻게든 돈을 마련해서 투자가 이루어진다. 그 대신 수익성이 낮으면 누가 뭐라고 설득을 해도 절대 투자하지 않는다. 그런데 어떻게 자본주의로 운영된다는 한국에서 이런 수익성 없는 공항들이 열 몇 개나 만들어졌을까? 처음에는 지방 공항이 수익성이 높다고 잘못 생각해서 투자했을 수도 있다. 하지만 처음 한두 번 지방 공항을 만들다 보면 한국에서는 지방 공항의 수익성이 안 나온다는 것을 알았을 것이다. 그런데도 지방 공항은 2000년 이후에 계속 건설됐다. 그 이유는 한국에서 지방 공항은 해당 지역의 자존심이기 때문이다. 각 지역에서는 자기 지역에 공항이 들어와야 자기 지역 자존심이 높아진다고 생각한다. 그래서 그 지역에서 유명하고 실세인 정치가가 나오면 자기 지역에 지방 공항을 만든다. 무안 공항은 민주당의 실세인 한화갑 대표가 유치한 것으로 유명하다. 울진공항은 2000년경 청와대 비서실장이었던 김중권이 영향력을 행사해서 착공이 시행되었다. 청주공항은 노태우 대통령의 대선 공약으로 추진됐다. 예천공항도 1980년대 실세였던 유학성에 의해서 추진됐다.

한국에서 지방 공항은 그 지역의 정치적 파워에 의해서 만들어졌다. 전투기가 뜨고 내리는 군용 공항이라면 정치적 파워에 의해서 결정된다고 해도 상관없다. 어차피 군사용은 수익성과 관계없이 의사결정이 이루어진다. 하지만 분명 상업시설인 민간 공항이 수익성을 고려하지 않고 정치적으로 결정된다는 것은 자본주의 체제에서는 발생할 수 없는 일이다. 한두 개라면 모를까, 공항 대부분이 정치적 목적으로 건설되고 있다면 이것은 자본주의 경제 체제로 볼 수 없다. 자본주의에서는 수익성이 중요한 판단 기준이다. 자본주의 체제에서는 엄청난 적자를 보는 사업이 계속해서 진행될 수 없다.

지방 공항만이 아니다. 정부나 지자체가 시행하는 사업들은 엄청난 적자를 내는 사업이 많다. 의정부는 2012년에 경전철을 개통했다. 그 이후 5년 동안 자본금 911억 원을 날렸고 2,000억 원의 적자가 발생했다. 인천시는 월미도에 모노레일을 만들었다. 850억 원이 넘는 돈을 집어넣었는데 결국 이 모노레일은 운행을 시작하지도 못했다. 800억 원이 넘는 돈을 그냥 버린 것이다. 용인시는 용인 경전철을 만들었다. 엄청난 적자에 4,500억 원의 채권을 발행했다. 1년에 300억 원 가까운 돈을 경전철에 퍼붓고 있다. 김해 경전철도 매년 550억 원의 적자가 난다.

물론 정부나 지자체는 꼭 수익성이나 경제성만을 고려해서 사업을 추진하는 것은 아니다. 복지 분야나 안전, 환경 분야에 대해서는 수익성, 경제성과 관련 없이 사업을 추진할 수 있다. 자본주의라고 해서 이런 분야에까지 수익성을 요구하는 것은 아니다. 하지만 경전철 건설, 모노레일 건설 등은 복지, 지역 주민의 안전과는 상관없는 분야이다. 이런 부문들은 분명 사업적인 영역이다. 사업에서는 수익성, 경제성을 고려해야 한다. 그것이 자본주의이다. 하지만 한국 지자체 사업들은 수익성, 경제성을 전혀 고려하지 않는다. 아무런 수익성이 없는 사업에 그냥 돈을 퍼붓는다. 자본주의에서 이런 식의 돈 낭비는 일어날 수 없다.

지자체들은 이럴 줄 몰랐다고 말한다. 경전철, 모노레일을 만들었을 때 수익성이 날 것을 예상하고 사업을 추진했다고 한다. 물론 투자라는 것이 분명히 성공한다거나 실패한다고 예측할 수는 없다. 분명 수익이 일어날 것으로 예측하고 사업을 시작했는데 예상외로 적자가 나는 경우는 일상적으로 일어나는 일이다.

하지만 그것도 정도가 있다. 1억 수익을 예상했는데 반대로 1억 손실을 보는 것은 사업을 하다 보면 충분히 일어날 수 있다. 하지만 1억 수익을 예상하고 사업을 했는데 100억의 손실을 보았다면 그것은 절대 그럴 수도 있다고 말할 수 있는 수준이 아니다. 사업 계획, 사업 예상이 철저히 잘못된 것이다. 그런데 지자체들의 사업 실패 수준은 처참할 정도다. 모든 경전철 사업에서 연간 몇백억의 적자를 보고 있다.

그리고 처음에는 경전철 사업에서 수익이 날 것으로 예상했다고 해도 이미 경전철을 운영한 다른 지자체에서 엄청난 손실을 보고 있다면 더는 경전철 사업을 추진하지 말아야 한다. 그러나 한국은 경전철 사업으로 큰 손실을 본 지자체가 나타났는데도 불구하고 계속해서 경전철이 만들어졌다. 이익에 민감한 자본주의 시스템에서 다른 지역의 같은 사업이 엄청난 적자를 내고 있는데 계속 그 사업을 추진할 수 있을까? 자본주의에서 사업은 그런 식으로 추진되지 않는다. 하지만 한국의 지자체 사업은 주변 지자체들이 모두 어마어마한 적자를 보는데도 계속 추진되고 있다.

지자체의 경전철 사업들도 지방 공항과 같이 경제성보다는 정치적 목적에 의해서 추진된다. 지자체 선거에서 당선되기 위한 목적으로 공약으로 제시되고, 정치적으로 인정받기 위해 사업이 추진된다. 설사 그 사업으로 지자체가 엄청난 적자를 보더라도 사업을 추진한 지자체장과는 별 상관이 없다. 그 적자를 부담하는 것은 사업을 추진한 지자체장이 아니라 지자체 주민들이나 국민들이다.

자본주의에서는 항상 자기 책임으로 사업이 추진된다. 사업에서 성공하면 큰 이익을 얻지만, 사업에서 실패하면 큰 손해를 본다. 그래서 사업성 여부를 엄격히 심사해서 사업을 시행한다. 사업에서 이익을 낼 수 없다고 하면 바로 철수한다. 그래서 적자를 보더라도 엄청난 적자는 보지 않는다. 하지만 한국의 지역 사업, 지자체 사업들은 책임지지 않는 사람들이 사업을 추진한다. 사업성과 관계없이 정치적 목적으로 사업이 추진되고, 적자를 보더라도 큰 상관을 하지 않는다. 한국이 자본주의 체제였다면 엄청난 사회적 낭비라 할 수 있는 지방 공항들은 만들어질 수 없었다. 연간 몇백억씩 적자를 보는 경전철 사업들도 시행될 수 없었다. 한국이 자본주의적으로 움직이지 않기 때문에 이런 사업들이 추진되는 것이다.

한국이 제대로 된 자본주의 사회라면 '박근혜-최순실 사태'가 벌어질 수 있었을까?

 2016년 11월, 검찰은 박근혜 대통령을 기소하기로 했다. 한국 정부에서 대통령이 현직에 있으면서 검찰에 기소되는 것은 처음이다. 검찰은 박근혜 대통령에게 위법 행위가 있다고 판단해 기소했고, 검찰이 기소하면서 박근혜 대통령에 대한 탄핵의 이야기가 나오고 있다.

 2016년 10월에 최순실 게이트가 알려지며, 이 글을 쓰고 있는 현재 박근혜 대통령 퇴진을 요구하는 촛불 시위가 매주 계속되고 있다. 그동안 박근혜 대통령이 국가를 위해서 결정했다는 일에 알고 보면 그 배후에는 최순실이 있었다. 박근혜 대통령은 최순실의 꼭두각시였다는 언론 기사가 나오고, 심지어 가장 전문적이고 대통령의 권위가 필요한 국방과 외교 문제까지 최순실의 입김이 작용했었다는 보도들이 나오고 있다. 또 2014년 4월 16일 세월호가 침몰하던 날, 박근혜 대통령의 7시간의 행적이 공개되지 않았는데, 이것도 최순실과 관련이 있다는 의혹이 계속 제기되는 중이다.

그런데 사실 박근혜 대통령의 뒤에 최순실이라는 비선 실세가 있었다는 것이 국민의 입장에서는 배신이고 있을 수 없는 일이지만, 그것만으로 법적으로 문제가 되어 검찰이 기소하기는 어렵다. 최순실이 박근혜 정권의 실세였다는 사실은 정권의 정통성에 문제가 되고 도덕적으로도 큰 문제가 되지만, 이것이 박근혜 대통령의 명백한 위법 행위라고 법적으로 해석하기는 어렵기 때문이다. 또 대통령에 대한 탄핵도 위법 행위가 있어야 가능한 것이기에, 최순실이 정권의 실세였다는 것만으로 탄핵을 시도하기도 무리이다.

검찰이 박근혜 대통령을 기소하기로 결정한 것, 그리고 탄핵의 이야기가 급물살을 타게 된 것은 최순실 게이트 중에서도 미르재단, K스포츠재단 문제 때문이다. 박근혜 대통령은 주요 재벌그룹 회장들을 독대하고, 미르재단과 K스포츠재단에 돈을 낼 것을 요구했다. 대통령이 권력을 이용해서 재벌들에게 돈을 걷었다. 검찰은 재벌들이 미르재단과 K스포츠재단에 낸 돈 774억이 '명백히 강요나 협박에 의해 걷은 돈'이라고 규정하고, 이것을 근거로 박근혜 대통령을 기소할 것을 발표한다.

한국이 정말로 자본주의 국가라면 현직 대통령을 기소하게 한 미르재단, K스포츠재단의 문제가 발생했을까? 일단 자본주의 사회에서는 정치권력이 사업가에게 돈을 달라고 할 수 없다. 아니, 돈을 내라고 할 수는 있다. 돈을 많이 번 기업가에게는 수많은 사람이 와서 돈을 내달라고 요청한다. 많은 자선단체에서 찾아와서 기부할 것을 요청하고, 많은 문화단체에서 찾아와 후원해달라고 요청한다. 자선단체와 문화단체에서 기업가에게 후원해달라고 부탁하는 것처럼 정치인도 기업가에게 정치 자금을 지원해달라고 요청할 수는 있다.

하지만 자본주의 사회에서는 기업가에게 돈을 내라고 강요할 수는 없다. 자선단체와 문화단체가 기업에 후원을 요구한다고 기업이 돈을 주어야만 하는 것은 아니다. 돈을 주는 것은 어디까지나 기업 자신의 판단과 의사에 달려있다. 정치와 관련해서도 마찬가지이다. 사업가는 어디까지나 자기 판단으로 정치인 후원 여부를 결정한다. 정치인이 기업가에게 정치 자금을 기부할 것을 강요할 수는 없다.

사실 자본주의 이전 전근대 사회에서는 정치인이 사업가보다 훨씬 우위에 있었다. 그래서 정치 권력자들이 돈이 많은 사람에게 돈을 낼 것을 강요하는 것이 일상적이었다. 중국을 비롯한 동양 사회에서는 지방 수령이 지방 유력자의 재산을 강탈하는 일이 흔했다. '돈을 가져와라. 그렇지 않으면 감옥에 집어넣겠다'고 무언의 협박을 했고, 돈이 많은 사람은 자기나 가족들이 불이익을 당하지 않도록 돈을 바쳐야 했다. 정치인은 자신의 권력을 이용해서 돈을 빼앗았다.

하지만 자본주의 사회에서는 경제가 정치와 대등한 관계이다. 그래서 정치인이 경제인에게 돈을 내라고 강요하고, 경제인이 그 말에 복종해야 하는 사태는 발생하지 않는다. 자본주의에서는 오히려 돈의 힘이 정치보다 더 커지는 경우가 문제이다. 정치인이 기업가를 압박하는 것이 문제가 아니라, 기업가가 돈의 힘으로 정치인을 좌지우지하려는 게 더 문제다. 자본주의가 발달한 미국 사회에서는 정치인에게 많은 후원금을 내는 기업들이 실제로 정책 결정 과정에 영향력을 행사한다고 비난을 받기도 한다. 기업가가 정치인에게 종속되지 않고, 정치인이 기업가의 돈을 강탈할 수 없는 것이 자본주의 사회의 특징인 것이다.

그런데 최순실 게이트에서는 박근혜 대통령이 나서서 그룹 회장들에게 재단 설립 자금을 낼 것을 요구했다. 좋은 사업을 하려고 하니 기업들이 참여해 달라고 공개적으로 요구한 것도 아니다. 박근혜 대통령은 재벌 총수들을 독대로 만나 이야기했다. 박근혜 정부에서 대통령과 독대하는 것은 정말로 힘든 일이었다. 박근혜 정부에서 장관으로 일한 사람 중에서도 대통령과 독대를 한 번도 못 한 사람이 있다. 심지어 부총리도 독대해본 적이 없다고 말하기도 했다. 청와대에서 일하는 비서진도 독대하기는 힘들었다. 그런 박근혜 대통령이 재벌 총수와 독대해 재단 설립 자금을 낼 것을 요구했다. 정상적이고 일반적인 후원금 요구는 아니다. 검찰은 이 과정을 '강요와 협박'으로 보았다. 자본주의라면 이런 식으로 대통령이 기업가를 독대해서 돈을 내라고 할 수 없다. 독대해서 자금을 요청하는 것 자체가 자본주의에서는 일어날 수 없다.

그리고 이런 비정상적인 자금 요구에 기업들은 거절하지 못하고 돈을 냈다. 한국에는 수많은 자선단체와 사회복지단체, 문화재단이 있다. 이 단체들은 모두 기업의 후원금을 받고자 하지만 실제로 후원금을 지원받기는 상당히 어렵다. 그런데 미르재단과 K스포츠재단은 770억이 넘는 후원금을 받았다. 한국 사회 단체에서 이례적인 일이다. 대통령이 독대하면서 자금을 요구 하는데 그것을 거절할 수 있는 한국의 기업은 없다. 돈을 내지 않아도 아무 불이익이 없다면 돈을 내지 않는 기업도 많았을 것이다. 하지만 돈을 내라는 요구를 받아들이지 않으면 기업 활동에 어떤 피해가 갈지 모른다는 불안감 때문에 기업 입장에서는 돈을 내지 않을 수 없다. 자본주의 사회라면, 경제가 정치와 대등한 사회라면 기업가가 이런 불안감을 느끼지 않았을 것이다. 정치권력의 힘으로 기업의 사활이 결정될 수 있기 때문에 기업은 미르재단과 K스포츠재단에 거액을 냈다. 이렇게 정치권력이 기업가를 좌지우지하는 것은 자본주의에서는 인정되지 않는다. 더구나 공식적인 규정과 절차도 아니고 비정상적인 방법으로 기업가에게 돈을 내라고 요구하고, 또 기업가가 돈을 내야만 하는 것은 자본주의가 아니다. 한국에서 제대로 된 자본주의가 작용하고 있었다면, 대통령의 자금 지원 요구에 많은 기업가가 'No'라고 거절할 수 있어야 했다.

사실 최순실 게이트에서 자본주의 사회라면 벌어질 수 없는 것은 미르재단, K스포츠재단 건만은 아니다. 박근혜 정부에서는 CJ그룹 부회장에게 자리에서 물러나라고 요구했다. 정부에서 민간 기업 임원의 인사에 간여하는 것은 정부와 기업 간에 아무런 연관성이 없어야 하는 자본주의에서는 있을 수 없는 일이다. 또 권력을 이용해서 최순실 일가가 재산을 증식한 것도 진정한 자본주의에서는 불가능한 일이다. 전근대 사회, 전통사회에서는 권력이 재산을 모으는 최고의 수단이었다. 하지만 자본주의에서는 권력이 아니라 사업을 통해서 부를 축적할 수 있게 한다.

정치권력을 가진 자가, 그것도 공식적인 정치인이 아니라 권력자의 뒤에 숨어있는 사람이 큰 부를 축적할 수 있었다는 것은 한국은 아직 자본주의라기보다는 전근대적인 면이 많다는 것을 시사한다.

Part 3

한국의 경제 정책은 자본주의일까?

가난한 사람들에게 의료보험은 정말 '보험'일까?

　　한국에서는 한국의 의료보험이 미국이나 유럽의 의료보험보다 더 우월한 것으로 평가한다. 한국은 국민 모든 사람이 의무적으로 의료보험에 가입하게 되어 있다. 그래서 모든 국민이 의료보험의 혜택을 받을 수 있다. 또 한국의 의료보험은 세금에 의해서 충당되는 것이 아니라 의료보험료를 별도로 징수한다. 의료보험 때문에 국가 재정이 어려워지지도 않는다.

　　미국의 의료보험은 완전히 자본주의적이다. 의료보험에 가입한 사람만 혜택을 받는다. 의료보험에 가입을 해서 보험료를 내면 의료비 지원을 받지만, 의료보험에 가입하지 않아 평소에 보험료를 내지 않으면 의료비 지원을 받지 못한다. 먹고 살기 바쁜 가난한 사람들은 보통 보험에 가입하지 않는다. 지금 당장 먹고살 돈이 부족한데 언제 혜택을 받을지 모르는 의료보험료를 낼 수는 없다. 그래서 미국에는 의료보험 지원을 받지 못하는 사람들이 매우 많다. 약 2천 9백만 명의 사람들이 의료보험 혜택을 받지 못하고 의료 사각지대에 있다. 오바마 미국 대통령이 이렇게 혜택을 받지 못하는 사람이 많은 의료보험 제도를 바꾸려고 개혁했지만 아직도 모든 사람들이 의료보험 혜택을 받는 것은 요원하다. 이렇듯 자본주의 사회인 미국에서는 평소에 의료보험료를 낸 사람만 의료비 지원을 받는 것이 원칙이다.

한국은 가난한 사람들이 의료보험에 가입하지 않아 의료비 지원을 받지 못하는 것을 막기 위해 국민 모두를 의료보험에 의무적으로 가입시킨다. 대한민국 국민은 소득이 많거나 적거나 상관없이 누구나 다 의료보험에 가입해야 한다. 그리고 국민 모두가 의료보험에 가입했으니 모든 국민들이 의료보험의 혜택을 받을 수 있다. 모든 국민이 같은 의료보험 혜택을 받을 수 있다는 점에서 한국의 의료보험은 독보적이다.

유럽의 복지국가는 사회주의적이다. 사회주의에서는 국민 모두에게 의료비 혜택을 준다. 이 의료비는 자기 부담금이 있기도 하지만 대부분 세금으로 충당한다. 의료비로 충당하는 비용이 어마어마하다 보니 국가 재정이 타격을 받게 된다. 거두어들이는 세금의 많은 부분이 의료비로 지출되기 때문에 국가의 다른 부문에 투여할 돈이 부족하다. 국민들의 의료비를 어떻게 감당하느냐는 복지국가의 주된 과제이다. 한국은 이렇게 의료비로 국가 재정이 축나는 것을 막기 위해 의료보험료와 세금을 따로 거둔다. 일반 세금은 국가 사업들을 하는 데 사용하고, 의료비 지출은 의료보험료만으로 사용한다. 한국의 의료보험은 모든 국민이 의료비 혜택을 받을 수 있도록 하면서도 국가 재정에 특별히 영향을 끼치지 않는 좋은 제도이다.

그러면 한국의 의료보험 제도는 자본주의적인 미국의 의료보험, 사회주의적인 유럽의 의료보험보다 훨씬 더 좋은 제도일까? 그럴 리는 없다. 자본주의적이지도, 사회주의적이지도 않은 한국의 의료보험은 자본주의에서 의료보험의 문제와 사회주의에서의 의료보험 문제를 똑같이 가지고 있다.

한국은 모든 국민이 의료보험의 혜택을 받는다고 한다. 모든 국민이 의무적으로 의료보험에 가입해야 하니 모든 국민이 의료보험 혜택을 받을 수밖에 없다. 그런데 정말 그런가? 그렇지 않다. 한국의 의료보험은 '보험'이다. 보험이란 것은 평소에 보험료를 낸 사람에게만 혜택을 주는 것이 원칙이다. 보험료를 내지 않으면 보험금은 지급되지 않는다. 한국에서는 매달 의료보험료 고지서가 나간다. 만약 육 개월 동안 의료보험료를 내지 않으면 의료보험 혜택에서 제외된다. 육 개월 동안 의료보험료를 내지 않아서 의료비 지원에서 제외된 사람들 숫자가 2016년에 145만 명이다. 대한민국 국민의 3%에 해당하는 사람들이 의료보험 혜택에서 제외된 것이다. 그리고 이 수치는 계속해서 증가하고 있다.

돈이 있으면서 의료보험료를 내지 않는 사람들도 있다. 하지만 의료보험료를 내지 않는 많은 사람은 대부분 가난한 사람들이다. 국가는 가난한 사람들에게는 세금을 걷지 않는다. 하지만 의료보험료는 걷는다. 미국에서는 의료보험료를 내지 않으면 의료비 지원을 하지 않을 뿐이다. 하지만 한국에서는 국민들이 의료보험료를 의무적으로 내야 한다. 의료보험료를 내지 않으면 의료비 지원을 멈추는 것에 그치지 않고, 재산 압류에 들어간다. 가난하고 먹고 살기도 어려워서 한 달에 몇만 원이나 되는 의료보험료를 내지 못하고 있다. 그런데 의료보험료를 내지 않았다고 해서 재산 압류를 한다. 부동산이 없는 경우에는 통장을 압류한다. 트럭을 이용해서 먹고 사는 사람들은 그 트럭을 압류한다. 직장을 그만두고 소득이 없어 의료보험료를 내지 못하는 사람들에 대해서도 재산을 압류한다. 의료비 지원을 받지도 못하면서 의료보험료 때문에 망해가는 사람들이 나오는 것이다.

미국에서도 약 2천 9백만 명의 사람들이 의료보험료를 내지 못해 의료비 지원을 제대로 받지 못한다. 의료보험에서 제외되어 있다가 큰 병에 걸리면 망하게 된다. 그런데 한국에서는 병에 걸리지 않아도 망한다. 큰 병에 걸려도 망하게 되지만, 병에 걸리지 않아도 의료보험료를 내지 않았다는 이유로 재산이 압류되고 망한다. 의료보험료를 내지 못하는 가난한 사람들에게 한국의 의료보험 제도는 더 위험한 제도이다.

또 한국의 의료보험과 관련해서 주로 나오는 이야기가 부자들의 의료보험료가 높지 않다는 점이다. 한국의 의료보험료는 소득에 따라 올라간다. 소득이 더 높으면 보험료도 더 많아진다. 하지만 의료보험료에는 상한선이 있다. 직장가입자를 기준으로 매월 소득이 7,810만 원일 때 의료보험료 약 477만 원(절반 부담 원칙으로 약 239만 원)이 최고액이다. 그 이상으로 돈을 벌어도 의료보험료는 오르지 않는다.

이렇게 의료보험료에 상한이 있는 이유는 의료보험료가 세금이 아니라 보험료라는 형식을 갖추기 때문이다. 세금이라면 소득이 있는 만큼 세금도 올라간다. 어느 정도 이상 소득을 올릴 경우 세금을 더 내지 않아도 된다는 규칙은 전 세계 어디에도 없다. 소득이 증가하면 그만큼 세금을 더 내는 것이 원칙이다. 하지만 보험은 그렇지 않다. 보험금은 어디까지나 자기가 혜택을 받을 수 있는 금액보다 더 적은 금액이어야 한다. 그래야 보험금을 낸다.

내가 아무리 큰 병에 걸려도 예상되는 병원비가 10억 원이라고 하자. 그러면 내가 평생 내는 의료보험료는 10억 원보다 낮아야 한다(30년을 낸다고 할 때 한 달에 약 278만 원). 그래야 보험에 가입하는 의미가 있다. 내가 예상하는 내 병원비 최고액이 10억 원인데, 의료보험료를 20억 원을 내라고 하면(30년을 낼 때 한 달에 약 556만 원), 의료보험료를 내지 않다가 그냥 병원에 가게 되었을 때 병원비 10억 원을 내는 것이 나은 것이다.

지금 한국의 월 의료보험료 최고액은 약 239만 원이다. 30년 동안 의료보험료를 낸다고 할 때 평생 보험료는 약 8억 6천만 원이 된다. 그런데 사실 이렇게 많은 의료비를 쓸 일은 별로 없다. 그래서 부자들도 의료보험료를 내기 싫어한다. 자기가 받는 혜택에 비해 지나치게 많은 금액을 내는 것이다.

이런 문제를 해결하기 위해서는 의료보험이 아니라 세금으로 하면 된다. 그러면 가난한 사람들이 의료보험료를 내지 않았다고 해서 의료비 지원을 끊고 재산을 압류하지 않아도 된다.

또 소득이 많은 부자에게는 소득이 증가하는 만큼 더 많은 돈을 거둘 수 있다. 하지만 지금 한국 정부는 그 길은 가지 않으려 한다. 국민들은 세금을 올리는 것을 정말 싫어한다. 세금을 올리면 그 정권은 다음 선거에서 지게 된다. 하지만 의료보험료는 그렇지 않다. 의료보험료는 어디까지나 보험이기 때문에 보험료 인상에 국민들이 그렇게 큰 관심을 두지 않고 이슈도 되지 않는다. 지금 의료보험료는 조금씩 오르고 있는데 세금이었다면 이런 식으로 오를 수 없다. 사실 한국의 의료보험은 실질적으로 세금과 같다. 의료보험료를 내지 않으면 세금을 내지 않는 것과 똑같이 재산 압류에 들어간다. 하지만 세금이라는 이름을 붙이기 싫어서 의료보험이라는 명칭으로 운영하고 있다.

자본주의 사회에서 의료보험은 보험비를 낸 사람들을 대상으로만 지원한다. 그렇지만 보험료를 안 냈다고 해서 재산을 압류하는 일은 없다. 사회주의 사회에서 국가는 세금으로 의료비를 부담한다. 하지만 한국에서는 의료보험료를 세금으로 하지 않고, 세금보다 훨씬 쉽게 올린다. 의료보험료를 별도로 올릴 수 있으니 재정에 대한 부담도 덜하다. 그런데 국민의 부담이 줄어드는 것은 아니다. 사실 한국의 의료보험은 앞으로 국민들이 큰 부담을 지게 될 폭탄이다. 노령화로 의료비 지원 대상이 계속 증가하면서 의료비 부담은 증가한다. 의료보험료 때문에 망하는 사람들도 계속 증가할 것이다. 자본주의도 사회주의도 아닌 한국적 의료보험 제도의 필연적인 길이다.

외국인 전용 카지노가 열여섯 개 인 한국이 자본주의일까?

세계에서 가장 유명한 카지노 도시는 미국의 라스베이거스이다. 라스베이거스는 거대한 카지노 호텔, 카지노들이 늘어선 스트립 거리, 화려한 네온사인과 쇼 등 자본주의의 특성을 그대로 보여주는 도시로 알려져 있다. 하지만 라스베이거스에만 카지노가 있는 것은 아니다. 자본주의 국가에는 카지노가 많이 있다. 미국 각지에는 카지노들이 많이 있고, 또 영국이나 독일 등 유럽에도 카지노가 많이 있다. 단지 이런 카지노들은 라스베이거스처럼 크고 화려하지 않아서 많이 알려지지 않았을 뿐이다. 자본주의에서 카지노 도박은 레저 활동이다. 물론 도박이다 보니 돈을 잃는다. 하지만 자본주의에서는 도박을 하는 것도 자기 선택, 도박을 해서 잃는 것도 자기 선택이다. 자기가 자기 돈을 사용해서 카지노를 이용하는데 그것을 가지고 뭐라 하지는 않는다.

이에 반해 사회주의에서는 도박이 공식적으로 금지되어 있다. 도박은 마음을 갉아먹는 아편이다. 도박 중독에 빠질 수 있고, 허황된 꿈을 가지게 한다. 또 건전한 근로 의식을 저해할 수 있어 모두가 열심히 일하는 사회를 만드는데 큰 방해가 된다. 그래서 사회주의 국가는 도박을 금지한다. 꼭 사회주의 국가가 아니라 하더라도 도덕성을 우선시하는 국가는 도박을 법적으로 금지하고 있다.

그러면 한국은 어떨까? 한국은 도박이 금지되어 있다. 카지노가 있기는 한데 강원랜드 한군데만 있다. 하지만 강원랜드에 카지노를 개설한 것은 정말 예외적인 일이었다. 강원도 태백 지역은 석탄을 캐서 살아가는 탄광 지대였다. 그런데 한국이 더는 석탄을 사용하지 않고, 석유와 가스를 주로 사용하기 시작했다. 강원도 태백 지역 경제는 완전히 망하게 되었고, 그래서 탄광 지대를 살리기 위해 어쩔 수 없이 허가한 것이 강원랜드 카지노이다. 워낙 특이한 경우라서 강원도 태백 지역에 카지노를 허용하기는 했지만, 영구적인 것은 아니다. 한시적인 허용이다. 태백이 카지노 없이도 살아갈 수 있는 경제적 힘을 갖추면 카지노 허가를 도로 거두어들이게 되어있다. 이처럼 한국은 기본적으로 도박을 금지하는 국가이다.

그런데 재미있는 사실이 있다. 아시아에서 카지노가 가장 많은 곳은 어디일까? 마카오이다. 마카오의 카지노 산업은 급격히 성장해서 지금은 도박 수입에서 라스베이거스를 넘어선다. 그러면 마카오 다음으로 카지노가 많은 국가는 어디일까? 바로 한국이다. 한국에는 강원랜드를 제외하고 카지노가 열여섯 개나 있다. 한국은 아시아에서 카지노 대국에 속한다.

한국은 아시아의 주요한 카지노 대국이다. 한국의 카지노는 서울, 부산, 인천, 강원, 대구, 제주 등 전국에 퍼져있다. 그런데 한국 사람들은 한국의 카지노로 강원랜드밖에 잘 모른다. 그 이유는 한국의 카지노는 강원랜드를 제외하고 모두 다 외국인 전용이기 때문이다. 외국인은 한국의 카지노를 마음대로 들어갈 수 있다. 하지만 한국인은 들어갈 수 없다. 한국은 내국인은 들어갈 수 없고 외국인만 들어갈 수 있는 카지노를 운영한다.

전 세계에는 많은 카지노가 있다. 하지만 카지노에 대한 정책은 크게 두 가지이다. 국민이 도박을 하지 못하도록 카지노 자체를 금지하는 정책, 아니면 카지노를 허용하는 정책이다. 자본주의 국가들은 보통 카지노를 허용하고, 사회주의나 전통적인 색채가 강한 국가들은 카지노를 허용하지 않는다. 이렇게 카지노 허용과 카지노 불허용 두 가지이지, 외국인은 카지노를 들어갈 수 있고, 자기 나라 국민은 카지노를 이용할 수 없도록 하는 경우는 저자 본인의 지식으로는 한국과 베트남 말고는 없다.

자본주의 사회에서는 자신의 돈을 자신이 마음대로 사용하는 것에 큰 제한을 두지 않는다. 사회적으로 부도덕하고 다른 사람에게 해를 끼치는 경우는 문제가 되지만, 다른 사람에게 피해를 주지 않으면 상관없다. 카지노에서 돈을 쓰는 것은 다른 사람에게 해가 되는 일은 아니다. 자기가 돈을 잃는 것이지 다른 사람의 재산에 손해를 끼치지 않는다. 자기가 자기 돈을 잃겠다는데 정부가 나서서 '해라', '하지 마라' 할 필요는 없다. 그래서 자본주의 사회에서는 도박이 용인된다.

도박을 허용하거나 도박을 금지하는 것은 어디까지나 그 사회의 선택이라 할 수 있다. 어느 것이 옳으냐 그르냐를 말하기 힘들다. 그만큼 지금 이 세상에는 카지노를 허용하는 국가들도 많고, 카지노를 금지하는 국가들도 많다.

그런데 한국은 희한하다. 외국인은 카지노 도박을 해도 되고, 한국인은 카지노 도박을 하면 안 된다. 카지노가 레저의 일환이고, 자기 자신의 선택으로 할 수 있는 것이라고 하면 외국인이나 내국인이나 모두 허용해야 한다. 카지노가 도박 중독을 일으키고 인생에 문제를 발생시키는 것으로 생각한다면 외국인이나 내국인이나 모두 금지해야 한다. 그런데 외국인은 카지노 도박을 해도 되고, 한국인은 카지노 도박을 하면 안 된다는 것은 무얼까? 이건 정말 그냥 외국인들로부터 돈만 벌겠다는 것이다. 우리나라 국민들은 건전한 의식을 유지해야 하므로 도박을 허용할 수는 없다. 하지만 카지노 사업으로 돈은 벌고 싶다. 그러니 외국인들을 대상으로 카지노 사업을 한다. 외국인들이 카지노 도박을 해서 도박 중독에 빠지거나 건전한 근로 의식이 저해되는 것은 상관하지 않겠다는 말이다. 한국은 외국인의 돈을 목적으로 전국에 카지노를 세웠다. 아시아의 카지노 대국이 될 정도로 카지노를 곳곳에 만들었다. 또 지금 인천공항 옆 영종도에는 대규모 카지노 건립을 준비하고 있다. 물론 외국인만 이용할 수 있는 카지노이다. 인천공항 옆에 만들어 놓고 출국하거나 입국할 때 바로 옆 카지노에서 돈을 쓰라는 의미이다.

그리고 한국인이 출입할 수 있는 카지노인 강원랜드는 한 게

임에서 베팅할 수 있는 한도가 기본이 10만 원이다. 테이블에 따라서 30만 원까지 베팅할 수도 있다. 큰돈을 베팅해서 한 번에 큰돈을 잃지 말라는 의미이다. 그런데 도박 베팅의 기본 원칙으로 켈리의 법칙이란 것이 있다. 도박에서 돈을 벌기 위해서는 보통 때는 조금씩 베팅을 하다가, 기회가 왔을 때 큰돈을 걸어야 한다는 원칙이다. 카지노에서는 게임을 할 때마다 카지노에서 고리를 떼어간다. 모든 게임이 1%~2% 정도 카지노가 유리하게 되어 있다. 룰렛은 총 38개 숫자 중 0이나 00이 나오면 카지노가 모든 돈을 가지고 간다. 19분의 1의 비율로 카지노에 유리하다. 100만 원을 가지고 게임을 시작하면 한 게임마다 만 원 정도씩 카지노가 게임비로 가지고 간다. 그래서 게임을 오래 하다 보면 결국 카지노만 이익을 챙긴다. 그것이 카지노의 시스템이다. 이런 카지노 시스템을 상대로 돈을 벌기 위해서는 그냥 베팅하면 안 된다. 평소에는 조금씩 베팅을 하다가 기회가 왔을 때 큰돈을 베팅해야 한다. 그것이 켈리 시스템이다. 그런데 한국은 베팅 한도가 10만 원으로 정해져 있다. 한 번에 10만 원 이상을 잃지 않게 하기 위해서이지만, 그것은 반대로 말하면 10만 원 이상을 한 번에 따지도 못하게 한다. 한국의 카지노에서는 돈을 따는 것이 불가능하다. 한 번에 큰돈을 잃지는 않지만, 조금씩 돈을 잃을 수밖에 없는 카지노 시스템을 만들어놓았다.

　한국은 카지노와 관련해서 자본주의적일까? 겉으로 보기에는 자본주의 국가이다. 한국은 아시아의 카지노 대국이고, 자본주의에서만 어쩌다 허용하는 카지노를 열여섯 개나 가지고 있다. 하지만 정말로 한국이 자본주의적일까? 한국에는 카지노가 많기는 한데 외국인만 들어갈 수 있고 한국인은 들어가지 못한다. 카지노에서는 돈을 딸 수도 있고 잃을 수도 있는 법인데, 강원랜드 시스템은 고객이 돈을 따는 것이 거의 불가능하게 만들어놓았다. 그러면 한국의 도박은 사회주의적일까? 세상에 자기 나라 국민은 도박 중독에 빠지면 안 되고 외국인들은 도박 중독에 빠져도 된다는 사회주의는 없다. 이건 그냥 돈만 좋아하는 이기적인 사회일 뿐이다. 진정한 자본주의 국가라면 외국인만 들어갈 수 있는 카지노를 전국에 열여섯 개나 지을 수가 없다.

알뜰주유소는 자본주의에서
나올 수 있을까?

한국에는 정부가 운영하는 기업들이 참 많다. 정부가 직접 운영하지는 않아도 정부가 투자, 출자를 한 기관들이 사업을 한다. 공사, 재단, 협회, 연구원, 진흥원, 센터 같은 것들이다. 한국에서 공기업, 준정부기관은 120개, 기타공공기관은 203개가 있다. 하지만 이것이 전부는 아니다. 중앙정부에서 운영하는 정부사업 기구들이 320개가 넘는 것이고, 지방자치단체에서 운영하는 기구도 많다. 소위 지방공기업들이다.

이런 공기업, 정부 관련 기관들이 한국 경제에서 차지하는 비중은 상당히 크다. 생활 가까이에서 볼 수 있는 것으로는 우선 한국전력 등 전기회사, 수도, 가스 사업 등이 있다. 길거리에서 쉽게 볼 수 있는 로또, 토토도 정부 관련 사업이다. 생수 시장을 가장 크게 점유하고 있는 삼다수는 제주 지자체의 사업이다. 금융거래를 할 때 사용해야 하는 공인인증서를 총체적으로 관리하는 사업자도 정부 관련 기관이다. 우리은행은 정부가 대주주이고, 일반 주유소보다 더 싼 가격으로 기름을 판매한다는 알뜰주유소도 정부의 지원으로 운영되는 사업이다.

매달 납부해야 하는 국민연금과 의료보험도 정부 관련 기관들이 운영한다. 한국에서 가장 많은 아파트는 삼성래미안이 아니라 주택공사가 지은 주공아파트이다. 한국에서 정부는 사업을 인가, 허가해주는 역할만 하는 것이 아니라 직접 여러 사업들을 운영하고 있다. 이렇게 정부가 여러 사업을 직접, 간접으로 운영하는 것이 자본주의 사회에서 인정될 수 있는 것일까?

어떤 사업이 있다고 하자. 이 사업을 정부나 공공기관이 맡아서 하는 것이 더 좋을까, 아니면 민간 기업이 하는 게 더 좋을까?

먼저 정부나 공공기관이 운영하는 게 더 낫다는 사람들이 있다. 사업이라는 게 이익이 중요하기는 하지만 사업이 잘되는가 아닌가를 이익만 가지고 판단할 수는 없다. 사업은 그 사업에 고용된 근로자에서부터 생산하는 재화나 서비스를 소비하는 소비자들까지 많은 사람이 연관되어 있다. 이 모든 사람이 사업을 통해서 더욱 나아질 수 있어야 한다. 그런데 개인이나 민간이 이 사업을 맡으면 오로지 자기 자신의 이익만 챙기려고 한다. 회사의 이익이 증가할 수는 있지만 사업자의 이익만 증가하는 것이고, 주변 사람들의 이익은 오히려 훼손될 수 있다. 하지만 정부나 공공기관은 자기 이익만 최우선으로 생각하지 않는다. 회사의 이익도 중요하지만 근로자, 소비자 등 사회 전체를 고려하면서 회사를 운영한다. 따라서 정부나 공공기관이 맡는 것이 사회 전체에 더 좋다고 본다.

이에 대해서 민간이 맡아서 하는 게 더 좋다고 보는 사람들도 있다. 정부나 공공기관은 사회 전체의 공익을 위한다고 한다. 하지만 이들은 정부 공무원, 공공기관 직원으로서의 한계를 가지고 있다. 공무원의 경우 자기가 맡은 일이 잘되건 잘되지 않건 별로 상관이 없다. 잘되면 칭찬을 받고 잘 안되면 비난을 받기는 한다. 하지만 민간 사업자는 잘되면 큰 부자가 되고 안 되면 망한다. 민간 사업자는 망하지 않기 위해 최선을 다해 사업을 운영한다. 사업을 하는 도중에는 많은 어려움이 발생한다. 그 어려움을 어떻게든 이겨내면서 이익을 실현하려고 노력한다. 하지만 정부나 공공기관이 운영할 때는 그런 절박한 것이 없다. 정부 공무원은 회사가 잘돼도 잘 안돼도 자기 자리가 보전된다. 공공기관이 운영할 때는 아무리 사업이 잘 안 돼도 정부가 망하게 그냥 두지는 않을 것이라는 믿음이 있다. 이들은 최선을 다해 절박하게 사업을 하지 않는다. 그래서 민간이 사업을 운영하는 것이 훨씬 더 사업에 좋고, 사업이 성공적일 때 근로자, 소비자들도 모두 이익을 보게 된다.

어떤 사업이 있을 때 정부나 공공기관이 운영하는 것이 더 나을까, 민간이 운영하는 것이 더 나을까? 이것이 자본주의적 사고방식인지 사회주의적 사고방식인지를 판단하는 기본적인 기준이다. 자본주의에서는 민간이 운영하는 것이 더 낫다고 본다. 하지만 사회주의에서는 정부나 공공기관이 운영하는 것이 더 낫다고 본다. 사회주의에서는 자기 이익만 챙기는 민간에 의해서 사업이 운영되면 부작용만 발생한다고 본다. 공익을 우선시하는 정부나 공공기관이 운영하는 것이 사회에 이익이라고 본다. 그래서 사회주의에서는 정부가 직접 사업을 한다. 정부 기관이 자기 명의로 사업을 하기는 좀 그러니까 공사, 공공기관 등을 만들어서 여기에서 사업을 영위하게 한다.

사실 한국에서 지금 유명한 민간 기업들도 원래는 공기업에서 시작한 것들이 많다. SK텔레콤은 한국이동통신공사가 바뀐 것이다. 대한항공도 원래는 정부 기업이었다. SK에너지도 유공이었었고, 한국 최초의 자동차 회사인 새나라자동차는 정부 지원으로 시작했었다. 지금 두산중공업도 정부가 투자해서 만든 한국중공업에서 바뀐 것이다.

이런 공기업들은 지금 많은 수가 민간 기업에 이전되었지만 그래도 아직 한국에는 공기업들이 많다. 정부 투자 기관, 정부 출자 기관으로 정부의 돈이 들어가고, 정부가 감독하는 사업들이 많이 있다. 자본주의 사회라면 이렇게 많은 정부 사업들이 있을 수가 없다.

자본주의에서는 정부가 사업을 하면 일을 망친다고 본다. 일단 정부는 사업을 제대로 운영하고 적자를 내지 않고 사업을 하는 것을 그렇게 중요하게 생각하지 않는다. 그래서 사업은 정부가 하면 안 되고 민간이 해야 한다.

한국 공기업을 보자. 한국 공기업들이 적자를 내지 않고 이익을 내는 것에 모든 노력을 쏟나? 그렇지 않다. 한국 공기업에 가장 중요한 것은 정부 투자 기관에 대한 정부 평가이다. 소위 말하는 공기업 평가이다. 공기업들은 이 평가에서 어떤 결과를 받는가가 더 중요하다. 물론 공기업 평가 기준에는 적자를 보았는지 흑자를 보았는지도 있기는 하다. 하지만 이익 기준 외에 다른 기준들도 많이 있다. 사회공헌은 잘 했는가, 정부 감사 결과를 제대로 반영했는가, 국가 시책에 제대로 따라왔는가도 중요한 평가 기준이다. 이 평가 결과에 의해 공기업 사장의 실적이 평가되고, 직원들은 성과급을 받는다. 회사가 적자를 내면 안 된다고는 해도, 정부 시책을 따르다가 적자가 나는 것은 큰 문제 없다. 그래서 한국석유공사, 한국토지주택공사는 지금 어마어마한 적자를 내고 있지만 회사가 망할 걱정은 절대로 하지 않는다.

지방 공기업들도 마찬가지이다. 지방자치단체들이 직접 자기 지역의 공공발전을 위한다는 명목으로 많은 지방 공기업들을 만들었다. 이 지방공기업들은 대부분 적자이다. 하지만 적자라고 해서 사업을 접지는 않는다. 민간 기업이었다면 절대로 운영될 수 없는 사업을 공기업, 공공기관들은 아무 문제 없이 운영하고 있다. 공기업의 이런 문제 때문에 자본주의에서는 정부가 사업을 운영해서는 안 된다고 하는 것이다.

자본주의에서도 정부가 운영하는 사업이 있기는 하다. 민간 기업들이 시도하기에는 너무 규모가 큰 사업이다. 아니면 사회에서 꼭 필요하기는 한데 도무지 이익이 안 된다고 해서 아무도 하지 않으려는 사업이다. 그런 사업은 할 수 없이 정부가 직접 운영한다. 과거에는 민간의 자본이 그렇게 많지 않았다. 그래서 전국적으로 시설을 마련하는데 큰돈이 들어가는 전력, 철도, 통신, 가스, 수도 등은 민간 자본 규모로는 어림도 없어서 정부가 직접 사업을 했다. 하지만 이제는 민간 자본의 규모가 어마어마 해졌다. 한 나라 안에서는 자본 부족이 있을 수 있지만, 국제적 으로는 유동적인 민간 자본의 크기가 국가 자본보다 더 커졌다. 그래서 지금은 민간의 돈이 부족해서 국가가 사업을 해야 한다 는 발상은 없어졌다. 전력, 철도, 통신, 가스 등은 자본주의 국 가에서도 처음에는 국가가 주도했던 사업이다. 민간 기업들의 자본력이 안 되었기 때문이다. 하지만 지금은 민간 자본 규모가 증가하면서 이런 사업들도 모두 다 민간이 맡아서 한다. 정부는 민간이 할 수 있는 사업에 끼어들지 않는 것이 자본주의의 원칙 이다.

또 자본주의에서는 사회적으로 필요하기는 하지만 민간 기 업이 돈이 안 돼서 하지 않는 사업을 정부가 한다. 하지만 한국 에서는 돈벌이가 잘돼서 민간 기업들이 서로 들어오려고 하는 것을 민간에게 주지 않고 정부가 직접 한다. 강원랜드 카지노, 제주 삼다수 등은 민간이 해도 얼마든지 할 수 있는 것들이다. 하지만 이런 사업을 민간에게 주어 민간 사업자가 큰 이익을 얻 게 되었다는 특혜 시비를 막기 위해, 그리고 공공의 이익을 위 한다는 명목으로 정부가 직·간접적으로 사업을 추진한다.

한국에서는 기본적으로 민간이 사업을 하면 자기 이익만 챙 기고 사회적으로 문제가 발생하며, 정부나 공공기관이 사업을 하면 최대한 공정하게, 공익을 위해서 운영할 수 있다고 생각한 다. 그래서 민간 주유소들이 이미 길거리에 충분히 많이 있는

데도 정부가 지원하는 알뜰주유소가 만들어진다. 알뜰주유소는 민간이 정부보다 일을 더 잘한다고 생각하는 자본주의 체제에서는 나올 수 없다. 그리고 자본주의에서는 정부 공기업, 지방 공기업이 지금처럼 활성화될 수 없다. 한국은 아직 자본주의에서 멀리 떨어져 있다.

과점 천국 한국이
자본주의일까?

　　최근 한국에서는 해외에서 직접 물건을 사들이는 해외 직구가 증가하고 있다. 미국 온라인 쇼핑 사이트, 일본 온라인 사이트 등에서 직접 물건을 구매한다. 미국에서는 팔지만 아직 한국에서는 팔지 않는 상품을 미국 사이트에서 구입하는 것은 충분히 이해할 수 있다. 그런데 한국에서 이미 잘 팔리고 있는 상품도 미국 온라인 사이트에서 구매하는 경우가 많다.

　　한국에서도 팔고 있는 상품을 해외 직구로 사는 이유는 똑같은 상품인데 미국에서 훨씬 더 싼 가격으로 팔기 때문이다. 특히 미국의 쇼핑 주간이라 할 수 있는 블랙프라이데이Black Friday 기간에는 엄청나게 싼 가격으로 살 수 있다. 삼성의 대표적인 상품인 60인치 TV의 경우, 한국에서는 120만 원대에 팔린다. 그런데 미국에서는 700달러(약 82만 원)에 구입할 수 있다.

　　온라인으로 구매하는 상품만이 아니다. 현대자동차도 국내 가격과 미국에서 판매하는 가격이 다르다. 한국 자동차가 해외로 수출을 하면 운송비 등이 추가되기 때문에 더 비싸야 하는 게 맞다. 하지만 한국에서 수출된 자동차가 한국보다 미국에서 더 싸다.

한국은 전반적으로 물가가 비싸다. 인건비, 부동산값 등 지역 특성이 강한 제품이 비싼 것은 차라리 이해할 수 있다. 하지만 전 세계에서 거의 같은 품질과 가격대를 보이는 상품도 대부분 한국이 더 비싸다. 설탕, 석유 등은 세계에서 공통으로 사용하는 상품인데 한국이 더 비싸다. 스마트폰도 지금 전 세계 모든 나라에서 판매되고 사용하고 있다. 그런데 한국에서 판매하는 스마트폰이 미국 등보다 더 비싸다. 전 세계 사람들이 같이 사용하는 통신 요금도 더 비싸다.

세계적으로 유통되는 상품인데도 한국의 상품 가격이 전반적으로 비싼 이유는 한국 경제가 과점 체제이기 때문이다. 시장은 보통 완전 경쟁 시장, 과점 시장, 독점 시장으로 구분한다. 자본주의에서 기본으로 삼는 시장은 완전 경쟁 시장이다. 완전 경쟁 시장은 모든 시장 중에서 가장 상품 가격이 싸다. 독점 시장은 상품 가격이 가장 비싸다. 기업이 하나밖에 없어 높은 가격을 매겨도 소비자는 살 수밖에 없기 때문이다. 과점 시장은 시장에서 기업이 몇 개밖에 없는 경우이다. 한국에서 자동차 회사는 현대기아, 르노삼성, GM코리아밖에 없다. 주요 전자 제품 회사는 삼성전자와 LG전자뿐이다. 유통업체는 롯데, 신세계, 현대의 세 개 회사가 절대적인 힘을 가지고 있다. 통신사는 SK, KT, LG 세 개다. 이런 과점 체제에서는 완전 경쟁 시장보다 가격이 비싸지게 된다.

그런데 시장에서 기업이 몇 개밖에 안 된다고 해서 무조건 과점 시장의 가격이 완전 경쟁 시장보다 더 비싸지는 것은 아니다. 자동차 회사는 미국에서도 GM, 포드, 크라이슬러 세 개뿐이다. 통신 회사도 미국에서 그렇게 많지 않다. 하지만 미국의 자동차 시장, 통신 시장이 과점이라고 보지는 않는다. 미국에서는 아무리 시장의 기업 수가 적어도 완전 경쟁적이라고 본다.

그 이유는 미국에서는 사업자 간 서로 협력하고 담합하는 것을 절대적으로 막기 때문이다. 과점 시장이 자본주의에서 문제가 되는 이유는 과점 시장의 기업 수가 적다보니 이들이 서로 담합을 할 수 있기 때문이다. 완전 경쟁 시장에서는 기업들이 무수히 많다. 이들이 서로 모여서 '가격을 높이자', '생산량을 줄이자', '이익을 어느 정도로 하자'라고 서로 협의할 수가 없다. 그래서 완전 경쟁 시장에서는 사업가들이 서로 협력하지 않고 경쟁만 하게 된다. 사업자들끼리 끊임없이 경쟁하게 하는 것이 자본주의의 본질이다.

그런데 과점 시장에서는 사업자 수가 얼마 되지 않다 보니 이들이 서로 모여 작당을 할 수 있다. 자기들끼리 모여서 '가격을 얼마로 하자', '생산량을 어떻게 조정하자'는 등의 협의를 할 수 있다. 그런데 사업자들끼리 모여서 이익을 최소한으로 하기 위해 '가격을 낮추자'라고 협의를 하는 경우는 없다. 백이면 백 모두 다 가격을 높여서 자기 이익을 증가시키려는 협약이다. 시장에서 기업이 세 개밖에 안 된다고 해도 이들끼리 경쟁하고 싸우면 낮은 가격으로 상품이 판매될 수 있다. 하지만 이 기업 세

곳이 서로 높은 가격으로 판매하기로 약속하면 기업들은 편하게 사업 활동을 하면서 이익을 챙길 수 있다. 기업의 이익은 증가하면서 소비자의 이익은 감소한다.

자본주의는 이런 것을 굉장히 싫어한다. 자본주의가 기업을 위한다고 해서 소비자의 이익을 희생시키면서 기업의 이익을 보장하는 것이 아니다. 자본주의가 기업을 위하는 이유는 기업 활동을 보장해줄 테니 열심히 기업들끼리 싸우라는 것이다. 그 과정에서 싼 가격으로 상품을 공급하도록 하고 소비자들이 이익을 보게 만들려고 하는 것이 자본주의이다. 기업들을 힘들게 해서 소비자의 이익을 증가시키려는 것이 자본주의이지, 소비자의 이익을 희생시켜 기업의 이익을 보장하려는 것이 자본주의는 아니다. 이것은 어디까지나 기업의 이익을 보장하는 이권 사회일 뿐이다.

그래서 자본주의는 시장이 과점화되는 것을 절대적으로 막는다. 그런데 시장의 특성상 그 시장에서 사업을 하려는 기업 수가 적어서 자연적으로 과점이 되면 어떻게 해야 할까? 과점을 막는 두 가지 방법이 있다. 하나는 외국 기업에 시장을 개방하는 것이다. 국내 기업이 두세 개밖에 안 된다고 해도 해외 기업들이 국내에 들어와서 자유롭게 사업하게 하면 과점화를 막을 수 있다. 또 다른 방법은 사업자들끼리의 담합을 절대적으로 금지하는 것이다. 같은 업종 사업자들끼리 만나서 사업상 이야기하는 것을 금지한다. 과점 기업들끼리 만나서 사업 이야기를 하다 보면 자연적으로 이들끼리 공감대가 형성되고 서로 담합을 하려 하게 된다. 담합을 절대적으로 금지하고, 그런 기회조차 주지 않아야 한다. 자본주의에서 기업들끼리의 담합은 절대로 인정하지 않는다. 자본주의에서 기업들끼리의 담합은 자본주의의 근본을 무너뜨리는 적이고 악이다.

그런데 한국은 시장의 과점과 사업자들끼리 담합하는 것을 막지 않는다. 오히려 권장하고 사업자들끼리 서로 만나서 이야기하라고 담합의 장을 만들어준다.

한국에서는 사업자들끼리 서로 싸우는 것을 혼란이라고 본다. 자본주의에서는 사업자들끼리는 서로 경쟁해야 한다고 보는데, 한국에서는 사업자들끼리 경쟁하는 것을 시장의 혼탁, 무질서로 본다. 사업자들끼리 경쟁하는 것이 무질서라면, 시장의 질서를 위해서는 어떻게 해야 할까. 사업자들끼리 경쟁하지 않도록 해야 한다. 사업자들끼리 만나서 서로 협의하고, 어떻게 장사를 할 것인지를 약속하게 한다. 그렇게 사업자들끼리 약속을 하고, 그 약속대로만 하면 시장에 질서가 오고 평안하게 된다.

그래서 한국에서는 사업자들끼리 서로 만나서 협의하도록 하는 협회들이 굉장히 많이 발달해있다. 정부는 사업자들끼리 서로 잘 지내라는 단체를 만들게 한다. 단체를 만들었는데 그 시장의 사업자들이 가입하지 않으면 별 소용이 없다. 그래서 사업자들이 그 단체에 가입해야만 하도록 만들기도 한다. 사업자 단체에 가입하지 않으면 사업 활동을 할 수 없도록 하게 만든다. 그런 식으로 사업자들끼리 서로 잘 지내도록 한다.

가장 대표적인 사업자 단체는 전경련이다. 그 외에 중견기업 협의회도 있고 중소기업 협의회도 있다. 각 세부 분야에는 철강 협회, 전력 협회, 건축 협회 등 각 산업 분야별로 협회가 만들어져 있다. 심지어 공인중개사들도 지역 간 협의회가 만들어져 있어서 여기에 가입해야만 한다.

한국에서는 이렇게 사업자 간 모임을 만들고 서로 잘 지내라고 한다. 그런데 사업자 간 서로 사이좋게 지내면 어떤 결과가 발생하나. 한 사업자가 큰 이익을 보고 다른 사업자는 손해를 보면 사업자 간 사이가 좋을 수가 없다. 모두가 이익을 봐야만 서로서로 사이좋게 웃으며 지낼 수 있다. 모두 이익을 보기 위해서는 상품 가격을 올려야 한다. 그래야 많이 팔리는 사업자도, 적게 팔리는 사업자도 이익을 얻을 수 있다. 그래서 한국에서는 상품과 서비스 가격이 완전 경쟁 시장보다 더 높아지게 된다. 세계적으로 품질이 거의 비슷한 상품인데도 전반적으로 한국의 상품 가격 수준이 높은 이유는 한국이 이런 식으로 기업 간 과점을 추구하기 때문이다.

자본주의 경제에서는 사업자들끼리 서로 상품과 서비스로 경쟁해야 하기 때문에 사업자들끼리 사이좋게 지내는 것은 어렵다. 하지만 한국에서는 사업자들끼리 서로 잘 지내도록 한다. 자본주의에서 사업자 간 담합은 자본주의의 본류를 흐리고 자본주의 경제를 망치는 주범이라고 생각한다. 하지만 한국에서는 사업자 간 여러 협회를 만들게 하고 여기에 가입하지 않으면 사업하기가 곤란하게 만든다. 한국 기업들의 담합 구조는 자본주의에서라면 절대 인정될 수 없다.

가계 부채 문제는 왜 생길까?

　　2016년 현재 한국 경제의 뇌관으로 불리는 것은 가계 부채 문제이다. 한국의 가계 부채는 2014년 1,085조 원에서 2015년 1,206조 9,798억 원, 2016년 2분기에는 1,257조 3,000억 원 수준에 이르고 있다.

　　한국의 인구는 약 5,163만 명이다. 그런데 총 1,257조 3,000억 원의 빚이 있으니 1인당 약 2,435만 원의 빚을 지고 있는 셈이다. 한국의 1인당 국민 소득은 약 3,342만 원이다. 1년에 버는 소득이 3,342만 원인데 빚이 2,435만 원이다.

　　과연 이 빚을 갚을 수 있을까? 빚을 지면 빠르면 1년, 늦으면 3년에서 5년 이내에 빚을 갚아야 하는 만기가 도래한다. 만기 때 이 빚을 갚지 못하면 부도가 난다. 가진 재산은 경매에 부쳐지고, 월급은 압류 당한다. 엄청나게 많은 국민이 신용불량자가 될 처지에 놓여 있다.

　　국민들의 빚이 많은 것은 국민 개개인만이 아니라 국가 경제에도 큰 부담이 된다. 국가 경제는 소비가 잘 돼야 굴러간다. 그런데 국민들이 빚 때문에 소비를 줄인다. 가계 빚이 총 1,257조 3,000억 원이면 연 이자율이 4%라고만 해도 가계가 1년에 이자로 은행에 내야 하는 돈만 해도 50조 원이다. 원래는 국민들이 소비해야 하는 돈이 은행 등에 이자를 내느라 지출된다. 가계 부채는 매년 증가하고 있다. 이것은 국민들이 내야 하는 이자 비용도 계속해서 증가하고 있다는 뜻이다. 지금 우리나라의 국민 소득은 잘 늘어나지 않는 정체 수준인데 이자 비용만 늘어난다. 국민들이 정말로 자기 생활에 소비할 수 있는 돈은 감소하고 있다. 국민들이 자기 삶이 나아지지 않고 있다고 느끼고 있는 이유는 당연하다. 버는 돈은 크게 늘어나지 않는데, 이자로 나가는 돈은 증가하고 있으니 실제 자기 삶을 위한 소비는 감소하고 있는 것이다.

이런 가계 부채는 국가 전체적으로도 위기이다. 2008년 세계금융위기는 원래 미국 소비자들의 부채에서 시작되었다. 미국 소비자들이 대출을 받아서 집을 샀다. 돈을 많이 벌지 못하는 사람들, 소득이 없는 사람들도 은행 대출을 마음대로 받아서 집을 살 수 있었다. 국민들이 빚을 많이 졌는데 집값이 내려가니 빚을 갚지 못하게 되었다. 많은 소비자들이 빚을 갚지 못하게 되니 은행, 금융기관들도 같이 무너졌다. '서브프라임 모기지Subprime Mortgage가 문제이다', '주택 가격의 거품이 문제이다', '파생상품 관리가 잘못되었다', '신용평가 제도의 오류이다' 등 2008년 세계금융위기의 원인에 대해서는 이런저런 진단이 많이 있다. 하지만 그 시초는 부채가 많은 소비자들이 금융기관에 돈을 갚지 못한 것에서 시작했다. 당시 미국 소비자들의 빚은 미국 소비자 1년 가처분 소득의 135% 수준이었다. 1년 동안 버는 돈보다 더 높은 수준의 부채를 지고 있었다. 그런데 지금 한국 국민들의 빚은 1년 가처분 소득의 163% 수준이다. 미국에서 서브프라임 위기 사태, 세계금융위기를 발생시킨 빚보다 더 높은 수준이다.

사실 한국은 지금 당장 금융위기가 발생해도 이상하지 않다. 정부는 집값이 떨어지지 않게 굉장히 노력을 하고 있다. 현재 부동산 담보 부채는 집값의 70% 이내로만 빚을 낼 수 있게 되어 있다. 집값이 1억 원이면 7,000만 원까지 빚을 낼 수 있다. 그런데 집값이 8,000만 원으로 떨어지면 빚을 낼 수 있는 한도는 5,600만 원이 된다. 7,000만 원 빚을 진 사람은 1,400만 원의 빚을 은행에 갚아야 한다. 부동산 가격이 전체적으로 떨어지면 가계 부채를 진 사람 중에서 부도나는 사람이 엄청나게 많이 나온다. 그래서 정부는 부동산 가격이 내려가지 않도록 굉장한 노력을 쏟아붓고 있다. 또 원금 갚는 시기를 연장해주고 해서 위기를 모면하고 있는 것일 뿐이다. 한국의 가계 부채는 심각한 수준이다.

그런데 한국의 가계 부채는 왜 이렇게 많아졌을까? 한국은 20년 전만 해도 기업들의 부채가 많았지 가계의 부채는 거의 없었던 나라였다. 사실 한국은 기업만 은행 돈을 쓸 수 있었지 일반 가정집은 은행으로부터 돈을 빌릴 수 없었다. 그러던 것이 지금은 가계 부채가 1,257조 원이 넘을 정도로 늘어난 것이다.

물론 가계 부채가 늘어난 것은 일단 돈을 빌리는 가계와 돈을 빌려주는 금융기관의 이해가 맞아떨어졌기 때문이다. 가계는 자기가 필요한 돈, 집을 사거나 투자할 돈을 빌리고자 했고, 은행은 돈을 빌려주고자 했다. 은행 입장에서는 대출이 바로 수익이다. 돈을 대출해주고 이자를 받는 것이 은행의 사업 모델이다. 은행이 수익을 늘리기 위해서는 대출을 늘려야 한다.

　　돈을 빌려 쓰고자 하는 사람은 항상 많이 있다. 돈이 충분히 있다고 생각하는 사람은 거의 없다. 거의 모든 사람은 언제나 돈이 부족하다고 생각하고 돈을 더 많이 가지려고 한다. 돈을 빌리려고 하는 사람들은 언제나 많이 있다. 돈을 빌리지 못해서 못 빌리는 것이지, 빌릴 수만 있으면 항상 더 많이 빌리려고 하는 것이 일반적인 사람들의 속성이다. 또 은행도 계속해서 돈을 빌려주려고 한다. 은행은 돈을 빌려주어야 수익이 증가한다. 돈을 더 많이 벌기를 원하는 은행은 돈을 더 많이 빌려주어야 한다. 돈을 빌리려는 사람도 많고 돈을 빌려주려는 금융기관도 많은 것, 이것이 원래 기본적 상태이다.

　　이렇게 돈을 빌리려는 사람도 많고 돈을 빌려주려는 사람이 많은데도 불구하고 부채 수준이 그렇게 높아지지 않는 이유는 이자율 때문이다. 돈을 빌리는 것은 공짜가 아니다. 그에 대한 대가를 내야 한다. 이자율이 10%라면 1억을 빌리면 1억 1천만 원을 갚아야 한다. 1억을 빌려서 1억 1,500만 원을 만들 수 있는 사람은 돈을 빌려도 되지만, 1억을 빌려서 1억 500만 원밖에 만들지 못하는 사람은 돈을 빌리지 않는다. 이런 사람은 돈을 빌리면 오히려 500만 원을 손해를 본다. 은행도 돈을 빌려줄 때 이 사람이 1억 원을 빌려가서 1억 1,500만 원을 벌 수 있는 사람인가를 살펴본다. 이 사람이 1억 1,500만 원을 만들 수 있으면 돈을 빌려줘도 된다. 하지만 1억을 빌려가서 1억 500만 원만 만드는 사람이라면 1억 1천만 원의 원금과 이자를 갚을 수 없다. 이런 경우 은행은 돈을 빌려주지 않는다. 이처럼 이자율에 의해서 사회의 부채 수준이 조정된다. 그리고 이 이자율은 자본주의에서 자금에 대한 수요와 공급에 의해 결정된다. 이자율은 돈의 가격이다. 자본주의에서 가격은 항상 수요와 공급에 의해서 결정되는 것이 원칙이다.

한국에서 가계 부채가 1,257조 원이 넘고, 결국 한국 경제의 뇌관이 될 정도로 커진 이유는 무엇일까? 그 이유는 분명하다. 이자율이 낮아졌기 때문이다. 한국의 대출 이자율은 10년 전 6% 이상 수준에서 지금은 부동산 담보 대출이 3%대로 떨어졌다. 이자율이 10%라면 1억을 빌려서 1억 1,000만 원을 갚아야 한다. 1억을 빌려서 1억 1,000만 원 이상을 만들 수 있는 사람만 대출을 한다. 그런데 이자율이 3%가 되면 1억을 빌려서 1억 300만 원 이상만 만들 수 있으면 대출을 해도 된다. 1억으로 1억 300만~1억 1000만 원의 수익을 낼 수 있는 사람들은 이자율이 10%일 때는 대출을 받지 않지만 이자율이 3%일 때는 대출을 받는다.

은행은 이자율이 10%일 때는 1억을 빌려주면 1,000만 원의 이익을 얻을 수 있었다. 하지만 이자율이 3%로 떨어지면 1억을 빌려주면 300만 원의 이익만 얻는다. 이전과 같은 이익을 얻기 위해서는 3억 3,000만 원을 빌려주어야 한다. 그래야 이전과 똑같은 1,000만 원의 이익을 얻을 수 있다. 이자율의 하락은 돈을 빌리려는 사람을 증가시키고, 돈을 빌려주는 금융기관은 더 많은 돈을 빌려주도록 만든다. 한국에서 가계 부채가 급속도로 증가한 것은 대출 이자율이 3%대로 떨어졌기 때문이다.

그러면 한국의 이자율은 왜 이렇게 많이 떨어졌을까? 자본주의에서 이자율은 자금의 수요와 공급에 의해서 결정되는 것이 원칙이다. 하지만 그동안 정부에서는 인위적으로 이자율을 낮게 만들었다. 특히 2008년 세계금융위기 이후 비정상적일 정도로 이자율을 낮게 했다. 그 이유는 이자율을 낮추어 투자를 증가시키려는 이유였다. 정부가 목적한 대로 투자가 증가했다. 국민들은 낮은 이자율 때문에 부담 없이 부채를 얻어 아파트를 분양 받았다. 한국 국민들에게 아파트는 단지 자기가 살 장소가 아니다. 앞으로 오를 것으로 생각해서 사는 투자 상품이다.

정부는 이자율을 낮추어 경제 활성화를 꾀했다. 하지만 자본주의에서는 이런 식의 정부 개입은 좋지 않다고 본다. 자본주의에서는 아무리 그 의도가 좋아도 정부가 가격에 개입하는 것은 반드시 그 효용을 넘어서는 부작용을 발생시킨다고 본다. 정부가 이자율을 낮추어 투자를 증가시키려고 했고, 그 의도대로 국민들이 투자 활동에 나서 부동산을 사들였다. 그리고 그 부작용으로 가계 부채가 1,257조 원이 넘는 사태가 발생한 것이다.

한국 경제가 자본주의적이었다면 지금 한국 경제의 뇌관이

라는 가계 부채의 문제가 발생했을까? 그렇지 않다. 자본주의
였다면 이렇게 이자율을 인위적으로 낮추지 않았을 것이고, 낮
은 이자율 때문에 가계 부채가 급증하는 일도 없었다.

한국에서는 왜 인터넷 은행이 생기지 않을까?

인터넷 시대의 새로운 금융 형태로 현재 주목을 받는 것이 '인터넷 은행'이다. 기존 은행은 영업점이 있고, 이 매장 위주로 영업이 이루어진다. 인터넷 뱅킹이 존재하기는 하지만 인터넷 뱅킹은 어디까지나 송금, 계좌 이체 등을 하는 데 이용될 뿐이다. 은행의 주 업무인 대출을 하려면 영업점을 가야 한다. 인터넷 은행은 오프라인 영업점이 없는 은행이다. 모든 것이 인터넷상에서 온라인 거래로 이루어진다. 온라인 서점 예스 24가 오프라인 서점이 없이 온라인으로만 거래하듯이, 인터넷 은행도 영업점 없이 모든 업무가 인터넷상에서 이루어진다.

이렇게 인터넷 은행을 운영하면 우선 매장 운영비가 엄청나게 감소한다. 은행은 모두 그 지역의 중심지, 게다가 1층에 영업점을 둔다. 보증금과 월세가 그 지역에서 가장 비싼 곳에 영업점을 두기 때문에 부동산 임대료가 많이 나온다. 인터넷 은행은 이런 임대료 지출이 없다. 이것만으로도 일반 은행보다 훨씬 더 저렴하고 좋은 서비스를 할 수 있는 여유가 생긴다.

미국에서 인터넷 은행이 처음 생긴 것은 이미 20년 전이다. 영국, 독일 등에도 많은 인터넷 은행이 영업을 하고 있다. 인터넷 시대가 열리면서 모든 분야에 걸쳐 온라인에서만 운영되는 기업들이 생겼다. 은행도 당연히 인터넷 은행이 대두되었다.

그런데 한국은 그동안 인터넷 은행이 없었다. 한국도 인터넷 은행이 만들어져야 한다는 주장이 많아 2015년에 드디어 두 곳이 허가를 받았다. 하지만 현재까지도 인터넷 은행의 영업은 이루어지지 않고 있다. 앞으로 언제 서비스를 시작할지 기약하기도 어렵다. 사실 한국에서는 인터넷 은행만이 아니라 은행 자체를 새로 열기 힘들다. 그 이유는 다른 것이 아니다. 한국에서 은행을 열기 위해서는 3,000억 원의 자본금이 있어야 한다. 3,000억 원의 돈이 있거나, 또는 주위로부터 모을 수 있는 사람만이 은행을 하겠다고 나설 수 있다. 한국에서 은행을 연다는 것은 보통 사람들에게는 불가능한 일이다.

그럼 자본주의 국가들은 어떨까? 자본주의 국가들에서 은행을 열기 위해 몇천억이라는 엄청난 돈이 필요할까? 그렇지 않다. 자본주의의 원칙은 사업을 하고 싶은 사람은 누구나 할 수 있게 하는 것이다. 사업을 마음대로 하다가 성공을 하면 돈을 벌고 성공적인 사업가가 되는 것이고, 안 되면 망한다. 그것이 자본주의에서의 사업이다. 그래서 은행을 하고 싶은 사람은 누구나 쉽게 은행을 만들 수 있다. 미국에서 경제위기가 발생했을 때 은행 몇백 개가 파산했다고 하는 건 그만큼 사람들이 쉽게 은행을 설립해 운영했다는 뜻이다. 인터넷 은행이 몇십 개 있는 이유는 누구나 쉽게 은행을 만들 수 있기 때문이다. 한국은 은행이 손으로 꼽을 정도밖에 없다. 한국에서는 금융위기가 발생해도 몇십 개의 은행이 망했다는 이야기가 나올 수 없다.

사실 은행 업무는 그렇게까지 어려운 것이 아니다. 사람들에게 예금을 받고, 그 돈으로 돈을 빌려달라는 사람에게 대출을 해주면 되는 업무이다. 돈을 빌리고 갚고 하는 것은 사람들이 일상적으로 하는 일이다. 돈을 받아서 빌려주고 하는 일에 그렇게까지 큰 전문성이 필요하지는 않다. 문제는 돈을 대출해주었는데 상대방이 갚지 않는 경우이다. 그런 경우는 자주 발생하고, 그 위험 관리가 은행에서 주로 하는 일이다. 그 위험 관리를 잘 못 하면 은행은 망한다. 은행이 망하면 그 은행에 예금을 한 사람이 손해를 볼 수 있다. 그래서 국가들은 예금자의 금액을 일정 부분 보호해주는 제도를 갖추고 있다. 우리나라도 5,000만 원까지는 은행이 망해도 예금자의 재산을 보장한다. 5,000만 원 이상 예금을 한 사람은 그만큼 돈을 잃게 되지만, 한 은행에 5,000만 원 이상을 두는 사람은 별로 없다. 그리고 몇억 원의 돈을 예금하는 사람은 아무 은행에 돈을 예금하지는 않는다. 그 은행이 잘하고 튼튼하다는 것을 검토하고 몇억을 넣는다.

이렇게 은행 업무는 정형적이고 보호 장치가 사회적으로 되어있어 누구나 은행 사업을 할 수 있다. 하지만 한국에서는 아니다. 3,000억 원이 넘는 돈이 있어야만 한다. 이것은 대놓고 사람들에게 은행 사업을 하지 말라는 이야기이다. 한국에서 3,000억 원이 넘는 자본을 끌어들일 수 있는 사람은 삼성그룹이나 현대그룹 같은 재벌가이다. 그래서 한국에서는 산업자본은 은행을 할 수 없다고 규정을 했다. 일반 사업가는 은행을 할 수 없다. 3,000억 원이란 자본금 때문에 일반 사람들은 은행을 할 수 없다. 산업자본이 들어올 수 없기 때문에 기존에 돈을 번 사업자들도 은행을 할 수 없다. 결국, 지금 은행을 하는 사람들 빼고는 아무도 들어오지 말라는 뜻이다.

기존 사업자들만 사업을 할 수 있고 새로운 사업자가 들어오지 못 하게 하는 것, 이것이 바로 중세의 길드(중세 유럽의 동업자 조합) 시스템이다. 길드 시스템은 자기들끼리만 계속 사업을 할 수 있도록 제도적으로 만들었다. 자기들에게서 제자로 몇 년 동안을 배우고, 새로 사업을 해도 된다는 허가를 받은 사람들만 자기들 사업에 진출할 수 있다. 그 대신 길드 시스템에서는 사업자의 이익은 보장해준다. 제자가 몇 년 동안 일을 하다가 독립하면, 그 제자가 충분히 먹고살 수 있도록 길드 전체에서 지원을 해준다. 사업을 시작하기는 힘들지만, 길드원으로서 일단 사업을 시작하면 먹고살 것을 서로서로 보장해주는 것이 바로 길드 시스템이다. 자본주의는 이런 폐쇄적인 길드 시스템을 무너뜨리면서 나온 것이다. 기존 사업자들만 사업을 계속할 수 있고 새로운 사람이 진입할 수 없도록 하는 길드 시스템에 대해 자본주의는 누구나 사업을 할 수 있도록 했다. 길드 시스템이 무너지고 자본주의 체제가 도입되기 시작하면서 산업혁명이 본격화된 것이다. 특별한 제약 없이 누구나 사업을 할 수 있도록 하는 것이 자본주의의 원칙이다. 자본주의에서는 사업에서 돈을 버는 것은 보장해주지 않지만, 어쨌든 누구나 쉽게 사업을 시작할 수 있게 해준다.

한국은 겉으로는 자본주의를 따른다고 한다. 그래서 겉으로는 누구나 사업을 할 수 있다고 한다. 하지만 실질적으로는 그렇지 않다. 3,000억 원이 있어야 사업을 시작할 수 있게 해놓고서 누구나 사업을 할 수 있다고 하면 안 된다. 중고 자동차 경매에 관심이 있어서 중고 자동차 경매장을 만들려고 한다. 그러면 쉽게 자동차 경매장을 만들 수 있을까? 자동차 경매장을 만들려면 100평 이상의 주차장이 있어야 한다. 한국에서 100평 땅을 구하려면 갑부여야 가능하다. 농어촌 지역에서 주말에 쉬려고 하는 사람이 증가해서 농어촌 휴양 시설 사업에 뛰어들고 싶다고? 농어촌 휴양 시설 사업을 하려면 1만 제곱미터 이상의 면적을 확보해야 한다.

사람들이 여행을 많이 다니니 여행업을 하고 싶다면? 여행업은 부동산을 많이 소유할 필요도 없고 순전히 자기 노동력을 투여해서 노력하면 되는 일이다. 하지만 그런 일반 여행업을 하기 위해서도 자본금이 2억 원 이상이어야 한다. 보통 사람이 2억 원의 여유 자금을 만들려면 한 달에 100만 원씩 모아도 20년 가까이 걸린다. 한국에서 사업은 내가 아이디어가 있고, 경험이 있다고 해서 할 수 있는 것이 아니다. 집에 재산이 많아야 할 수 있다. 사업이란 게 처음에는 작게 시작해서 잘 되면 키워나가고, 안 되면 접는다. 하지만 한국은 그게 안 된다. 작게 시작할 수가 없다. 일반 여행업 하나를 제대로 하려고 해도 전 재산을 집어넣어야 한다. 경매 기술이 있어서 작게나마 자동차 경매를 시작하려고 해도 어렵다. 도심이나 도시 주변 지역에 100평이라는, 보통 사람은 꿈도 꾸지 못할 땅이 없으면 시작도 하지 못한다.

한국에서 자영업을 하는 사람들이 모두 다 치킨집, 음식점만 하려 한다고 비판을 한다. 그런데 직장 생활을 20년 가까이 해서 자기 분야에 전문성을 가지고 있는 사람들이 전부 치킨집을 여는 이유는 이렇게 사업을 하는데 제약이 많기 때문이다. 투자 업무에서 20년을 일한 사람이 퇴직하면 투자 자문 사업을 할 수 있어야 한다. 그런데 한국에서 투자 자문 회사를 시작하려면 자본금이 5억 원이 있어야 한다. 또 투자 자문 인력을 정규직으로 한 명 이상 고용해야 한다. 그 돈이 없으면? 그러면 투자 자문 업무로 20년을 일했다 해도 치킨집을 내는 수밖에 없다.

모든 분야가 다 마찬가지이다. 자기가 아무리 그 분야에 경험이 있고 실력이 있어도 사업체를 쉽게 만들 수 없다. 돈이 많아야 한다. 전문 분야일수록 더욱더 그렇다. 기존에 사업을 하고 있는 사람은 아무 문제 없지만, 새로 사업을 시작하기는 힘들다. 한국은 기존 사업자들만 계속 사업을 할 수 있는 길드 시스템이다. 실제 누구나 쉽게 사업을 시작할 수 있도록 하는 진정한 자본주의하고는 거리가 멀다.

Part 4

한국의 사회문제는
자본주의 때문에 생겼을까?

비정규직은
자본주의의 문제일까?

　　현재 한국 경제에서 가장 문젯거리가 되는 것 중 하나는 비정규직 문제이다. 똑같이 대학을 졸업하고 똑같이 취업 준비를 열심히 해도 정규직으로 취직하느냐 비정규직으로 취직하느냐, 또 비정규직으로 취직한 다음에 정규직으로 전환이 되느냐 되지 않느냐에 따라 그 이후의 삶이 완전히 달라진다.

　　정규직은 정년까지 안정적으로 직장을 다닐 수 있다. 하지만 비정규직은 기본적으로 2년 동안만 직장을 다닐 수 있다. 계약 기간이 끝나면 다른 직장을 알아봐야 한다. 물론 정규직이라고 해서 정말로 정년퇴직 전까지 안정적으로 직장 생활을 할 수 있는 것은 아니다. 중간에 구조조정이 발생할 수 있고, 명예퇴직을 할 수도 있다. 또 회사가 부도 나면서 일자리가 없어질 수도 있다. 하지만 정규직은 최소한 사회에 처음 진출하면서 중장년이 될 때까지는 안정적인 직장 생활을 보장한다.

　　청·장년기에 안정적인 직장이 있느냐 없느냐는 굉장히 중요하다. 안정적인 직장이 있어야 제대로 결혼을 할 수 있다. 결혼한 다음에 아이를 낳아 기를 수 있다. 하지만 직장이 없으면 결혼을 하고 아이를 낳는 것을 쉽게 결정할 수 없다. 정말 사랑하면 직장이 없어도 결혼하고 자녀를 낳을 수 있기는 하겠지만, 생활비라는 현실적인 문제 때문에 많은 어려움을 겪을 수밖에 없게 된다.

정규직은 이런 청·장년기의 안정성을 보장하지만, 비정규직은 안정성을 보장하지 못한다. 지금 직장을 가지고 있다 하더라도 앞으로 어떻게 될지 모른다. 직장 생활을 하면서도 계속 불안함을 느끼고, 계약 기간이 끝나갈 때는 다른 직장을 찾아야 하는 스트레스를 받게 된다.

지금 한국의 출산율 저하, 그리고 소득 격차가 발생하는 주된 원인 중에 하나로 이 비정규직 문제가 꼽힌다. 비정규직은 한국 자본주의의 아킬레스건이다. 비정규직을 양산하는 자본주의는 분명히 문제가 있는 것이다.

그런데 정말로 비정규직이 자본주의의 문제인가? 자본주의 사회에서 비정규직 문제가 발생하는가, 자본주의가 아닌 사회에서 비정규직 문제가 발생하는가? 자본주의 사회에서는 정규직과 비정규직의 구분이 있을 수 없다. 지금 한국 경제에서 정규직 - 비정규직을 구분하는 것은 자본주의의 문제가 아니라, 자본주의를 적용하지 않아 발생하는 문제이다.

자본주의 원칙, 경제학의 원칙 하에서 일자리는 기업의 수요에 의해서 결정된다. 기업에 사람이 많이 필요하면 취업률이 올라가고, 기업에 사람이 필요하지 않으면 취업률이 떨어진다. 그런데 기업의 활동은 항상 호경기와 불경기를 겪는다. 호경기가 되면 기업의 활동이 활발해지고 사람들을 많이 뽑는다. 하지만 불경기가 되면 기업의 생산량도 감소하고, 따라서 직원 수도 감축한다.

2016년에는 석유 산업이 불황이다. 석유 가격이 떨어지면서 석유 기업들이 어려움을 겪고 있다. 세계적인 석유 기업인 쉘 Shell은 2016년도에 만여 명을 해고했다. 유전 사업을 접으면서 필요 없게 된 인원들을 해고한다. 주로 필요 없어진 사업 부문, 생산성이 떨어지는 부문들을 정리한다. 하지만 이렇게 해고된 사람들이 영원히 쉘을 떠나느냐 하면 그렇지는 않다. 몇 년 후에 석유 산업이 다시 호황기를 맞으면 올해 해고된 사람들을 우선하여 다시 채용한다. 이런 것이 원래 자본주의에서의 고용 형태이다. 자본주의에서는 고용이 완전히 보장되지는 않는다. 불황이 되고 기업이 어려우면 해고가 발생할 수 있다. 하지만 그 해고의 기준은 생산성이 떨어지는 부문이다. 누가 구조조정의 대상이 되는지는 알 수 없다. 그리고 사업 환경이 좋아지면 다시 취업할 수 있다는 보장이 있다.

한국에서는 기업에 취직하면 고용이 보장되는가? 정규직만 보장이 된다. 비정규직은 보장이 되지 않는다. 정규직은 호황이든 불황이든 고용을 보장받는다. 회사가 망하지만 않으면 계속 일할 수 있다. 하지만 비정규직은 호황이든 불황이든 상관없이 고용이 보장되지 않는다. 불황이 되면 기업이 사람을 뽑지 않으니 일자리가 없다. 그리고 호황이라 하더라도 2년만 일할 수 있다.

원래 자본주의 사회에서는 생산성이 높으냐 낮으냐를 기준으로 계속 일을 하느냐 구조조정이 되느냐가 결정된다. 그런데 한국 경제에서는 정규직이냐 비정규직이냐를 기준으로 나가야 할 사람이 결정된다. 비정규직이 아무리 일을 잘하고 생산성이 높고, 또 그 업무가 꼭 필요하다 하더라도 상관없다. 비정규직이라는 이유 하나만으로 그 회사를 나가야 한다. 처음에 회사에 들어올 때 정규직 신분이었냐 비정규직 신분이었냐 하나만으로 고용 계속 여부가 판가름난다. 신분이 가장 중요한 판단 요소가 된다는 점에서 이것은 일종의 신분제이다.

정규직 - 비정규직 문제는 자본주의의 문제가 아니다. 신분제를 제일 싫어하는 것이 바로 자본주의이다. 자본주의는 신분사회를 타파하면서 나온 것이다. 그런데 그 자본주의가 제일 반대하는 신분제가 한국에서 정규직 - 비정규직으로 되살아난 것이다.

정규직 - 비정규직 구분이 없는 사회가 더 나은 사회인가, 아니면 정규직 - 비정규직 구분이 있는 사회가 더 나은 사회인가. 정규직이 대부분이고 비정규직이 극소수이면 정규직과 비정규직 구분이 있는 사회가 더 나은 사회라고 볼 수도 있을 것이다. 근로자 대부분이 고용 안정을 누리고 있고 극소수의 비정규직만이 고용 불안정 상태를 겪기 때문이다. 하지만 비정규직의 비율이 높아지면 이야기가 달라진다. 비정규직의 희생으로 정규직이 일자리의 안정을 누리게 된다.

또 비정규직들이 많은 경제는 자본주의가 중요시하는 생산성도 떨어진다. 자본주의 경제에서는 불황이 되면 누구나 일자리를 잃을 수 있다. 불황이 되면 직원들 누구나 해고 위험성이 존재한다. 직원들이 해고 위험에서 벗어나는 데 필요한 것은 회사가 다시 잘되는 것이다. 회사 이익이 늘어나면 해고 위험에서 벗어날 수 있다. 그래서 자본주의 경제에서는 불황이 되면 그 불황에서 하루빨리 벗어나기 위해서 더 열심히 일한다. 이들에게 호황이냐 불황이냐는 단지 뉴스에서 말하는 먼 나라 이야기가 아니다. 자기 고용이 보장되느냐 위험하게 되느냐에 영향을 주는 실제적인 이야기다. 그래서 자본주의 경제에서는 불황기에 일자리의 안정성을 되찾기 위해 노력한다.

하지만 한국에서 정규직은 불황이든 호황이든 상관이 없다. 그냥 평소대로 일하면 된다. 그리고 비정규직도 불황이든 호황이든 별 상관이 없다. 호황이라 하더라도 2년밖에 일을 못 하고, 불황이 되면 아예 취업이 어려워지니 더 열심히 일할 것도 없다. 한국에서는 정규직이든 비정규직이든, 불황에서 하루빨리 벗어나려고 노력할 이유가 없다. 뉴스에서 한국 경제가 불황이라고 계속 떠들어도 나와 상관없는 이야기이다. 불황이 되거나 호황이 되거나 별로 상관이 없는 사회. 이것은 최소한 자본주의 사회는 아니다.

지금 한국에서 비정규직 비중은 32%를 넘어섰다. 32%의 근로자들이 2년마다 새로운 직장을 찾아야 하는 불안정성에 시달리고 있다. 그리고 이런 비정규직의 희생을 바탕으로 정규직들은 직업의 안정성을 누리고 있다. 이런 식으로 신분을 기준으로 한 집단을 희생해서 다른 집단들이 이익을 취하는 것은 자본주의가 아니다. 정규직-비정규직 문제가 사회주의적이라 할 수도 없다. 사회주의에서는 평등을 중요시한다. 누구는 고용 안정을 누리고, 누구는 고용 안정이 보장되지 않는 정규직-비정규직은 평등 원칙에서도 완전히 벗어난다. 차라리 누구나 불황기에 고용 불안을 겪는 자본주의가 더 평등하다. 정규직-비정규직은 자본주의도, 사회주의도 아니고 그냥 신분사회의 부활인 것이다.

이런 신분제 시스템이 법으로 제도화된 국가를 자본주의 국가라고 볼 수 없다. 비정규직이 제도화된 한국을 자본주의가 지나치게 발달한 국가라고 평가하는 것은 말이 안 된다. 비정규직 문제는 자본주의가 적용되지 않아서 나타나는 문제이다.

한국의 청년실업 문제는
서구 사회와 어떻게 다를까?

지금 한국 경제에서 문제가 점점 더 커지고 있는 것 중 하나는 청년실업의 문제이다. 한국에서 청년실업이 계속 증가하고 있다. 원래는 2011년만 하더라도 청년실업률이 7.6% 대였던 것이 2016년 7월에는 9.4%를 넘어서고 있다. 5년 동안 1.1%, 약 25% 정도 증가했다. 그런데 청년실업률이 9.4%라고 해서 나머지 90.6%가 모두 제대로 취업을 하고 있다는 뜻은 아니다. 길거리에 많이 있는 카페, 편의점 등에는 청년들이 아르바이트하는 경우가 많다. 이것은 직장이 아니라 아르바이트이지만 편의점, 카페 아르바이트를 하더라도 일주일에 한 시간 이상 일을 하면 취업자로 들어간다. 하지만 이런 아르바이트가 제대로 된 직장이 아니라는 것은 너무나도 분명하다. 나이가 들어서 용돈 벌이를 하는 것이라면 모르지만, 본격적으로 사회생활을 시작하는 청년기에 아르바이트로만 지내는 것을 제대로 된 직장 생활이라고 보기는 어렵다. 이런 것들을 고려하면 실질적인 청년실업률은 20% 정도는 될 것으로 예측한다. 또 청년실업률이 20%라고 해서 청년고용률이 80%라는 말은 아니다. 일하지 않으려는 사람은 항상 실업률 산정에서 제외된다. 취업할 생각이 없는 청년, 취업을 포기한 청년, 공무원 시험 준비, 자격증 시험 준비를 하는 청년들도 실업률에서 제외된다. 하지만 이런 청년들도 일자리가 없다는 점에서는 실업자와 같다. 청년들의 체감 실업률은 30%를 넘는다.

사실 청년실업은 한국만의 문제는 아니다. 유럽 국가들도 청년실업 문제가 심각하다. 스페인 같은 경우는 청년실업률이 50%에 달한다. 청년의 반이 일자리를 찾지 못하고 있다. 유럽의 청년실업률은 한국보다 훨씬 더 높다. 그래서 청년실업 문제는 원래 한국보다는 다른 나라에서 불거진 문제였다.

유럽 국가에서 청년실업이 발생한 이유는 기업이 새로 채용하는 일자리가 없어졌기 때문이다. 기업에서 직원을 채용하는 경우는 두 가지이다. 하나는 기존 직원들이 퇴직하면서 빈자리가 나는 경우이다. 특히 나이가 들어 직원들이 은퇴하면서 생기는 자리가 크다. 기존 직원이 은퇴해서 빈자리가 생기면 새로 사람을 뽑는다. 다른 하나는 기업이 성장하면서 새로 자리가 필요하게 된 경우이다. 매출 100억 원 기업이 성장을 해서 매출 200억 원 기업이 되면 그만큼 새로 사람이 필요하다. 기업이 성장을 하면 새로 직원을 채용한다.

그런데 최근 유럽은 경제성장률이 거의 제자리였다. 경제성장률이 제자리라는 이야기는 기업들이 성장하지 못했다는 이야기이다. 매출 100억 원 기업이 120억, 150억으로 성장하지 못하고 계속 매출 100억 원대만 유지하고 있다. 그러면 기업은 직원을 늘릴 필요가 없다. 새로 일자리가 증가하지 않으니 이제 첫 직장을 잡아야 하는 청년들을 위한 자리가 없게 된다.

또 나이든 사람들이 일자리를 그만두지 않는 것도 청년실업의 주된 원인이다. 이전에는 나이가 들면 사람들이 은퇴를 했고, 그만큼 일자리가 생겼다. 하지만 지금은 평균 수명이 늘어나면서 가능하면 일자리를 계속 유지하고자 한다. 이전에는 55세가 정년이었던 직장이 이제는 60세 정년으로 바뀌고, 이전에 60세 정년이었던 직장이 이제는 65세 정년으로 바뀐다. 사람들의 평균 수명이 늘면서 유럽에서는 평균 85세까지는 산다. 65세에 정년을 맞이해도 20년을 아무것도 안 하고 살아야 한다. 노인 복지, 노인 소득을 위해서 정년을 계속 증가시키고, 노인이 되더라도 일을 계속 하는 분위기가 되어 버렸다. 이전에는 60세 정도가 되면 모두가 직장을 그만두었고, 그 자리를 청년들이 새로 차지했다. 그러나 지금은 노인들이 최대한 은퇴를 미루고, 직장을 계속 가지고 있으니 그만큼 청년들의 자리는 없어진다.

지금 유럽의 청년실업 문제는 자본주의의 위기로 발생하는 문제이다. 경제가 계속 성장하고 노인들이 은퇴를 해주어야 청년들의 일자리가 생긴다. 그런데 지금 유럽의 경제는 성장하지 않고, 노인들은 은퇴하지 않는다. 특히 노인과 청년 간의 관계가 문제이다. 자본주의는 경제 인구가 계속 나가고 들어오는 것을 전제로 한다. 그런데 지금 유럽은 경제 인구가 들어오기는 하는데 나가지를 않는다. 노인들의 일자리를 보전하다 보니 청년들이 희생하게 되었다. 그래서 세대 간 전쟁, 노인층과 청년층 간의 분쟁이라는 말도 나온다. 그동안 자본주의가 경험하지 못한 새로운 문제가 발생한 것이다. 그래서 자본주의의 위기이다.

한국에서도 청년실업의 문제가 심각해지고 있다. 그래서 한국은 그동안 청년실업 문제가 있었던 유럽, 미국의 이야기를 가져와서 한국의 청년실업이 자본주의의 한계 때문에 발생한 것으로 이야기한다. 자본주의의 근본적인 문제 때문에 한국 청년실업 문제가 심화하고 있고, 따라서 자본주의를 극복해야 한다고 말한다.

그런데 한국 청년실업이 정말로 자본주의의 문제 때문에 발생한 것일까? 유럽에서는 경제 인구가 들어오고 나가는 현상의 변화로 인해서 청년실업이 발생한 것이기 때문에, 자본주의가 해결하기 힘든 구조적인 문제인 것이 맞다. 그러면 한국에서도 나이든 사람들이 일자리를 다 차지하고 있어서 청년들이 일자리를 찾지 못하고 있는 걸까?

한국은 아무리 경제성장률이 낮아졌다고 해도 유럽 국가들보다는 성장률이 높다. 2000년대 들어 경제성장률이 9%에서 4%, 지금은 2%대로 떨어졌지만 그래도 유럽 국가들보다는 고성장이다. 경제성장률이 이만큼 된다는 이야기는 어쨌든 기업들이 성장하고 있다는 뜻이다. 한국의 일자리는 고정되어 있지 않다. 조금씩이지만 계속 늘고 있다.

그리고 한국의 청년층은 감소하고 있다. 한국의 저출산 문제는 심각한 수준이다. 계속되는 저출산으로 청년들의 숫자가 계속 감소하고 있다. 2000년에는 수능을 본 학생 수가 1년에 89만 명이었다. 2015년 수능을 접수한 학생은 61만 명이었다. 2020년에는 수능 접수자 수가 약 51만 명 정도가 될 것으로 보인다. 경제는 조금씩 성장하고 있는데 청년들의 수는 계속 감소하고 있으므로 청년들의 일자리 사정은 점점 더 좋아져야 하는 게 맞다.

그리고 한국 청년들이 노년층 때문에 일자리를 잡지 못하고 있나? 한국은 원래 직장 정년이 있어도 정년까지 다니는 경우가 적다. 40대 중반이면 직장을 그만두어야 한다는 사오정이란 말이 오래전부터 돌고 있는데, 노인들이 계속 일자리를 잡고 있어서 문제라는 것은 설득력이 떨어진다. 한국에서 노인들이 일을 많이 하기는 하지만 대부분 아파트 경비나 건물 환경미화원 일이다. 청년들은 돈을 주고 하라고 해도 잘 하지 않으려는 일이다. 이런 노인 일자리 때문에 청년들이 일자리를 잡지 못하는 것은 아니다.

사실 한국 청년실업의 문제는 유럽처럼 일자리 자체가 없다는 문제가 아니다. 아직 한국은 경제가 성장하는 국가이다. 그리고 청년들 수는 감소하고 있다. 한국에서 청년들이 일할 수 있는 일자리는 얼마든지 있다. 중소기업의 구인 광고들은 지금도 넘쳐난다. 이 중소기업들은 일할 사람을 구하지 못해서 난리이지 직원을 내보내지 못해서 문제가 되지는 않는다.

한국 청년실업 문제는 청년들이 원하는 좋은 일자리가 없다는 것이다. 청년들은 대기업, 정규직에서 일하고 싶어 한다. 그런데 대기업, 정규직 일자리는 적다. 한국에서 기업의 99%는 중소기업이다. 대기업은 1%밖에 되지 않는다. 그 1% 기업만 들어가려고 하니 취업이 어려운 것이다. 나머지 99% 기업에 들어가려고 하면 취업은 그렇게 어렵지 않다.

그런데 왜 한국 청년들은 대기업, 정규직만 들어가려고 할까? 한국에서는 대기업과 중소기업 간 임금 격차가 크다. 그리고 정규직과 비정규직 간 임금 차이도 크다. 중소기업 비정규직으로 들어가면 사실 편의점에서 아르바이트하는 것보다 월급이 그리 많지도 않다. 비정규직으로 들어가면 정규직이 될 수 있다는 보장도 없고, 2년 후에 어떤 인생이 될지 모른다. 중소기업에 들어가면 취업은 되지만 대기업에 들어갔을 때보다 엄청난 소득 격차를 겪게 되고, 평생 그 차이를 메꾸기 힘들다. 그래서 청년들은 대기업, 정규직만 들어가려 한다.

만약 한국에서 대기업 중소기업 임금 차이가 거의 없다면, 그래도 청년들이 대기업에만 목숨을 걸까? 취업을 몇 년 동안 하지 않고 대기업 취업 준비만 하고, 공무원, 공공기관에만 들어가기 위해 취업 준비를 할까? 비정규직이 정규직과 유사한 신분 보장과 임금이 보장된다면, 그래도 청년들이 정규직에만 목숨을 걸고 비정규직에 지원을 안 할까?

한국에서 청년실업의 문제는 대기업 정규직과 그 외의 직업 간 차이가 워낙 크기 때문이다. 유럽처럼 일자리 자체가 없어서, 노인들 때문에 새로 일자리가 없어서 나타나는 문제가 아니다. 그러면 한국에서 대기업 정규직과 중소기업 비정규직 간 차이가 큰 것이 자본주의가 심화해서 나타나는 문제인가? 그렇지 않다. 자본주의에서는 대기업과 중소기업 간 임금 차이가 그렇게 클 수가 없다. 또 자본주의에서는 정규직과 비정규직 구분이 있지도 않다. 한국의 청년실업 문제는 자본주의를 너무 적용해서 발생하는 것이 아니라 자본주의가 적용되지 않아서 발생하는 문제인 것이다.

공무원이 되려는 청년들이 넘쳐나는 한국은 자본주의일까?

　　지금 한국 사회의 특징 중 하나는 공무원이 되고 싶어 하는 사람들이 많다는 점이다. 많아도 너무 많아서 사회 문제가 될 정도이다. 통계청 조사에서 15세에서 29세까지 청년층 중에서 취업을 준비하는 사람들이 65만 2천 명 정도로 나왔다. 아직 취업하지 못하고, 취업을 위해서 준비하는 사람들이다. 그런데 이 취업 준비자 65만 2천 명 중에서 25만 명이 공무원 시험을 준비한다. 경제가 불황이라고 하지만 공무원 시험 시장은 호황이다. 노량진의 공무원 시험 시장에는 많은 사람이 있고, 공무원 시험을 위한 교재, 인터넷 강의, 학원도 넘쳐난다.

　　가장 갖고 싶은 직업 1순위가 공무원이 되었고, 나이 마흔이 넘어서까지 공무원 시험을 치르기도 한다. 공무원 시험에 붙으면 주변 사람들에게 부러움을 사고 축하를 받는다.

　　물론 시험에 합격해서 공무원이 되는 것은 이전에도 특별한 일이긴 했다. 1960년대, 1970년대, 1980년대에도 공무원 시험을 준비하고 공무원이 되는 것을 가문의 영광으로 생각했다. 하지만 그때 가문의 영광이 되고 모든 사람이 선망했던 공무원은 '고시'라고 불리는 시험에 합격한 고급 공무원이었다. 사법고시, 행정고시, 외무고시와 같이 판검사나 사무관 이상 고급 공무원이 되는 것이 선망의 대상이었다. 이런 고시에 합격하기 위해서 많은 사람이 열심히 공부했고, 또 가족들이 전폭적인 지원을 했었다.

이렇게 사회적으로 높은 평가를 받고 지원을 했던 것은 고급 공무원 시험이었다. 공무원 중에서 가장 낮은 계급인 9급 공무원 시험이 지금처럼 사회적으로 인기가 있지는 않았다. 원래 9급 공무원 시험은 고등학교를 나온 사람들을 대상으로 했다. 고등학교를 졸업한 사람들은 9급 공무원 시험을 치고, 대학을 나온 사람들은 7급 공무원 시험을 친다. 고등학교를 졸업한 사람을 대상으로 하는 9급 시험이 사회적으로 인기가 있고, 9급 공무원 시험 합격이 사람들의 꿈이 되지는 않았다.

그런데 지금 공무원 열풍은 이런 9급 공무원 시험 열풍이다. 고등학교 졸업생을 대상으로 하는 9급 공무원 시험에 대학졸업생들이 몰려든다. 소위 명문대를 나온 사람들도 9급 공무원 시험에 응시한다. 얼마 전에는 변호사가 9급 공무원 시험을 쳤다는 게 언론에 보도되기도 했고, 서울대를 졸업한 사람이 9급 공무원 시험에 응시해 합격했다는 것이 화제가 되기도 했다.

지금, 사람들은 공무원이 되는 것 그 자체가 목적이다. 공무원 내에서 직급이나 사회적 역할에 별로 상관하지 않는다. 그냥 공무원이 되는 것이 목적이고, 그래서 명문대 출신들과 대학 졸업생들이 9급 공무원 시험에 몰린다. 국가 공무원 시험, 지자체 공무원 시험, 군무원 등 공무원이 될 수 있는 시험의 경쟁률은 최소 몇십대 일이다. 지금 한국에서 공무원은 명실공히 가장 인기 있는 직업이다.

그런데 공무원이 인기 있는 사회는 어떤 사회일까? 과연 공무원이 인기 있는 사회가 자본주의 사회라고 할 수 있을까? 자본주의가 발달한 미국, 영국 등에서 공무원은 사회적으로 선망받는 일자리가 아니다. 자본주의가 발달하는 과정에서 공무원이 인기 있는 직업이 되는 경우도 없었다. 자본주의에서는 절대 공무원이 인기 있는 직업이 될 수 없다. 그런데 지금 한국은 공무원이 최고로 선망받는 직업으로 꼽힌다. 한국은 자본주의 사회로 보기 어려운 것이다.

자본주의는 기업 활동을 중요시한다. 사업가가 되어서 많은 돈을 벌 수 있기를 바라는 사회가 자본주의이다. 사업가는 아니더라도 돈을 많이 벌 수 있는 직업을 바라는 것이 자본주의이다. 미국에서 유명 대학 졸업생들이 원하는 일자리는 벤처기업 창업, 월스트리트 금융계, 의사나 변호사 등이다. 모두 다 돈을 많이 벌 가능성이 있는 직업이다. 특히 사업가가 되기 위한 창업의 길을 많이 걷는다. 자본주의 사회는 사업가가 중요하다. 그래서 자본주의 체제에서 청년들은 사업에서 성공하는 길을 추구하는 것이 일반적이다. 자기가 직접 사업가의 길을 가지 않더라도, 사업을 하는 것이 높이 평가되고 원하는 길이 된다.

그런데 한국의 청년들은 공무원이 되기를 바란다. 어떤 사회에서 공무원이 되기를 바랄까? 우선 관료사회에서 공무원이 되기를 바란다. 관료사회는 사회의 주축이 관료-공무원이다. 공무원이 사회를 지배하고 사회적으로 높은 평가를 받는다. 가장 대표적인 관료사회로 조선 시대가 있다. 조선 시대에는 모든 양반들의 꿈이 과거에 붙는 것이었다. 과거에 붙어서 관료가 되는 것이 일생일대의 꿈이자 도전이었다. 그래서 조선 시대 양반들은 과거에 붙을 때까지 계속 과거 시험을 보았다. 20대, 30대에만 과거 시험을 보는 것이 아니다. 조선 시대 때 과거 시험 합격자 평균 연령은 36.4살이었다. 나이가 마흔, 쉰이 되어서도 계속 시험을 보았다. 심지어 조선 시대 말, 정순교는 만 85세에 과거 시험에 붙었다. 만 85세가 될 때까지 계속 과거 시험을 본 것이다.

이렇게 과거 시험에 매달린 이유는 과거에 붙어야 제대로 된 관료가 될 수 있었기 때문이다. 관료가 사회를 지배하는 국가에서 관료가 되기 위한 시험에 매달리는 것은 당연한 일이었다.

또 청년들이 공무원이 되기를 바라는 국가는 공무원이 잘사는 국가이다. 싱가포르 같은 경우에는 공무원들의 월급이 많다. 일반 기업보다 더 많은 월급을 준다. 그러니 사람들은 공무원이 되기를 원한다. 하지만 싱가포르 같은 경우는 굉장히 예외적이다. 일반적으로 공무원은 일반 사기업보다 월급이 많지 않은 것이 원칙이다. 어느 나라든 공무원의 월급은 박봉이다. 미국 같은 나라에서 청년들이 공무원이 되기를 바라지 않는 주된 이유는 공무원 월급이 적기 때문이다. 싱가포르에서 공무원들에게 월급을 많이 주는 이유는 돈을 많이 줄 테니 부정부패를 하지 말라는 이유였다. 즉, 공무원이 잘살 수 있게 돈을 많이 줄 테니, 그 대신 부정부패를 하지 말고 제대로 일을 하라는 의미이다. 싱가포르 같은 경우는 청년들이 공무원을 원하기는 하지만 그 동기는 자본주의적이다.

지금 중국도 많은 사람이 공무원이 되기를 바란다. 공무원이 되고자 하는 이유는 공무원들이 모두 다 잘 살기 때문이다. 그런데 중국에서 공무원이 잘사는 이유는 부정부패 때문이다. 중국의 한 초등학생이 장래 희망을 묻는 말에 이렇게 대답했다. "공무원이 되고 싶다. 부정부패한 공무원이 돼서 많은 돈을 벌 것이다." 초등학생의 눈에도 공무원들이 뇌물로 잘 사는 것으로 보인다. 이 초등학생은 부자가 되고 싶었고, 그래서 확실하게 부자가 될 수 있는 길인 공무원이 되려고 했다.

한국에서 사람들이 공무원이 되려고 하는 이유는 공무원이 되면 많은 돈을 벌기 때문이 아니다. 공무원 월급은 많지 않다. 특히 많은 공시생이 몰리는 9급, 7급 공무원 월급은 더더욱 적다. 그럼에도 불구하고 한국의 젊은이들은 공무원이 되려 한다.

조선 시대처럼 사회적으로 크게 출세하기 위해서 공무원이 되려고 하는 것은 아니다. 물론 고급 공무원이 되어 사회적으로 출세할 수는 있다. 하지만 이런 고급 공무원으로 출세하는 것은 5급 공무원 시험, 소위 고시 출신들이 대부분이다. 9급 공무원으로 들어가서 고급 공무원이 되는 것은 정말 하늘의 별따기다. 출세하려고 공무원 시험을 보는 사람들은 5급 공무원 시험을 치지 9급을 치지는 않는다. 지금 공무원 시험에 몰리는 사람들은 출세하기 위해서 공무원이 되려고 하는 것은 아니다.

현재 한국에서 청년들이 공무원이 되려고 하는 것은 공무원의 안정성 때문이다. 중간에 구조조정 당하지 않고 정년 때까지 안정적으로 일할 수 있는 직장이 공무원이다. 또 퇴직한 후에는 매월 연금이 나온다. 국민연금보다 훨씬 더 많은 금액이 공무원 연금에서 나온다. 공무원이 되면 잘살기는 힘들다. 크게 출세하기도 힘들다. 하지만 평생을 안정적으로 살아갈 수 있다. 안정적인 측면에서 공무원을 능가하는 직장은 많지 않다.

많은 사람이 안정적인 공무원을 원하는 것이 나쁜 것은 아니다. 이것은 그동안 다른 직장을 다녔을 때 어려워지는 사람들이 많았던 한국 사회를 반영한다. 1997년 IMF, 2000년대 벤처기업들의 몰락, 2008년 세계금융위기 후 어려웠던 직장인들의 비애가 청년들로 하여금 공무원을 원하게 했다.

그러나 어떤 이유로든 공무원이 청년들의 취업 1순위인 사회, 안정을 그 어떤 것보다 우선시하는 나라를 자본주의 사회라고 보기는 어렵다. 자본주의 사회는 변화, 부침, 변동을 특징으로 하고, 또 거기에 높은 가치를 두고 인정하는 사회이다. 변화를 계속 시도하는 기업가가 높은 평가를 받고 청년들의 모델이 되는 사회이다. 공무원이 되어 안정적인 삶을 살고자 하는 사람이 절대적으로 많은 사회를 제대로 된 자본주의 사회라고 말하기는 어렵다.

학벌 사회 한국은
자본주의 사회일까?

한국에서는 어떤 학교를 나왔는지를 굉장히 중요하게 생각한다. 특히, 어떤 대학교를 나왔는가가 중요하다. 서울대에서부터 연세대, 고려대 등 서울에 있는 주요 학교들의 순위가 다 정해져 있다. 지방 국립대, 기타 대학에 이르기까지 대학 순위를 정하고 더 좋은 대학교에 들어가기 위해 노력을 한다. 대학에 입학하려는 고등학생, 재수생만 대학 순위를 중요하게 생각하는 것이 아니다. 부모들은 자녀가 중학생, 고등학생일 때부터 좋은 대학에 들여보내기 위해 노력을 한다. 좋은 대학에 들어가는 것, 보다 순위 높은 대학에 들어가는 것이 앞으로 인생에 굉장히 중요하다고 생각하고, 명문대에 들어가면 성공한 것으로 여긴다.

대학만 중요한 것도 아니다. 고등학교도 중요하다. 과학고, 외국어고, 자율고 등 좋은 고등학교에 들어가기 위해 어려서부터 치열하게 준비한다. 이렇게 고등학교 때부터 학벌을 따지기 시작한 것이 과학고, 외국어고, 자율고 등이 활성화되면서부터 시작된 것은 아니다. 이전에 고등학교가 비평준화일 때는 경기고, 서울고 등 소위 명문고에 들어가기 위해서 노력을 했다. 고등학교가 평준화된 다음에는 서울 강남 8학군에 있는 학교에 자식을 들여보내기 위해 경쟁했다. 이때는 추첨으로 고등학교가 배정되었는데, 강남 8학군의 좋은 고등학교에 들여보내기 위해 강남으로 대거 이주하는 사태가 발생하곤 했다.

대학을 나왔다고 해서 학벌이 끝나는 것은 아니다. 대학을 졸업해도 그 이후에 석사 학위가 있느냐, 박사 학위가 있느냐 등으로 계속 구분이 이루어진다. 국가가 연구비 등을 지급할 때도 바로 이런 학벌이 중요한 기준이 된다. 최소한 대학을 다니지 않은 사람은 연구 용역에서 연구원 자격이 없다. 또 대학만 졸업한 사람은 아무리 연구에서 중요한 역할을 맡는다고 해도 받을 수 있는 연구비가 제한되어 있다. 대학 졸업자는 한 달에 줄 수 있는 연구비가 얼마, 석사 학위자는 지급될 수 있는 연구비가 얼마, 박사 학위자가 받을 수 있는 연구비는 얼마 등이 규정되어 있다. 대학만 나온 사람은 아무리 능력이 뛰어나고 연구에 기여가 많아도 박사 학위를 가진 사람보다 더 많이 받을 수 없다.

정부에서 벤처기업에 운영 자금 등을 지원할 때도 마찬가지이다. 벤처기업 대표자의 학력이 어떻게 되느냐가 중요하게 취급된다. 아이디어가 아무리 뛰어나고 생산하고자 하는 아이템이 좋아도 학력이 낮으면 많은 금액을 지원받는 것은 불가능하다. 석사, 박사 학위를 가진 사람이 있으면 가산점을 받아 지원금을 받는 것이 더 유리해진다. 애플을 설립하고, 아이폰을 발명한 스티브 잡스는 대학을 졸업하지 않았다. 스티브 잡스는 한국의 기준으로는 절대로 벤처기업 지원금을 받을 수 없다.

한국은 학벌 사회이다. 어떤 고등학교, 어떤 대학교를 나왔느냐가 삶에 큰 영향을 준다고 생각하고, 보유하고 있는 학위가 학사인지, 석사인지, 박사인지에 따라서도 많은 차이가 있다.

그런데 이런 학벌 중시 풍토의 한국 사회가 진정 자본주의 국가라 할 수 있을까? 한국에서는 좋은 대학을 나오는 것을 굉장히 중요하게 생각한다. 그런데 한국에서 좋은 대학에 들어가기 위해서는 공부를 잘해야 한다. 즉, 한국에서는 공부를 잘하는 것을 무엇보다 중요하게 생각한다는 뜻이다. 공부를 잘하는 것이 인생에서 성공하는 것이고, 공부를 잘하는 사람이 훌륭하고 똑똑한 사람이라고 생각한다. 하지만 이것은 자본주의적 사고방식이 아니다. 자본주의에서는 학식보다 돈이 더 중요하다. 공부를 잘하는 사람보다 돈을 더 많이 벌 수 있는 사람이 더 능력이 있는 사람이다. 석사 학위, 박사 학위를 가지고 있는 것보다 자기 사업체를 가지고 사업하는 사람이 더 뛰어나다. 이런 식으로 생각하는 것이 자본주의이다.

물론 자본주의 국가에서 학벌이 전혀 중요하지 않은 것은 아니다. 미국도 하버드 대학, 스탠퍼드 대학은 명문이다. 아이비리그 대학, 주립대학 등 유명 대학 순위가 매겨진다. 영국도 옥스퍼드 대학, 케임브리지 대학의 명문이 있고, 다른 대학들도 순위가 있다. 또 이런 자본주의 국가에서도 석사 학위가 있는가, 박사 학위가 있는가는 중요하다.

하지만 그런 학벌이 절대적 기준으로 작용하지는 않는다. 우선 우리나라 대학교는 성적이 최우선이고, 또 유일한 기준이다. 그래서 한국은 대학 순서가 성적순이다. 좋은 대학은 공부를 잘하는 똑똑한 학생들이 모인 곳이고, 낮은 대학은 공부를 못하는 학생들이 모인 곳이다. 하지만 자본주의 국가의 대학들은 성적만으로 들어가는 곳이 아니다. 미국 대학들은 그런 식으로 구분되지 않는다. 공부를 잘해도 순위가 낮은 대학에 들어가고, 또 성적이 좀 떨어져도 순위가 높은 대학에 들어갈 수 있다.

박사 학위가 있으면 인정을 받지만, 박사 학위가 없어도 그 분야에서 실적이 있으면 인정을 받는다. 대학만 졸업해도 실적만 충분하면 대가로 인정을 받고, 대학 졸업장이 없어도 실적이 있으면 박사 학위를 받은 사람과 동등한 위치에 선다.

이곳에서 학벌은 자신의 실력과 성과를 검증할 수 있는 하나의 방편 중 하나이다. 학벌이 있으면 학벌로 인정받으면 되고, 학벌이 없으면 다른 것으로 인정받을 수 있다. 학벌은 어디까지나 참고자료이다.

그래서 자본주의 사회에서는 학벌이 그렇게 중요하지 않다. 자본주의에서 중요한 것은 경쟁에서 이길 수 있는 능력을 갖추는 것, 그리고 그 능력을 통해서 수익을 발생시킬 수 있는가이다. 학벌을 통해서 그것을 증명할 수도 있고, 학벌이 아니라 다른 방법으로 증명해도 된다. 그러면 충분히 사회에서 인정을 받을 수 있다. 그래서 서구 사회에서는 명문대에 들어가도 그 대학을 졸업하지 않고 사업의 세계로 뛰어드는 사람이 많다. 대학을 졸업하느냐 졸업하지 않느냐, 명문대를 졸업했냐 아니냐는 자본주의에서 중요한 것이 아니기 때문에 그렇다.

그리고 자본주의 사회에서 학벌을 중요시하지 않는 가장 큰 이유는 대학에서 가르치고 배우는 것이 돈, 사업과 별 상관이 없기 때문이다. 대학 수업은 보통 학문 그 자체를 가르친다. 돈에 대해서 가르치지도 않고, 자본에 대해서 가르치지도 않는다. 어떻게 하면 돈을 벌 수 있는가에 대해서도 물론 가르치지 않는다. 이렇게 대학이 자본주의에서 중요하게 생각하는 것을 가르치지 않는데, 그 대학을 졸업했는지 여부가 중요할 리가 없다. 대학을 졸업했다는 것이 자본에 대해서 더 많이 안다거나, 자본을 늘릴 방안을 더 안다는 것을 보장해주지 못한다.

학교의 학과 중에서 돈과 관련되는 것들도 있다. 변호사가 되는 로스쿨, 의사가 되는 의과 대학은 졸업만 하면 돈을 많이 벌 수 있는 직업을 가질 수 있으므로 인기가 높다. 회사 경영에 대해 배우는 MBA도 경쟁률이 높다. 이렇게 돈과 관련되는 학과들은 별도의 순위를 가지고 학벌이 중요한 지표로 작용한다. 돈과 직접 관련이 있는 학과만 학벌이 중요하다. 돈과 관련이 없는 학과는 들어가건 말건 졸업하건 말건 크게 상관하지 않는다. 그것이 자본주의에서 학교의 가치이다.

한국은 자본주의 사회일까? 자본주의 사회라면 돈, 자본의 가치를 중요하게 생각해야 한다. 돈을 버는 방법, 자본을 늘릴 방법 등이 중요한 기술로 인정받아야 한다. 그런데 한국은 그런 것을 그렇게까지 중요하게 생각하지 않는다. 학부모들은 자기 자식이 어려서부터 돈벌이에 나서는 것보다 공부를 더 열심히 해서 좋은 대학에 가기를 바란다. 학생일 때는 돈 같은 것에 물들지 말고 공부만 하기를 바란다. 공부보다 돈에 더 신경을 쓰는 학생은 훌륭한 학생이 아니라 세속에 물든 한심한 학생이다. 어려서 돈에 관심을 가지고 돈을 벌려고 하는 학생보다 공부를 더 열심히 잘하는 학생이 나중에 더 잘 될 것으로 생각한다. 자식이 밖에서 1억을 벌어오는 것보다 스카이 대학에 들어갈 때 훨씬 더 부모로서의 행복을 느낀다. 돈을 많이 버는 자식보다 좋은 대학에 들어간 자식이 더 낫다고 생각한다.

이것은 자본주의에서의 사고방식이 아니다. 학벌이 중요한 학벌 사회, 문벌 사회에서의 사고방식이다. 자본주의에서라면 돈, 자본과 그렇게 관련이 없는 학벌이 이렇게까지 중요한 지표이자 판단 기준으로 작용할 수 없다.

늘어만 가는 노동자 간 임금격차, 한국은 자본주의일까?

　　최근 한국 경제의 주된 문제 중 하나는 소득 격차가 심해지고 있다는 점이다. 부자와 가난한 자와의 빈부 격차가 커진다. 보통 자본주의 국가에서 소득 차이가 심해지는 이유는 두 가지이다. 하나는 취업을 한 사람과 취업을 하지 않은 사람 간의 격차이다. 취업을 한 사람은 소득을 올릴 수 있는데 취업을 하지 않은 사람은 소득이 없다. 그래서 소득 격차가 증가한다. 이 경우 소득 격차를 해소할 방법은 취업률을 올리는 것이다. 그동안 취업하지 못해 소득이 없는 사람이 취업해서 돈을 벌면 소득 격차가 감소할 수 있다.

　　자본주의 국가에서 소득 격차가 심해지는 두 번째 이유는 직종 간 임금 차이이다. 금융 산업인 월 스트리트에서 일을 하면 연봉 수억 원을 벌 수 있다. 딜러, 펀드매니저 등은 고수익을 얻고 일반 사무직이라 하더라도 월 스트리트 금융계에 있으면 다른 직종에서 일하는 것보다 높은 임금을 받는다. 의사를 하면 많은 돈을 벌 수 있고, 또 변호사도 대표적인 고소득 직업이다.

하지만 월마트 같은 소매업에서 일하면 높은 임금을 받을 수 없다. 맥도널드 같은 프랜차이즈에서 일해도 높은 임금은 받을 수 없다. 자본주의 사회에서 이런 임금 격차를 감소시키는 것은 사실 어렵다. 자본주의 사회에서 소득 불평등이 어쩔 수 없이 일어날 수밖에 없다고 하는 것은 바로 이런 직종 간 임금 불평등이다.

사회주의, 공산주의에서는 이런 직종 간 임금 불평등을 해소하기 위해서 모든 직종 간에 임금을 평등화했다. 사회주의 국가에서는 의사라고 해서 다른 직종보다 보수가 더 많지 않다. 구두를 닦는 직업이나, 음식을 판매하는 직업이나, 고급 엔지니어링 기술자나, 의사나, 변호사나 모두 임금이 같다. 그래서 사회주의, 공산주의에서는 소득 격차가 적다. 그러나 자본주의에서는 임금이 수요와 공급에 의해서 정해진다. 어떤 직업을 원하는 사람이 얼마나 되느냐, 그 직업을 가지기 위해서 어느 정도 노력과 투자가 필요한가에 따라서 직종 간 임금이 정해진다. 직업마다 수요와 공급이 다르고, 또 노력의 정도도 다르다. 그래서 자본주의에서는 직종 간 임금 불평등이 나타날 수밖에 없다. 여기서 소득 격차를 줄이기 위해서는 아주 높은 임금을 받는 직종의 임금을 제한하거나(월 스트리트 근로자들의 성과급을 제한해야 한다는 이야기가 그래서 나온다), 적은 임금을 받는 직종의 월급을 올려주는 방법이 있다.

결국, 자본주의 사회에서 소득 불평등이 발생하는 주된 이유는 취업했느냐 하지 않았느냐의 차이, 그리고 직종 간 임금 차이이다. 그런데 한국은 다르다. 취업 여부에 따라 소득 차이가 나타나는 것은 같다. 그런데 한국 소득 불평등의 주된 원인은 직종 간 임금 차이가 아니다. 직종 간 임금 차이보다는 대기업에 다니느냐 중소기업에 다니느냐, 정규직이냐 비정규직이냐, 정직원이냐 파견직이냐에 따른 임금 차이가 더 크다.

자본주의에서 임금은 그 직종에 대한 수요와 공급에 따라 정해진다. 컴퓨터 기술자면 사회에서 컴퓨터 기술에 대한 수요와 공급에 따라 임금 수준이 결정된다. 그러면 그 컴퓨터 기술자가 대기업에서 일하든 중소기업에서 일하든 보수는 비슷하다. 미국에서 컴퓨터 기술자가 구글에서 일하는가, 제너럴일렉트릭에서 일하는가, 벤처기업에서 일하는가에 따라 임금 차이가 크게 벌어지지는 않는다. 물론 기업에 따라, 노동 강도에 따라 임금 차이는 존재하지만, 단순히 어느 기업 소속이냐에 따라 임금이 두 배, 세 배 차이가 나지는 않는다.

그런데 한국은 아니다. 한국에서 임금은 직종에 따라 정해지지 않는다. 그것보다는 자기가 어느 기업에 속해 있는지, 그리고 기업에서 자기 신분이 어떻게 되느냐에 따라 임금 수준이 결정된다. 한국에서 대기업에 다니면 2015년 월 평균 임금이 501만 원이다. 그런데 중소기업에 다니면 월 평균 임금이 311만 원이 된다. 자기가 다니는 기업이 대기업이냐 중소기업이냐에 따라 임금 차이가 거의 두 배가 난다. 컴퓨터 업계에서 기술을 가지고 있으면 어떤 기업에서 일하든 비슷한 임금을 받아야 한다. 하지만 한국에서는 그렇지 않다. 같은 기술을 가지고 대기업에 들어가면 높은 보수를 받고, 중소기업에 들어가면 낮은 보수를 받는다.

중소기업에 들어가서 열심히 일하고, 성과를 올리면 월급도 더 많아질 것이다. 하지만 그렇게 월급이 올라가도 대기업에서 받는 월급만큼 올라가기는 힘들다. 300만 원 월급을 받다가 성과가 좋아서 월급을 더 많이 받게 되었다 하더라도 400만 원 정도이다. 분명히 월급이 많이 오르기는 하지만 대기업에서 받는 평균 월급 500만 원에 못 미친다. 중소기업에서 열심히 일해서 높은 성과를 올리는 것보다, 대기업에 들어가는 게 더 높은 보수를 받을 수 있는 길이 된다.

파견직과 비정규직으로 가면 문제는 더 심각해진다. 대기업에서 같은 일을 한다고 해서 같은 보수를 받는 것은 아니다. 파견직은 정규직 임금의 70% 정도만 받는다. 파견직은 정말로 정규직과 같은 장소에서 같은 일을 한다. 비정규직은 정규직과 다른 일을 할 수 있지만, 파견직은 정규직이 하는 일과 동일하다. 그런데도 파견직이라는 이유로 정규직 임금의 70% 수준만 지급한다. 아무리 열심히 일하는 파견직이라 하더라도, 일을 제대로 하지 않는 정규직 임금보다 더 적다.

대기업에 다니는 비정규직은 정규직 임금의 65%만 받는다. 중소기업에 다니는 비정규직은 중소기업 정규직보다 30% 정도 임금이 낮다. 그래서 대기업 정규직과 중소기업 비정규직의 임금 차이는 거의 세 배가 난다. 대기업 정규직의 임금이 100이라고 했을 때 중소기업 비정규직 임금은 35밖에 되지 않는다. 같은 일을 하는데도 불구하고 자기가 일하는 곳이 대기업이냐 중소기업이냐, 그리고 정규직이냐 비정규직이냐에 따라 거의 세 배나 되는 임금 차이가 발생한다.

오늘날 한국에서 발생하고 있는 근로자 간 소득 차이의 주원인은 바로 이런 대기업 중소기업 간 임금 차이, 정규직과 비정규직 간의 임금 차이이다. 물론 부모님으로부터 상속을 얼마나 받았느냐도 중요한 요소가 될 수는 있지만, 막상 이 부모님 재산에 의한 차이는 그렇게까지 크지 않다. 특히 한국의 경우에는 재벌들, 아주 큰 부자들이나 부모님으로부터 받은 재산으로 부자가 되는데, 한국에서 이렇게 큰 재산을 자식에게 물려주는 사람은 많지 않다. 100억을 넘게 물려줄 수 있는 부자 자체가 많지 않다. 재벌들이 계속 재벌로 남아있는 이유는 상속 때문이지만, 이 수가 워낙 적기 때문에 사회 전체적으로 상속 때문에 빈부 격차가 심해지지는 않는다.

한국은 소득 격차가 점점 커지고 있다. 많은 사람이 이렇게 소득 격차가 커지는 것이 자본주의 때문에 그렇다고 한다. 그런데 정말로 한국이 자본주의 때문에 소득 격차가 커지고 있는 것일까?

자본주의에서는 직종 간 임금 차이 때문에 소득 격차가 발생한다. 최근 미국 등 자본주의 국가에서는 월 스트리트의 금융가, 실리콘밸리의 정보통신 부문에서 점점 더 높은 임금을 지급하고 있다. 그래서 근로자 간 소득 격차가 심화되었다. 이 경우에는 자본주의로 인해 소득 격차가 심화되었다고 말할 수 있다.

한국 사회는 같은 기술을 가지고 같은 일을 하는데, 자기 소속이 어디냐에 따라 임금 수준이 정해진다. 같은 직장에서 같은 일을 하는데, 자기 신분이 정규직이냐 비정규직이냐에 따라 임금 수준이 정해진다. 이건 자본주의가 아니다. 한국이 정말로 자본주의 국가라면 대기업 중소기업 간 임금 차이는 없어야 한다. 정규직, 비정규직, 파견직 간 임금 차이가 없어야 한다. 설사 임금 차이가 있다 하더라도 그 차이는 아주 작아야 한다. 지금처럼 비정규직이 아무리 열심히 일해도 정규직 임금 수준을 받을 수 없는 차이, 중소기업에서 일을 열심히 해도 대기업 임금 수준을 받기 어려운 차이여서는 안 된다. 자신의 신분에 의해서 보수가 결정되는 것은 자본주의가 아니라 신분사회인 것이다.

한국에서 자본주의 원칙을 그대로 적용하면 근로자 간 소득 격차 문제를 바로 해소할 수 있다. 한국에서 근로자 간 소득 격차가 심해지는 이유는 자본주의를 따르지 않고 신분사회의 임금 시스템을 따르기 때문이다.

노동자들이 과로사하는 한국은 자본주의일까?

　　한국 노동자의 노동 시간은 일주일에 44.5시간으로 OECD 국가 중 3위를 달리고 있다. OECD 국가들의 일주일 평균 노동 시간은 37.6시간으로 한국보다 7시간이 적다. 한국 노동자들은 일주일에 거의 하루를 더 일하는 셈이다.

　　한국은 하루 8시간 근무이고, 주 5일제를 실시하고 있다. 원칙대로 하면 일주일에 44.5시간 근무가 나올 수 없다. 하지만 한국은 야근, 특근을 밥 먹듯이 한다. 주말 근무도 계속 있다. 한국의 실제 노동자들의 노동 시간은 공식발표인 일주일 44.5시간보다 더 많다고 봐야 한다.

　　이렇게 일하는 시간이 많다 보니 한국에는 과로사가 많이 나온다. 일하다가 죽는 사람도 나오고, 일하다가 몸이 망가져 사망에까지 이르는 경우도 많다. 한국 노동자들은 몸이 망가지는데도 일을 우선시할 정도로 지나치게 성실한 노동자들이다.

　　이런 한국의 노동 분위기는 바뀔 것 같지 않다. 국내 대기업인 A 기업은 경영 환경이 안 좋아졌다. 그래서 기업을 개혁하고 새롭게 일하는 분위기를 만들고자 했다. 그리고 그런 기업 혁신 방안으로 처음 나온 것이 '더 일찍 출근해서 더 늦게 퇴근하기'이다. 관리자들은 주말에도 출근해서 일을 하도록 했다. 한국에서는 더 많은 시간을 일하는 것이 문제를 해결하는 주된 방안이 된다. 주 5일제를 시행해도 주말에 일하는 사람들이 많고, 하루 8시간 근무제를 시행해도 저녁에 사무실에 남아있는 사람들이 절대다수다. 한국은 정말 많은 시간을 일한다.

이렇게 한국의 노동 시간이 많은 것은 사회적으로 문제가 되고 있다. 일단 과로사가 발생하고 있고, 업무 시간이 많아 몸을 망치는 사람들도 나타난다. 레저 문화가 잘 발달하지 않고 가족 중심의 환경이 잘 정착되지도 않는다. 지금 한국의 노동자들은 긴 노동 시간 때문에 번 아웃이 되고 있다. 그리고 이렇게 노동자들이 많은 시간 동안 일하게 하는 자본주의를 비난한다. 기업의 이익, 주주의 이익을 위해서 노동자들이 혹사당하고 있는 것이다. 노동자의 균형 있는 생활보다는 기업의 이익을 중시하는 자본주의 때문에 이렇게 노동자들이 과로사하는 경우가 발생한다.

그런데 정말 한국의 노동 시간이 많은 것이 자본주의 때문일까? 한국이 OECD 국가 중에서 가장 자본주의가 발달한 나라는 아니다. 그런데 왜 한국의 노동 시간이 OECD 국가 중에서 압도적으로 높을까? 자본주의가 발달했다고 하는 서구 유럽, 미국 등은 오히려 한국보다 노동 시간이 적다. 한국에서 노동 시간이 많은 것은 아직 한국이 자본주의적 업무 행태를 보이지 않기 때문이다. 한국은 자본주의가 아니라 한국의 전통사회였던 농촌사회의 이념에 따라 일을 하고 있다.

농촌사회는 노동력, 노동 시간이 중요하다. 몇 시간 일하느냐에 따라 생산량이 결정되고 수입이 결정된다. 밭을 갈고, 씨를 뿌리고, 잡초를 뽑고 수확을 하기 위해서는 시간이 소요된다. 그 시간을 투여하지 않으면 농사를 망친다. 농촌에서 일하는 농부들은 정말로 부지런해야 한다. 해가 뜨면 논밭에 나가서 해가 질 때까지 일해야 한다. 벼와 잡초는 공휴일, 주말이라고 해서 자라지 않는 것이 아니다. 그래서 농촌에서는 주말, 휴일이라는 개념도 없다. 곡물이 자라지 않는 겨울이 되어야 일이 마무리되고 쉴 수 있다. 농촌사회에서는 수익을 얻을 수 있는 방법, 더 많은 수확을 얻을 수 있는 방법은 노동 시간을 늘리는 것이다. 그것 말고는 방법이 없다. 그래서 농촌사회의 사람들은 열심히 일하고 부지런한 것이 중요한 가치가 된다.

하지만 자본주의는 노동 시간을 그렇게 중요하게 생각하지 않는다. 자본주의에서 생산함수는 노동, 자본, 기술의 세 가지 요소에 의해서 결정된다. 이 세 가지 생산 요소 중에서 가장 중요한 것은 자본이다. 그래서 자본주의인 것이다. 그다음 중요한 것은 기술이다. 기술은 노동과 자본 간의 결합 방법이나 사용 방법을 개선하는 것이다. 기술은 지식에 의해서 개발이 되고, 따라서 '지식 자본주의'라는 말도 나온다. 물론 자본주의에서도 노동력이 중요하기는 하다. 기본적인 노동력이 있어야 자본과 기술을 활용할 수 있다. 하지만 자본주의에서 생산성 향상의 주된 요소는 자본과 자본의 활용 기술이다.

자본주의에서는 어떻게 하면 생산을 더 증대시킬까를 고민할 때, 어떻게 자본 투여량을 늘릴지, 어떤 자본을 사용할지, 자본을 개선할 수 있는 기술이 무엇인지를 고민해야 한다. '더 열심히 일하자', '야근을 하자', '주말에도 일하자'는 것은 자본주의에서의 해결 방안이 아니다. 더 많은 시간을 일해야 하는 농촌사회의 해결 방안이다. 한국에서 노동자들의 노동 시간이 많은 이유, 야근과 주말 근무가 많은 이유는 한국이 자본주의 사회의 논리에 따라 움직이지 않고 농촌사회의 논리에 따라 움직이기 때문이다.

한국에서는 노동자들뿐만 아니라 공부하는 학생 등 다른 사람들도 이런 농촌주의적 사고방식을 가지고 있다. 어떻게 하면 성적을 올릴 수 있을까? 그에 대한 일차적인 대답은 더 열심히 공부하는 것이다. 공부 시간을 더 늘리는 것이 가장 중요하다. 쉬는 시간이 있으면 안 되고, 어디에 놀러 가도 안 된다. 그러면 공부할 시간이 줄어들고, 성적이 떨어진다.

잠을 많이 자서도 안 된다. 잠자는 시간을 아껴서 공부해야 한다. 주말에도 쉬면 안 되고 공부를 해야 한다. 잠을 안 자고 주말에도 일하는 것은 사람이 아니고 기계이다. 그런데 사람들은 기계처럼 쉬지 않고 공부를 해야 한다고 생각하고 일을 해야 한다고 생각한다. 이것은 자본주의에서 생산성을 높이는 방법이 아니다. 자본주의에서는 노동보다는 자본과 기술을 활용해야 한다. 공부 시간은 절대적으로 꼭 필요한 수준으로 줄이고,

공부 방법이나 공부 도구, 기술 등을 개선하려고 해야 한다. 사실 집중적으로 한 시간 공부하는 것이 대강대강 책상에 앉아서 다섯 시간 이상 있는 것보다 더 학습결과가 좋다. 자본주의에서는 이렇게 공부의 효율을 높이려는 방안을 찾지, 더 책상에 앉아있자는 해결책을 추구하지는 않는다.

지금 진짜 자본주의 국가들은 노동 시간이 많지 않다. 휴가도 길고 또 휴가를 자기가 원하는 대로 마음대로 쓸 수 있다. 야근은 하지 않는 것이 원칙이고 주말, 휴일도 확실히 챙긴다. 그러나 이런 식으로 쉬는 시간에 다 쉰다고 해서 생산성이 낮은 것은 아니다. 서구 유럽, 미국의 노동생산성은 한국보다 월등히 높다. 한국의 노동생산성은 이들 국가의 반도 안 된다. 한국은 정말로 열심히 일하는 시간이 많은 것이 아니라, 책상에 앉아 있는 시간이 많은 것이다. 농촌사회의 사고방식인 '보다 많은 시간 일하기'만을 추구한 결과이다.

물론 서구 자본주의 국가들에서도 노동 시간이 많은 경우가 있기는 하다. 미국 실리콘밸리의 스타트업 기업, 벤처기업들의 노동 강도는 한국보다 훨씬 더 강하면 강했지 약하지 않다. 이 기업에서 일하는 노동자들은 하루 15시간 근무, 주말 근무도 당연하다. 로펌에 들어간 변호사들도 살인적인 노동 강도를 자랑한다. 이들도 하루 15시간씩 일을 한다. 병원에서 일하는 인턴, 레지던트들도 노동 시간이 엄청나다.

그런데 서구 자본주의에서 이렇게 노동 강도가 센 노동자들은 하나의 특징이 있다. 엄청나게 많은 보수를 받거나, 아니면 그렇게 많은 보상을 얻을 기회가 있는 사람들이라는 점이다. 실리콘밸리의 스타트업, 벤처기업에서 열심히 일하다가 그 회사 제품이 히트를 하면 그 회사에서 일하는 노동자들 모두가 백만장자가 될 수 있다. 이들은 성과급, 스톡옵션, 주식 배분 등으로 회사가 크게 성공하면 자기도 크게 성공한다. 이들이 주말도 없이 열심히 일하는 것은 그런 엄청난 보상이 있기 때문이다. 변호사도, 의사도 높은 보수를 받는다. 높은 보상이 주어지는 직종에서 노동 시간이 많다. 이것은 자본주의 논리에 따라 노동 시간이 긴 것이다.

하지만 한국은 열심히 일해서 대박을 낸다고 해서 자기가 큰 보상을 얻는 것은 아니다. 성과급을 받아도 많아야 천만 원 넘는 수준이고, 미국처럼 백만장자가 되는 것은 어림도 없다. 단지 회사에서 해고되지 않고 현상유지를 할 수 있을 뿐이다. 그런데도 한국의 노동자들은 야근을 하고, 주말 근무를 한다. 이것은 자본주의의 논리가 아니다. 매일매일 논밭에 나가 일을 하지 않으면 비난받는 농촌사회의 논리에 따라 주말에도 회사에 나갈 뿐이다.

서구에서 자본주의가 처음 발달할 때 노동 시간은 굉장히 길었다. 하루 15시간이 기본이었고 주말에도 일해야 했다. 그것은 자본주의가 들어서기 전인 농촌사회의 논리가 남아있었기 때문이다. 하지만 자본주의가 정착되면서 노동 시간이 중요한 게 아니라는 것을 알게 되고 노동 시간은 계속 줄어들었다. 아직 한국은 야근, 주말 근무가 당연하게 여겨진다. 농촌사회의 논리에

서 완전히 벗어나지 못했기 때문이다. 진정한 자본주의 사회라
면 노동 시간이 과다해서 몸을 망치는 경우는 없어야 한다.

Part 5

한국의 비극적 사태는
자본주의가 원인일까?

용산 사태는
왜 발생했을까?

2009년 서울에서 용산 사태가 발생했다. 용산 4구역을 재개발하고자 했고, 그래서 4구역에 사는 사람들을 내보냈다. 그런데 삼십여 명의 사람들은 재개발 예정 지구에서 나가지 않고 저항을 했다. 이들은 보상금을 달라고 요구했고, 보상금을 주지 않으면 나가지 않겠다고 했다. 결국, 서울시는 경찰을 투입했고, 경찰이 이들을 진압하는 과정에서 여섯 명이 사망하는 일이 발생했다.

용산 사태는 경찰들이 과잉진압을 했느냐 여부로 계속 재판을 하고 논쟁을 벌여왔다. 그리고 불쌍한 철거민들을 강제로 내쫓는 지금의 법체계에 대해서도 많은 비판이 이어졌다. 땅 주인들이 자신의 이익을 위해서 불쌍한 세입자들을 내쫓는 자본주의의 속성도 주요 비난 대상이었다.

그런데 이때 용산에서 철거하지 않고 버틴 사람들은 이 지역에 세 들어 거주하던 사람들은 아니었다. 그 지역에서 장사를 하던 상인들이었다. 상인들은 보증금과 월세를 내고 그 지역에서 장사를 하고 있었다. 그런데 어느 날, 재개발을 해야 하니 자리를 비워달라고 한 것이다. 이들에게 보상금이 지급되지 않은 것도 아니다. 상인들이 상가를 임대할 때 낸 보증금을 돌려받았고, 그에 대한 보상금도 받았다. 법적으로 인정되는 보상금은 모두 다 받았다. 하지만 상인들은 그것 가지고는 부족하다고 했다. 상인들이 요구한 것은 권리금이었다. 상인들은 권리금에 해당하는 보상금을 요구했고, 땅 주인들은 권리금 보상은 할 수 없다고 했다.

상가 주인을 A, 기존에 상가에서 장사를 하는 사람을 B, 새로 상가에 들어가 장사를 하려는 사람을 C라고 하자. C는 A와 상가 임대차 계약을 맺는다. C는 A에게 상가 보증금을 내고 매달 월세도 낸다. 그런데 C는 B에게도 돈을 준다. 기존에 장사하던 세입자 신분인 B에게도 돈을 준다. 이것이 권리금이다. B는 상가를 나가면서 상가주인 A로부터는 보증금을 돌려받는다. 그리고 새로 그 자리에 들어오는 C로부터 권리금을 받는다.

용산 상가에서 장사하던 사람들은 그 지역을 재개발하지 않으면 자기가 장사를 그만둘 때 상가 주인으로부터 보증금을 돌려받을 수 있고, 그 자리에 새로 들어올 상인에게는 권리금을 받을 수 있다. 그런데 재개발을 하면 기존에 있던 건물들을 다 헐기 때문에 자기 자리를 다른 상인에게 넘겨줄 수 없다. 그냥 자기가 나가면 끝이다. 하지만 그렇게 하면 새로 그 자리에 들어올 상인으로부터 권리금을 받을 수 없다. 그래서 용산 상인들은 권리금을 요구하며 농성을 하게 된다.

문제는 권리금이 보증금보다 훨씬 더 많았다는 점이다. 보증금은 보통 1억 정도인데, 권리금은 2~3억이 된다. 상인들은 보증금이 문제가 아니라 권리금이 문제이다. 권리금에 해당하는 보상을 받지 않으면 엄청난 손해를 본다. 그래서 용산 상인들은 목숨을 걸고 저항했다.

하지만 상가 주인 입장에서 권리금은 자기가 전혀 모르는 돈이다. 상가 주인은 상인 C로부터 보증금만 받았다. 그래서 보증금만 돌려주려 했다. 상인들이 권리금을 요구하지만 그 돈을 자기가 받은 적이 없다. 몇천만 원 정도라면 재개발을 빨리하기 위해서 줄 수도 있다. 하지만 몇억 원이란 돈을 지급할 수는 없다. 자기가 C에게서 받은 돈이 보증금 1억인데, 권리금까지 포함해서 3~4억의 돈을 C에게 줄 수는 없다. 용산 상인들은 권리금에 해당하는 돈을 돌려달라고 하고, 상가 주인들은 그 돈은 모르는 돈이고 따라서 줄 수 없다고 했다. 결국, 이 분쟁에서 용산 사태가 발생한다.

이 권리금 문제는 용산 사태 이후로도 계속해서 문제가 된다. 가수 싸이는 서울시 용산구 한남동에 건물을 샀다. 그리고 그 건물을 사용하기 위해서 1층에서 장사하고 있는 사람에게 나가달라고 했다. 상인은 상가에 세를 들어올 때 기간을 정해서 들어온다. 계약 기간이 끝나자 싸이는 계약을 연장하지 않고 나가달라고 했다. 계약 기간이 끝났을 때 보증금을 주고 나가라고 하는 것이니 법적으로 문제는 없다. 하지만 그 자리에서 장사하고 있는 상인 입장에서는 이렇게 나가는 것은 큰 손해가 된다.

자기는 그 자리에 들어오기 위해서 권리금을 냈다. 상가 주인에게 주는 보증금보다 훨씬 더 큰 금액을 이전 세입 상인에게 주고 그 자리에 들어왔다. 자기가 그 자리를 다른 세입 상인에게 넘겨주면 그 돈을 받을 수 있다. 하지만 상가 주인이 직접 그 자리를 이용하게 되면 권리금을 받을 수 없다. 그래서 싸이 건물에서 장사하던 사람은 재판 신청을 하고, 언론에 자기의 억울함을 호소하고 싸이의 인정머리 없음을 비판했다.

2016년 7월에 발생했던 가수 리쌍의 건물 사태도 마찬가지이다. 리쌍은 세입자가 계약이 종료되었는데도 몇 년 동안 나가지 않아 결국 강제집행을 신청했고, 세입자는 철거민 모임 등을 만들어서 강력하게 저항했다. 결국, 강제집행이 도중에 취소되어 언론의 집중 관심 대상이 되었다.

용산 사태의 희생자인 상인들, 싸이와 리쌍의 건물에 들어와서 장사하던 상인들을 옹호하는 사람들은 이런 사태를 자본주의의 무자비함을 보여주는 사건으로 본다. 가난한 사람들을 착취하는 자본주의, 부자들의 이익만을 옹호하는 자본주의의 문제라고 본다. 그래서 가난한 세입자를 더 위하는 제도를 만들어야 하고, 부자들만을 대변하는 현재의 제도는 바뀌어야 한다고 한다. 그런데 이런 상가 주인과 세입자 간 문제는 자본주의 때문에 발생하는 문제일까, 아니면 자본주의적이지 않아서 발생하는 문제일까?

용산 사태, 싸이와 리쌍의 문제는 모두 권리금 때문에 발생하는 문제이다. 세입자는 권리금을 달라는 것이고 상가 주인, 싸이, 리쌍은 권리금을 줄 수 없다고 주장하다가 서로 싸우게 된 것이다. 그런데 이 권리금은 자본주의 원칙에서는 도무지 설명할 수 없는 제도이다.

상가를 빌려주고 빌리는 것은 어디까지나 상가 주인과 세입자 간에 결정해야 할 사안이다. 상가 주인과 세입자 간 계약을 하고, 이들끼리 돈을 주고받아야 할 사항이다. 그런데 권리금은 상가 주인과 세입자 간 돈거래가 아니다. 새로운 세입자가 이미 있던 세입자에게 주는 돈이다. 둘 사이에는 아무런 법률 관계가 없다. 그런데 왜 이들 사이에 돈을 주고받아야 할까? 더구나 주고받는 돈이 적은 돈도 아니다. 상가 주인에게 주어야 할 돈보다 더 많은 돈을 준다. 집주인에게 주는 돈은 1억 원 정도인데, 이전 세입자에게는 2~3억 원이나 되는 돈을 준다. 또 권리금을 주고받을 때는 계약서를 쓰지도 않는다. 영수증도 제대로 챙기지 않는다. 이전 세입자와 새로 들어가는 세입자 사이에는 새로운 거래 관계가 생기는 것도 아니니 계약서를 쓸 내용도 없다. 그런데도 몇억 원이라는 돈이 오간다.

다른 사람 건물에 들어가는데 그 건물 주인에게 주는 돈보다 더 많은 돈을 건물 주인이 아닌 사람에게 준다. 그리고 계약서도 없이, 차용증도 없이 돈을 준다. 세상에 자본주의에서 이런 식의 거래는 있을 수가 없다. 그런데 한국에서는 그동안의 관습이라는 명목으로 권리금 제도가 이어져오고 있다.

자본주의에서라면 모든 계약은 건물 주인과 세입자 간에 마무리된다. 세입자는 건물주에게 보증금을 주고 장사를 한다. 보증금 외에도 월세를 내다가 계약 기간이 끝나면 재계약을 하거나 건물에서 나간다. 그리고 건물에서 나갈 때는 처음 들어올 때 건물주에게 주었던 보증금을 돌려받는다. 자본주의에서는 이렇게 거래가 이루어진다. 그런데 한국에서는 전혀 엉뚱하게 이전 세입자가 새로 들어오는 세입자에게 권리금이라는 명목으로 돈을 받는다. 왜 이 권리금을 내야 하느냐고 하면 딱 두 가지 논리밖에 없다. '그동안 항상 이래왔다', '내가 들어올 때도 권리금을 냈다', '그러니까 나도 권리금을 받아야 한다'는 논리이다.

물론 세입자는 자기가 그 건물에서 나갈 때 권리금을 받지 못하면 엄청난 손해를 본다. 세입자가 잘못한 것도 없는데, 몇억 원이라는 돈을 날리게 된다. 세입자 측면에서는 굉장히 부조리한 것이 맞다. 하지만 건물주 측이 나쁘다고 할 수도 없다. 건물주는 자기가 돈을 받았는데 돌려주지 않는 것이 아니다. 건물주 입장에서는 자기가 본 적도 없는 돈을, 그것도 몇억 원이나 되는 돈을 돌려달라는 요구를 받는 것이다. 자본주의에서는 인정될 수 없는 사안이다. 그리고 사회주의라고 권리금이 일리가 있는 것도 아니다. 사회주의에서는 자본가들에게 착취를 하지 말라고 하는데, 이것은 다른 사람에게 정당한 몫을 주고 자기만 모든 것을 챙기지 말라는 뜻이지, 자기가 전혀 모르는 타인의 돈까지 대신해서 갚으라고까지 하지는 않는다.

한국의 권리금 제도는 자본주의도 아니고 사회주의도 아니다. 이상하게 발생한 한국의 관습일 뿐이다. 이 문제를 해결하는 것은 어렵다. 하지만 권리금으로 인해 발생하는 문제들이 자

본주의의 문제, 건물주의 문제라고 하면 곤란하다. 자본주의가
제대로 굴러갔다면 권리금 자체가 나올 수가 없다.

철거민 사태는
정말 자본주의 탓일까?

용산 사태의 주원인은 상인들의 권리금 문제였다. 건물 세입자가 철거되는 것에서 논의되는 것은 주로 상인들의 권리금 문제이다. 그런데 이런 상인들의 철거 말고 정말 그 동네 거주민들의 주택들이 철거되는 경우가 있다. 보통 지역 재개발을 위해서 철거된다. 지금 주택들이 워낙 오래되고 낡아서 동네를 완전히 허물고 새로 동네를 만든다. 오래된 주택들을 무너뜨리고 보통 새로운 아파트촌이 들어선다.

또 그동안 그린벨트 지역이었던 곳이 재정비되어 아파트촌이 들어서기도 한다. 세종시의 경우 그동안 논, 농가가 있던 지역이 신도시로 바뀐다. 이 과정에서 원래 있던 농가들은 철거된다. 그리고 이렇게 재개발 때문에 강제 철거되는 사람들이 시위를 한다. 경찰이나 용역들과 서로 대치를 하다가 종종 폭력사태가 벌어지기도 한다.

한국에서 이런 철거민 사태는 1970년대부터 발생했다. 사회적으로 큰 쟁점이 된 적도 많지만, 여전히 재개발을 하는 지역에서는 강제 철거 문제가 나타난다.

이런 거주민 강제 철거를 비난하는 사람들은 철거사태가 자본주의 때문에 발생하는 것이라고 비판한다. 자본주의는 이익만 추구하고, 가난한 사람들의 처지를 전혀 고려하지 않는다. 재개발을 하면 큰 이익을 얻을 수 있으니 사람들은 재개발을 추진한다. 그 과정에서 집에서 쫓겨나는 불쌍한 사람들을 고려하지 않는다. 강제 철거는 자본주의의 비인격적인 면을 보여주는 대표적인 사례이다.

그런데 정말로 강제 철거가 자본주의의 산물일까? 현대 자본주의 사회인 미국이나 영국 등에서 강제 철거가 크게 사회문제가 되는 것을 들어본 적이 있나? 오히려 지금 강제 철거로 인해서 시위, 폭력사태가 많이 발생하는 곳은 공산주의 국가인 중국이다. 중국은 이 재개발을 위한 강제 철거로 인해 전국에서 시위가 발생하고 있다.

혹시 지금 중국은 겉으로는 공산주의를 주장하지만 실제로는 자본주의 시장경제로 바뀌었기 때문에 강제 철거가 이루어진다고 생각할 수도 있다. 하지만 강제 철거라는 것은 사회 전체의 이익을 위해서 소수의 이익을 희생해도 된다는 사고방식에서 나온다. 재개발에 따르는 사회 전체의 이익이 워낙 크니, 주민들 몇 명이 희생되어도 된다는 사고방식이다. 이런 사고방식은 전형적으로 집단주의, 전제주의, 공산주의 국가의 사고방식이다. 중국은 사회 전체의 이익을 위해 소수의 이익을 침해해도 된다는 공산주의 이념이 있으므로 재개발 강제 철거가 마음대로 이루어지는 것이다. 재개발을 위한 강제 철거는 자본주의적이 아니라 사회주의적인 발상에서 나온다.

자본주의에서는 재개발 문제를 어떻게 해결할까? 자본주의에서는 당사자들 간의 계약이 우선이다. 재개발 문제도 계약으로 푼다. 어떤 지역을 재개발하려는 사람이 있다고 하자. 그러면 그 재개발 사업자는 지역 주민들과 협의를 한다. 그리고 주민들이 원하는 보상금을 주고 나가게 한다. 지역 주민들이 원하는 대로 해주어서 그 땅을 넘겨받아야 한다. 그러지 않으면 재개발을 할 수 없다.

100명의 거주자가 있는데 99명과는 협의했다. 보상금을 받고 나가기로 했다. 그런데 나머지 한 명이 협의를 해주지 않는다. 시가가 1억 정도 되는 땅에 100억을 달라는 터무니없는 보상금을 요구하며 나가지 않는다. 혹은 돈을 얼마를 주어도 자기는 이 땅을 팔지 않고 그냥 살 거라고 주장한다. 그러면 어떻게 해야 할까? 어쩔 수 없다. 100억을 주고서 그 땅을 사든지, 아니면 그 사람의 마음이 바뀌기를 기다리거나 나이가 들어 죽기를 기다릴 수밖에 없다. 그러면 상속자와 다시 협상한다. 결국, 모든 땅을 계약한 후에 사업을 시작할 수 있다. 이것이 자본주의적 해결 방안이다.

이렇게 자본주의적 원칙대로 해결하면 재개발로 인한 시위와 폭력사태가 일어날 수 없다. 모두가 다 약속하고 협의한 것이니 강제로 쫓아내는 문제가 발생할 수 없다. 자본주의 사회에서 재개발 시위가 잘 발생하지 않는 것은 이 때문이다.

그런데 이렇게 재개발을 하려고 하면 엄청난 비용이 소요된다. 우선 재개발 지역 주민들이 땅값을 더 높이 부른다. 원래는 1억 원짜리 땅이었는데, 재개발을 위해 사겠다고 하면 3억, 5억을 부른다. 심지어 그 지역이 재개발하려 한다는 것을 알고, 미리 땅을 사놓은 다음에 1억에 산 땅을 10억, 100억을 주지 않으면 안 팔겠다고 우기기도 한다. 소위 말하는 알박기이다.

또 이렇게 모든 주민과 협의를 한다면 엄청난 시간이 소요된다. 한 명만 반대해도 안 되고 주민 모두의 동의를 받아야 한다. 이 협상 과정은 몇 년이 걸릴지 모른다. 추진하고자 하는 사업이 언제 시작될지 감도 잡을 수 없다.

재개발 사업만이 아니라 정부가 추진하는 사업도 마찬가지이다. 세종시를 만들기로 하고 계획도 세웠다. 공사를 빨리해서 이전해야 하는데, 모든 주민과 개별적으로 계약을 다 마친 다음에 공사를 시작한다면 언제가 될지 모른다. 사회적 비효율이 너무 높다. 그래서 정부는 사업을 위해서 강제로 다른 사람의 땅과 집을 살 수 있는 수용권을 가진다. 수용권이 있으면 상대방이 땅을 안 팔겠다고 해도 강제로 구매한다. 그런데도 그 사람이 나가지 않겠다고 버티면 쫓아낼 수 있다.

물론 보상금은 준다. 하지만 그 보상금은 상대방이 달라고 하는 금액이 아니다. 정부가 정한 기준으로 보상금을 지급한다. 상대방이 그 가격에는 안 팔겠다고 아무리 주장해도 소용없다. 정부가 정한 기준에 따라 보상금을 지급하고 나가라고 한다.

민간 차원에서 이루어지는 재개발 사업도 마찬가지이다. 일정 비율 이상의 주민 동의를 받으면 나머지 주민들이 반대해도 강제로 사업을 진행할 수 있다. 쫓겨나는 주민들이 달라고 하는 돈을 주는 것이 아니라, 내부에서 일률적으로 정한 보상금을 지급한다. 그렇게 해서 빨리 정리하고, 재개발 사업을 시작할 수 있게 한다.

철거민 사태는 왜 발생하는가? 그 주민들은 나가지 않겠다고 하고, 정부나 재개발 사업자는 나가라고 하다가 서로 충돌이 나서 발생한다. 그런데 왜 그 주민들은 나가지 않겠다고 하나? 주변이 어떻게 되든 나는 그냥 여기서 지금 이대로 살고 싶다고 주장해서 나가지 않겠다고 하는 사람은 거의 없다. 나 하나 때문에 마을 전체가 재개발이 안 돼도 상관없으니, 나는 그냥 지금 이대로 살고 싶다고 해서 나가지 않는 사람은 없다. 그 정도로 사회적 이익을 생각하지 않고 이기적으로 행동하는 사람은 드물다.

문제는 보상금의 크기이다. 지금 있는 곳에서 나가야 한다면 주변 지역에서 살아갈 수 있는 보상금을 주어야 한다. 하지만 그만한 보상금이 주어지지 않는다. 내가 필요한 금액을 주는 것이 아니라 정부가 정한 금액, 사업자가 정한 금액을 준다. 이 금액만 가지고 동네를 떠나면 지금의 생활 수준도 유지할 수 없다. 노인들 같이 직업이 없는 사람 같은 경우에는 곧 노숙자가 될 수도 있다. 그러니 철거민들은 적은 보상금을 받고 동네를 떠날 수 없다. 그렇게 버티다가 충돌과 폭력사태가 발생하게 된다.

이 문제는 자본주의이기 때문에 발생하는 것일까, 자본주의가 아니기 때문에 발생하는 것일까? 원래 자본주의는 개인의 사유재산권이 절대적이라고 본다. 어떤 이유가 있다 하더라도 정부는 개인의 사유재산을 침해하지 못한다. 개인이 싫다는데 억지로 사유재산을 내놓으라고 하고, 그 가격을 마음대로 정하지 못하는 것이 자본주의이다. 자본주의에서는 서로 간의 계약으로 문제를 해결한다. 철거민들이 요구하는 금액을 협상하고, 서로 협의가 되었을 때 나가라고 할 수 있지, 협의가 안 되었는데 일방적으로 나가라고 할 수 없다. 자본주의에서는 철거민들의 시위가 심각하게 나타날 수 없다.

철거민 사태는 협의하지 않았는데도 쫓아낼 수 있게 하는 제도 때문에 발생한다. 협의로 보상금을 정하지 않고 사업자가 일률적으로 정한 보상금을 지급하기 때문에 발생한다. 사람들의 사정에 따라 보상금 협의가 이뤄지지 않고, 모두가 다 똑같은 보상금을 받아야 한다는 원칙 때문에 분쟁이 발생한다. 개개인의 재산권보다는 사업 전체가 빨리 진행되는 것을 바라기 때문이다. 이것은 자본주의적인 방안이 아니다. 철거민 문제는 비자본주의적으로 사업이 빨리 시작되기만을 추구하기 때문에 나타나는 문제이다.

세월호는 왜
무리한 과적을 했을까?

2014년 4월 16일, 세월호가 진도 앞바다에서 침몰했다. 세월호가 침몰한 지 상당한 시간이 흘렀지만, 여전히 우리 사회에서 세월호의 상처는 아물지 않았다. 세월호는 아직도 인양되지 않은 채 바닷속에 가라앉아 있고, 광화문 광장에서는 세월호의 진상규명을 요구하며 농성 중인 텐트들이 늘어서 있다.

세월호가 침몰하고, 또 세월호에 승선하고 있던 삼백여 명의 사람들이 사망한 사건은 현재 한국 사회의 문제들이 집합적으로 나타난 것으로 평가되고 있다. 세월호의 침몰은 안전 관리의 부재뿐만 아니라 제도적 문제, 관리 감독의 문제, 회사의 이기적 행태, 선장과 선원의 무책임한 행동 등이 뒤엉켜서 나타난 재난이다.

세월호 침몰에 대해서는 아직 그 배경에 대해 여러 가지 원인이 거론되고 있지만, 분명한 것은 세월호 침몰의 직접적인 원인은 바로 화물 과적이라는 점이다. 원래 세월호가 실을 수 있는 화물의 중량은 987톤이었다. 하지만 세월호는 사고 당시에

2,215톤의 화물을 싣고 있었다. 원래 실을 수 있는 양보다 무려 두 배가 넘는 화물을 싣고 운항 중이었다. 다른 여러 가지 원인도 있었지만, 화물 과적만 아니었다면 세월호는 그 날 침몰까지는 하지 않았을 것이다. 무리한 화물 과적 때문에 세월호는 침몰했다.

그러면 세월호는 왜 이렇게까지 화물을 많이 실었을까? 그것은 세월호를 운항하는 청해진 해운이 돈을 벌기 위해서이다. 배에 화물을 실으면 그만큼 운송비를 벌 수 있다. 규정에는 987톤만 실을 수 있다고 되어 있는데 이만큼만 실으면 운송 수익도 딱 그만큼이다. 하지만 규정보다 두 배를 실으면 운송 수익도 두 배가 된다. 그래서 청해진해운은 항상 규정보다 짐을 더 싣는 과적을 했다.

과적을 어쩌다 한번 하는 것이 아니라 항상 하다 보니 과적도 완전히 제도화되었다. 배의 하부에서 균형을 잡는 평형수의 양을 줄여서 흘수선을 속이고, 서류를 조작하는 일이 일반적으로 일어났다. 배의 과적 행위를 감시해야 하는 감독기관도 이런 행태에 대해 아무런 조치를 하지 않았다. 청해진해운, 감독기관, 관련 업체 등이 모두 한마음 한뜻으로 과적을 하고 이를 방치했다. 그래서 세월호 사건으로 청해진해운만 처벌받은 것이 아니라 감독기관들도 처벌을 받았다.

청해진해운은 배의 안전보다 이익만을 우선시했다. 짐을 많이 실었을 때 배가 위험해지는지는 상관하지 않고, 규정보다 훨씬 더 많은 짐을 실었다. 그리고 감독기관 등에 뇌물을 주고 로비를 해서 이런 불법 행위를 무마했다. 세월호 사건은 돈만 벌려는 회사의 이기적 행태 때문에 벌어진 일이다. 사회 안전을 생각하지 않고 회사 이익만 챙기는 자본주의의 부작용 때문에 발생한 대표적 사건이 세월호 침몰이다.

그런데 이상한 점이 있다. 세월호는 규정보다 두 배나 많은 과적을 했다. 어쩌다 한번이 아니라 항상 과적했고, 다른 배들도 과적을 해왔다. 그러면 원래 청해진해운이 벌 수 있었던 수익보다 훨씬 더 많은 이익을 얻어왔다는 것이다. 이렇게 과적을 일상적으로 했으면 청해진해운은 큰 수익을 올렸어야 했다. 그런데 청해진은 적자였다. 1~2억도 아니고 몇백억 단위의 적자를 내고 있었다. 규정보다 훨씬 더 많은 짐을 실었고, 따라서 운영 수익도 훨씬 더 많았을 텐데 어떻게 회사는 적자였을까?

세월호가 회계조작을 해서 분식회계를 했기 때문에 적자가 된 것일까? 세월호가 분식회계를 하기는 했다. 비자금을 조성하고 돈을 빼돌리기 위해서 분식회계를 했다. 하지만 그렇다고 그렇게 어마어마한 적자가 나오도록 분식회계를 하지는 않았다. 원래 분식회계를 하는 목적은 보통 두 가지이다. 회사의 이익이 너무 크게 나올 때 이익 규모를 줄이는 것이다. 이익이 많으면 세금도 많이 낸다. 이익에 대한 세금을 줄이기 위해 이익 규모를 줄이는 분식회계를 하곤 한다. 하지만 이익을 줄인다고 해서 흑자인 회사를 적자로 만들지는 않는다. 회사가 재무제표상 적자가 되면 많은 불이익을 받는다. 은행에서 대출을 안 해주고, 기존 대출금에 대해서도 갚으라는 독촉이 들어온다. 새로

자금을 유치하는 것이 불가능해지고, 정부 사업 등에 대해서도 신청할 수 없게 된다. 상장회사라면 계속 적자가 나면 상장폐지가 된다. 그래서 회사는 적자 규모를 줄이고, 적자를 흑자로 바꾸기 위해 분식회계를 한다. 회사는 흑자 규모를 줄이거나 적자 규모를 줄이기 위해 분식회계를 하는 것이지 적자를 더 크게 하려고 분식회계를 하지는 않는다. 어쩌다 한번 특수한 사정이 있을 때 적자를 크게 하는 경우가 있기는 하지만, 해마다 적자로 만들지는 않는다. 청해진 해운은 계속해서 연 7~8억 대의 적자를 냈는데, 분식회계를 안 했으면 이 적자 규모는 더 커졌을 것이다. 이익이 났는데 계속해서 연 7~8억 규모의 적자로 바꾸는 분식회계는 없다.

세월호, 그리고 청해진 해운이 적자였던 이유, 과적을 일상적으로 했던 이유는 요금 체계 때문이었다. 한국에서 운송 요금은 회사가 마음대로 정할 수 없다. 운송 요금은 정부의 인가 사항이다. 정부가 이 정도 요금으로 받으라는 지침에 의해서 요금이 정해진다. 버스 요금, 지하철 요금, 택시 요금 등은 모두 정부가 정한다. 버스 회사, 지하철 회사, 택시 회사가 적자를 본다 하더라도 요금을 올릴 수 없다. 그리고 배도 마찬가지이다. 세월호가 운항한 인천에서 제주까지의 뱃삯은 청해진이 정한 것이 아니다. 정부가 정한 것이다.

그런데 정부는 운송 요금을 정할 때 운송회사의 비용보다는 일반 물가 수준, 그 운송 수단을 이용하는 사람들의 소득 수준 등을 고려한다. 택시 같은 경우는 그래도 택시 요금만으로 택시 회사가 수익을 낼 수 있지만, 지하철 같은 경우는 지하철 요금만으로는 수익을 내지 못한다. 하지만 시민의 발이라 할 수 있는 지하철 요금이 비싸면 안 되기 때문에 원가보다 낮은 요금을 받도록 하고 있다.

배의 경우에도 마찬가지이다. 배는 보통 섬 지역 주민들의 교통수단이다. 일반적으로 섬 지역 주민은 도시 주민보다 소득이 더 낮다. 그래서 배의 요금은 원래 원가보다 훨씬 더 낮은 수준으로 책정한다. 일반적으로 섬 지역 주민들이 배를 이용하는데 뱃삯이 부담되지 않도록 하기 위해서이다.

청해진해운이 계속 적자일 수밖에 없던 이유는 사실 바로 이런 이유 때문이었다. 정부가 정해주는 요금이 낮았기 때문에 아무리 손님을 많이 받아도 적자에서 벗어날 수 없었다. 화물도 규정된 양만 채우면 적자가 난다. 그래서 청해진해운은 계속해서 화물을 과적했다. 그래야만 적자가 감소하는 시스템이다.

사실 청해진해운만이 아니라 감독기관, 항만 관리기관이 모두 세월호의 과적에 대해서 철저하게 감시·감독하지 않은 이유도 이런 제도적 이유 때문이라 할 수 있다. 기존의 요금 체계로는 세월호, 청해진해운이 이익을 낼 수 없다고 관련자들은 모두 알고 있었다. 이런 상황에서 엄격하게 과적 여부를 통제하고 적발할 수는 없다. 회사도, 감독기관도, 항만 관리기관도 체계적으로 청해진해운의 과적 행위를 용인해주었다.

세월호가 침몰한 뒤 청해진해운은 망한다. 청해진해운은 인천과 제주를 연결하는 유일한 해운 회사였다. 청해진해운이 망하면서 인천과 제주를 잇는 뱃길도 끊긴다. 인천 - 제주를 운항하는 배가 없으면 곤란하기 때문에 정부는 새로운 해운 회사를 선정하려 했다. 하지만 28개월 동안 이 노선에 들어오려는 해운회사가 없었다. 여객 운송으로 정말로 해운 회사가 돈을 벌 수 있다면, 기존 사업자가 퇴출당한 이런 좋은 기회를 다른 회사들이 놓칠 리가 없다. 하지만 아무도 사업 신청을 하지 않았다. 기존 정부의 요금 체계만으로는 절대 수익을 올릴 수 없다. 과적을 해야만 적자가 보전된다. 하지만 세월호 사건으로 더는 과적을 하기는 힘든 상황이 되어 버렸고, 그래서 인천 - 제주 노선에 새로 뛰어드는 사업자를 찾기가 어렵게 되었다.

세월호는 회사가 자기 이익을 챙기려 하다가 발생한 사건이 맞다. 회사가 자기 이익을 늘리기 위해 화물을 엄청나게 과적을 했다. 그런데 만약 해운 운송 요금에 자본주의 논리가 그대로 적용되었다면, 청해진해운이 이런 식으로 과적했을까? 과적하지 않고 규정대로만 해도 이익을 낼 수 있었다면 이렇게 무지막지하게 과적을 했을까? 워낙 청해진해운이 나쁜 회사라 비용보다 더 높은 요금 체계가 있었다 하더라도 과적을 했을 수 있다. 그러면 그때도 감독기관이나 항만 관리기관이 그 과적을 용인하고 묵인했을까?

세월호 침몰의 직접적인 원인은 화물 과적이었다. 그리고 해운 운송에 자본주의의 요금 체계가 적용되었다면 화물 과적이 제도화되고 일상화되지는 않았을 것이다. 운송 요금을 제대로 했다면 제주도 주민들이 부담해야 하는 뱃삯은 늘어났을 것이다. 하지만 세월호 사태는 발생하지 않았을 것이다. 자본주의 원리를 무시하여 원가보다 지나치게 낮은 요금을 규정하고, 규정대로 하면 절대 이익이 날 수 없는 시스템을 만든 것이 세월호 침몰 배경 중 하나다.

그 많은 산업재해는
자본주의 때문일까?

　　서초동 삼성단지 앞에는 삼성전자 반도체 공장에서 일하다가 백혈병으로 사망한 사람들의 가족이 계속해서 시위를 하고 있다. 2013년에는 롯데월드 타워 건설현장에서 인부 몇 명이 사망하는 사고가 발생해서 문제가 되기도 했다. 한국에서 공장, 건설 현장에서 일하다가 죽거나 다치는 사람은 매우 많다. 2014년 한 해에만 우리나라에서 산업재해로 목숨을 잃은 사람들이 1,850명이나 된다.

　　보통은 산업재해로 죽거나 다쳤다고 하면 반도체와 같은 화학약품, 공장 기계를 돌리다가 어쩔 수 없이 사고가 나는 경우를 많이 생각한다. 하지만 실제 우리나라에서 산업재해로 인한 사망자 중 20%는 추락사이다. 높은 곳에서 떨어져서 죽는 경우다. 그런데 추락사는 안전장치만 잘 운용하면 충분히 예방할 수 있다. 안전띠를 잘 매고, 안전 고리를 계속 걸고 작업하기만 해도 추락사는 막을 수 있다. 그런데 한국에서는 이런 기본적인 안전 수칙도 잘 지키지 않아 매년 몇백 명이 산업재해로 사망한다. 그리고 이렇게 산업재해로 죽거나 다친 사람들에게 지급되는 보상금도 낮다. 산업재해로 죽거나 다친 사람들은 보통 집안의 가장들이다. 따라서 가장을 잃은 가족들은 매우 어려운 사정에 빠진다. 한국의 산업재해는 본인뿐만 아니라 한 가정 전체를 망치는 문제이다.

많은 사람들은 이렇게 한국에 산업재해가 잦고, 보상이 적은 이유를 자본주의 때문으로 본다. 회사는 더 높은 이익을 추구하는 데 바쁘다 보니 근로자들의 안전을 별로 고려하지 않는다. 안전 수칙을 지키다가 작업 일정이 미뤄지는 것을 싫어한다. 그래서 근로자들을 재촉하고 안전보다 일, 일 하다 보니 사고가 일어난다. 사실 한국에서는 일하다가 어느 정도 사고가 일어나는 것을 용인하고 있다. 몇천억 공사를 하다가 몇 명 정도 사망하는 것은 어쩔 수 없는 것, 필요악으로 발생하는 사건 정도로 생각한다. 한국 회사들은 근로자의 안전보다 회사의 업무가 제대로 진행되는 것을 더 중요하게 생각하고, 그러다 보니 산업재해는 필연적으로 발생하게 된다. 또 산업재해가 발생했을 때 근로자에게 주는 보상금도 최소로 한다. 그래야 기업의 이익이 많아지기 때문이다. 한국의 산업재해는 자본주의 체제에서 회사가 자기 이익만 추구하다 보니 나온 부작용이다.

그런데 정말 산업재해가 많고, 근로자들에게 산업재해 보상이 적게 주어지는 문제가 자본주의의 문제라면, 자본주의가 발달한 서구, 미국 같은 경우는 산업재해가 더 많이 일어나야 한다. 회사의 이익을 갉아먹는 산업재해 보상금은 한국보다 더 적어야 한다. 하지만 자본주의 선진국들은 산업재해가 한국만큼 많이 발생하지 않는다. 서구 선진국들은 산업재해로 인한 사망자가 평균 10만 명 당 2.6명 수준이다. 근로자가 산업재해를 당했을 때 주어지는 보상금도 훨씬 더 많다.

우리나라의 조선업의 경우에 큰 배를 만들다가 근로자들이 다치고 사망까지 하면 그것 때문에 전체 일정이 멈춰지는 일은 없다. 전체 일정이 멈춰지면 손해가 어마어마하다. 하지만 유럽 S 선사는 사고가 나면 공정이 올 스톱된다. S 선사는 일정이 미뤄지는 것보다 사고가 나지 않는 것을 더 중요하게 여긴다. 안전 수칙을 지키다가 늦어지는 것은 상관없다. 오히려 안전 수칙을 제대로 지키지 않으면 바로 해고할 정도로 안전 문제에 민감하다. 한국보다 훨씬 더 자본주의적인 회사인데, 오히려 안전에 더 민감하고 근로자들을 보호하려고 한다. 그 이유는 별다른 게 아니다. 산업재해가 발생했을 때, 근로자의 사망 사고가 발생했을 때 회사가 치러야 하는 비용과 근로자에게 줘야하는 보상금이 크기 때문이다. 그래서 근로자의 안전을 지키는 것이 회사의 이익에 굉장히 중요하다.

자본주의는 권력자, 대기업, 회사, 사장이 돈을 굉장히 좋아하고 이익을 무엇보다 중요시하는 시스템이 아니다. 권력자, 대기업, 회사, 사장이 돈을 무엇보다 중요하게 생각하는 것은 자본주의가 아니었을 때도 마찬가지였다. 인류 역사상 이들은 언제나 돈과 이익을 중요시했다. 자본주의이든, 봉건주의이든, 왕정이든, 사회주의이든, 민주주의이든, 독재주의이든, 이들은 언제나 항상 돈과 이익을 중요하게 생각했다. 자본주의는 단순히 이들이 돈을 중요하게 생각한다는 것은 아니다.

자본주의는 귀족만이 아니라 일반 국민의 재산과 이익도 중요하다고 본다는 점에서 이전의 귀족주의와 다르다. 귀족주의에서는 귀족의 이익만 추구했다. 일반 국민의 이익은 관심 대상이 아니었다. 귀족의 이익만 중요하기 때문에 국민을 수탈하고 착취해도 괜찮았다. 사회에서 중요한 것은 귀족의 이익이지 국민의 이익이 아니었다. 그것이 귀족주의이다.

한국 양반 사회에서도 양반들의 이익이 중요했다. 지체 높은 양반들은 일반 백성들을 착취할 수 있었다. 그래도 아무 문제 되지 않았다. 전통사회에서 돈을 중요시하지 않은 것은 아니다. 전통사회에서는 귀족과 양반들, 정부의 허가를 받은 큰 기업들의 이익만 중요시했다. 이들의 이익만 극대화하려 한 것이 자본주의 이전 시대의 특징이다.

자본주의는 돈과 이익을 중요시한다. 그런데 귀족, 양반만이 아니라 일반 국민의 이익도 중요하게 여긴다. 귀족사회에서는 귀족이 국민의 이익과 상관없이 자기 이익을 추구할 수 있었다. 하지만 자본주의 사회에서는 그게 안 된다. 국민의 이익을 희생해서 귀족이 자기 이익을 추구할 수 없었다. 귀족사회에서는 국민들이 동의하건 말건, 허락하건 말건 자기 마음대로 재산 배분을 할 수 있었다. 하지만 자본주의 사회에서는 국민들이 그 배분에 동의해야 했다. 국민들도 자기 이익을 극대화하려 했기 때문에 자기들 이익에 도움이 되지 않으면 'No'라고 말할 수 있게 되었다. 자본주의가 근대 사회 발전과 맥락을 같이 하는 것은 바로 그 때문이다. 자본주의는 돈과 이익을 중요시하기는 하는데, 국가, 귀족, 회사의 이익만이 아니라 그 상대방인 국민들의 이익도 중요하게 여긴다.

한국에서 기업들이 산업재해에 그렇게 신경을 쓰지 않는 이유는 치르는 비용이 적기 때문이다. 한국에서는 산업재해가 발생했을 때 그 보상금이 얼마인지 정해져 있다. 그리고 보상금액수가 크지 않다. 사망자의 가족이 살아가는 데 필요한 돈은 그 금액으로는 어림도 없다. 남아있는 가족들이 앞으로 먹고살기 힘들다 해도 상관없다. 이미 정해진 보상금만 지급하면 기업의 책임은 끝난다. 다쳤을 때도 마찬가지이다. 기업은 정해진 규정에 따라 보상금만 지급하면 된다. 사고를 입은 근로자가 그 금액으로는 안 된다고 더 달라고 해도 소용없다. 그래서 근로자가 안전사고로 사망하거나 크게 다쳤다고 해서 기업이 망하거나 하는 사태는 발생하지 않는다. 기업의 이익이 많이 감소하는 일도 발생하지 않는다. 기업 측에서는 산업재해가 발생했을 때 손실을 보기는 하지만 그렇게 큰 손실까지는 아니다. 산업재해가 발생해도 일을 더 빨리 진행하는 것이 기업 이익에 더 낫다.

이것이 자본주의 시스템인가? 그렇지 않다. 자본주의 시스템은 기업도 자기 이익을 추구하지만, 근로자도 자기 이익을 추구한다. 근로자도 자기 이익을 위해서 최선을 다한다. 근로자 자신이 동의하지 않은 보상액을 받고 끝내는 일은 없다. 사망한 근로자의 가족들, 그리고 다친 근로자들은 자기 이익을 극대화하기 위해 회사와 싸울 수 있다. 그것이 법적으로 보장되어 있고 이를 통해 큰 보상금을 받을 수 있다.

회사 자체에서 그 업무가 위험하다는 것을 잘 알고 있음에도 안전 수칙을 준수하지 않아 사고가 났다면 더 큰 문제다. 그러면 근로자는 징벌적 손해배상까지 청구할 수 있다. 근로자는 몸은 다쳤지만 몇십억, 몇백억 부자가 될 수도 있다. 그럴 가능성이 있는 것이 자본주의에서의 보상 체계이다.

하지만 한국은 근로자들이 자기 이익을 극대화하기 위하여 싸울 수 없다. 정해진 보상금만 받을 수 있을 뿐 아무리 싸워도 그 이상을 받을 수 없다. 근로자 자신이 동의하지 않은 적은 규모의 보상금만 받고 물러나야 한다. 아무리 부당해도 몇백억의 보상금을 받는 것은 불가능하다. 이것은 자본주의적 보상 시스템이 아니다.

근로자들이 사망하거나 부상당했을 때 회사가 엄청난 금액을 배상해야 한다고 하자. 그리고 회사가 안전 문제에 소홀히 했을 때 배상금으로 회사가 망할 수도 있다고 하자. 그래도 한국에서 이렇게 산업재해가 많이 일어날까? 간단한 안전 수칙만 엄격히 지켜도 막을 수 있는 추락사가 연간 360여 건이나 발생할 수 있을까? 한국의 산업재해가 많은 원인은 자본주의 때문이 아니다. 근로자들도 자기 이익을 극대화할 수 있어야 하는 자본주의가 제대로 적용되지 않기에 나타나는 문제이다.

한국판 블랙 컨슈머는
자본주의적 현상일까?

한국 자본주의에서 문젯거리로 등장하는 것은 재벌이나 욕심 많은 사업가만이 아니다. 자기 욕심만 차리는 소비자들도 문제가 된다. 소위 블랙 컨슈머Black Consumer라고 하는 사람들이다. 블랙 컨슈머들은 상품을 산 다음에 고의적으로 그 상품에 대한 문제를 제기한다. 제품을 일부러 고장내고 제품이 잘못되었다면서 보상금을 요구한다. 음식물에 일부러 이물질을 넣고 그에 대한 보상금을 요구하기도 한다.

그 방법도 다양하다. 제과점에서 산 빵에서 죽은 쥐가 나왔다고 신고한 적도 있고, 카스테라를 샀는데 달걀 껍데기가 들어있었다고 하면서 보상금을 받은 경우도 있다. 음식점에서 식사를 한 다음에 배탈이 났다고 주장하면서 보상금을 요구하는 경우도 많이 있다. 또 옷집에서 옷을 사고 한 계절을 입은 다음에 옷이 마음에 안 든다고 반품하는 경우도 있다. 옷가게 주인은 구매자가 옷을 계속 입다가 부당하게 반품을 한다는 것을 알지만, 구매자가 악의적인 소문을 퍼뜨려 문제가 될까 봐 알면서도 환불해준다.

예약한 다음에 나타나지 않는 노 쇼No Show도 일종의 블랙 컨슈머이다. 삼겹살 식당에 스무 명 정도 예약을 하면 그 가게는 삼겹살, 반찬을 미리 준비하고 자리도 세팅한다. 그렇게 준비가 되어 있는 상태에서 예약 손님이 나타나지 않으면 음식점 주인은 큰 손해를 본다. 준비한 음식들을 사용하지 못하고 버리게 되는 손해도 있고, 자리를 비워놓느라 다른 손님을 받지 못하는 손해도 있다. 예약하고 취소한 사람은 자기가 음식점에 이런 손실을 끼치고 있다는 것을 잘 알지도 못한다. 음식점에 예약을 하고 나타나지 않는 경우가 평균 20%가 넘는다.

꼭 이렇게 사업자에게 재산상의 손실을 주지는 않더라도 인격적으로 모독하는 사례도 있다. 2014년에는 부천의 한 백화점에서 손님이 주차를 담당하는 아르바이트생의 뺨을 때리고 무릎을 꿇게 했다. 백화점 VIP 멤버십 고객인 자기를 몰라보고 차를 빼라고 계속 요구하는 아르바이트생에게 무릎을 꿇려 사과하게 했다. 또 2015년 인천의 한 백화점에서도 손님이 백화점 직원에게 무릎을 꿇게 했다. 구입한지 3년이 넘어서 이미 단종된 제품을 무상으로 수리해달라고 요구했고, 직원이 불가능하다고 하자 폭언을 퍼부었다. 이 손님은 무상 수리를 요구하고 백화점 상품권을 보상으로 달라고 요구했다. 결국, 매장 직원이 무릎을 꿇고 사과하게 했다.

손님인 소비자가 사업자나 직원에게 갑질을 한다. 손님인 자기는 왕이기 때문에 물건을 파는 직원은 자기 요구를 들어줘야 한다고 생각한다. 손님이 직원보다 훨씬 더 우월한 존재이고, 그러므로 판매자, 직원들은 손님을 우러러 복종해야 한다.

이런 블랙 컨슈머들은 돈이면 다 되는 자본주의의 병폐로 본다. 돈을 내기만 하면 자기의 어떤 요구라도 들어주어야 한다는 갑질은 돈을 최고로 생각하는 자본주의 사회의 부작용이다. 그런데 정말로 블랙 컨슈머가 자본주의적 사고방식에서 나오는 것일까?

생판 모르는 사람에게 무릎을 꿇게 하고, 뺨을 때리고, 자기 말을 무조건 들어야 한다고 고집부리는 것, 이것이 자본주의에서 많이 발생하는 일일까? 아니면 전통적인 귀족사회나 양반사회, 즉 신분사회에서 발생하는 일일까?

신분사회에서 귀족은 평민에게 절대복종을 요구했다. 자기와 아무 이해관계도 없고, 처음 보는 사람이라 하더라도 평민은 귀족을 존경해야 한다. 귀족이 무언가를 요구하면 평민은 그에 따라야만 했다. 조선 시대에 양반들은 금강산을 여행할 때 금강산 주변의 농민들을 강제로 끌어냈다. 농민들에게 양반들이 탄 가마를 들게 하고 금강산 유람을 다녔다. 말을 듣지 않는 농민을 때리거나 가두기도 했다. 그래서 금강산 주변 지역 주민들은 양반 유람객이 나타나면 숨거나 도망 다니곤 했다. 양반들은 양반이라는 이유로 평민들에게 이래라저래라 할 수 있었다. 일본은 사무라이가 절대적으로 높은 위치를 차지하는 신분사회였다. 사무라이는 자기를 모욕하는 평민에게 바로 칼을 휘두를 수 있었다. 일본의 평민들은 목숨을 걸고 사무라이들에게 존경을 표시하고, 사무라이들에게 복종해야 했다.

그러면 자본주의 사회는 어땠을까? 자본주의 사회에서는 돈을 내는 사람이 돈을 받는 사람에게 절대복종을 요구하나? 돈을 받는 사람은 돈을 내는 사람에게 무조건 고개를 숙여야 하고, 돈을 내는 사람이 하는 말은 다 들어주어야 하나? 그렇지 않다. 자본주의는 돈이 오가는 관계다. 그런데 돈이 오갈 때 그냥 오가는 것이 아니다. 계약에 따라서 돈이 오간다. 돈을 지불하고 그에 따라 상품이나 서비스를 제공한다는 계약이다. 소비자가 돈을 내면 판매자는 상품이나 서비스를 제공할 의무를 진다. 판매자는 상품과 서비스를 제공하면 그뿐이다. 판매자가 소비자한테 복종해야 하고, 친절해야 하고, 구매자의 비위를 꼭 맞춰야 할 필요는 없는 것이다.

한국 사람, 그리고 일본 사람들이 미국이나 유럽에서 지내다 보면 꼭 불평하는 게 하나 있다. 미국이나 유럽 사람들은 손님에게 친절하지 않다. 손님이 요구하는데 바로 움직이지도 않는다. 인터넷 서비스 가입신청을 예로 들면, 한국에서는 고객이 설치를 요청하면 득달같이 찾아온다. 하지만 미국과 유럽에서는 고객이 급하다고 해도 도대체 빨리 움직일 생각을 안 한다. 자기가 할 거 다 하고, 쉴 거 다 쉬고 시간이 남으면 온다. 음식점 직원들도 친절하지 않다. 뭔가 불만을 제기하면 한국의 직원들처럼 정말 죄송하다는 표정으로 사과하는 게 아니라 사무적으로 대한다. 오히려 큰소리를 치면서 자기가 불쾌하다는 이미지를 팍팍 풍기기도 한다. 손님에게 절대적으로 복종하는 점원은 자본주의가 발달한 미국, 유럽에서는 찾아보기 힘들다. 오히려 한국에서 직원들이 손님에게 간이라도 빼줄 듯이 친절하게 웃는다.

자본주의에서 음식점과 손님 간 거래는 계약관계이다. 손님이 돈을 내면 음식점은 그에 따라 음식을 제공하면 된다. 그러면 계약관계가 완성되고, 각자의 권리와 의무가 완성된다. 종업원이 손님에게 친절해야 할 이유도 없고, 웃어야 할 이유도 없다. 자기가 기분이 좋으면 웃는 것이고, 자기가 기분이 안 좋으면 찡그린다. 어쨌든 종업원으로서 음식을 제공하면 되는 것이지 웃음을 팔 이유는 없다.

하지만 한국에서는 그렇지 않다. 종업원이 손님에게 불친절하면 난리가 난다. 손님이 종업원에게 요구한 것을 바로 들어주지 않아도 큰소리가 난다. 종업원이 손님에게 큰소리를 치면 바로 인터넷에 악담이 올라간다. 그러면 네티즌들은 이렇게 불친절한 가게는 망해야 한다고 하고, 개념 없는 종업원을 비난한다. 종업원이 손님이 요구한 상품과 서비스를 다 제공해도 이런 비난은 가시지 않는다. 종업원은 손님을 존경해야 하고 친절해야 하는 것이다. 자기 의견이 맞는지 부당한지는 중요하지 않다. 종업원은 손님에게 무조건 복종을 하고 따라야 한다. 이것은 자본주의에서의 손님과 종업원 관계가 아니다. 이것은 손님을 귀족이나 양반, 종업원은 평민이나 노예로 보았을 때 나타나는 관계이다. 손님은 귀족, 양반, 주인이고, 종업원은 평민, 노예라는 신분일 때 손님은 이런 식으로 행동할 수 있다. 평민과 노예는 귀족, 양반에게 무한한 복종을 바쳐야 하는 것이다.

자본주의는 돈으로 맺어진 계약이다. 신분이 서로 같으므로 손님과 종업원은 서로 대등한 일대일 관계이다. 물론 자본주의 서구에서도 '손님은 왕이다'라는 캐치 프라이드가 있다. 하지만 이것은 어디까지나 사업자 측이 그만큼 손님들을 위해서 서비스를 하자는 취지이다. 사업자가 손님을 왕으로 생각하고 좀 더 서비스를 잘하자는 이야기이다. 그런데 한국에서는 '손님이 왕이다'라는 말을 사업자보다는 손님이 더 잘 사용한다. 손님이 '나는 왕이다. 그러니까 종업원인 너는 나를 왕으로 대접해야 한다'라면서 '손님은 왕이다'라는 말을 쓴다. 손님이 자신을 스스로 왕으로 생각하지 않으면, 종업원의 뺨을 때리고 무릎을 꿇게 만드는 일은 벌어지지 않는다. 음식점에 예약하고서도 가지 않는 것을 당연하게 생각하지도 않는다. 상호 대등한 계약이라면 이런 것을 아무렇지 않게 생각할 수 없다. 하지만 신분사회에서라면 이런 것들은 당연한 일이다. '나는 왕이니 내 맘대로 행동해도 된다'라고 할 때 종업원을 무릎 꿇게 해도 되고, 예약하고 아무렇지도 않게 노 쇼를 해도 되는 것이다. 그렇게 해도 감히 평민인 종업원이 귀족, 양반인 나에게 불평할 수 없다.

손님이 자기를 왕으로 생각하는 블랙 컨슈머는 계약을 기반으로 하는 자본주의의 사고방식에서 나오는 것이 아니다. 자기를 종업원, 사업자보다 더 귀중한 존재로 생각하는 신분사회의 사고방식에서 나오는 것이다. 진정한 자본주의에서는 종업원에게 갑질하는 블랙 컨슈머는 나올 수 없다.

Part 6

한국 경제는 자본주의적일까?

한국의 민영화는
자본주의적일까?

　　자본주의, 자본주의 중에서 신자유주의를 대표하는 것이 바로 민영화이다. 신자유주의는 1980년대 영국, 미국에서 시작된 자본주의 운동이라 할 수 있다. 영국의 대처Margaret Hilda Thatcher 수상, 미국의 레이건Ronald Wilson Reagan 대통령이 이때 새로 취임을 했고, 이후 신자유주의를 일으킨다. 신자유주의는 정부 기업의 민영화, 경쟁 도입 등을 주축으로 했다. 복지 예산을 감축했고, 또 레이건은 공급주의 경제학의 논리를 받아들여 부자들에 대한 세금을 감소시켰다. 이 신자유주의는 세계에 퍼져 나갔고, 한국은 1997년 김대중이 대통령이 되면서 많이 받아들이게 되었다.

　지금 자본주의를 비판하는 사람들은 1980년대의 신자유주의가 현대 자본주의의 비극이라고 말을 하곤 한다. 1980년대 신자유주의가 시작되면서 빈부 격차는 증가하기 시작했다. 1960년대, 1970년대에는 빈부 격차가 계속해서 감소했는데 1980년대 신자유주의 정책으로 빈부 격차가 다시 증가하는 추세로 바뛰었다. 그리고 이 추세는 지금까지 계속되고 있다. 또 전면적인 경쟁 도입, 말 많고 탈 많은 민영화가 신자유주의로부터 시작되었다. 신자유주의는 자본주의를 악화시키고 사회를 어렵게 한 원흉이다.

그런데 신자유주의를 비판하기 전에 미리 알아 두어야 할 것이 있다. 그 말 많고 탈 많은 신자유주의가 왜 1980년대에 도입이 되었을까? 1970년대는 20세기 들어서서 빈부 격차가 가장 작은 시대였다. 그런데 왜 그 좋은 1970년대를 뒤로 하고, 1980년대에 신자유주의가 도입되었을까? 신자유주의는 영국과 미국에서 시작되었지만, 곧 전 세계적으로 퍼진다. 현대 자본주의의 원흉이라는 신자유주의를 왜 전 세계 다른 나라들이 받아들였을까?

자본주의를 반대하는 사람들은 1970년대가 빈부 격차가 가장 적었다고 해서 이상적인 사회인 것처럼 말한다. 하지만 1970년대는 불황의 시대였다. 자본주의의 위기라고 할 만큼 전 세계는 장기적인 불황에 빠져들었다. 1973년에는 석유 가격이 세 배 이상 폭등하는 석유파동이 있었다.

1978년에는 석유 가격이 또 폭등하는 2차 석유파동이 있었다. 석유 가격이 오르면서 불황뿐만 아니라 물가까지 치솟았다. 실업률이 증가하고 물가도 오르는 스태그플레이션Stagflation 현상이 나타난 것이 바로 1970년대이다.

1970년대 빈부 격차가 감소한 것은 1970년대가 살기 좋아서 그랬던 것이 아니다. 사회 전체가 못살게 되니 빈부 격차가 감소한 것이다. 어느 사회든 모두 못살게 되면 빈부 격차가 감소한다. 한국도 1960년대 모두가 못살 때 빈부 격차는 없었다. 1970년대에 빈부 격차가 가장 적었다고 해서 지금 그 당시를 그리워해서는 안 된다. 1970년대는 정말 힘들었던 불황, 스태그플레이션의 시대였다. 실업률과 물가가 함께 올라 자본주의의 위기라는 시대였다.

신자유주의는 사회가 잘 굴러가고 있는데, 괜히 시도하는 정책이 아니었다. 이대로 가면 모두가 다 망할 수밖에 없다는 긴박한 분위기에서 나온 새로운 정책이었다. 신자유주의의 정책 기조는 자본주의의 원래 모습으로 돌아가자는 것이었다. 민영화가 바로 그 대표적인 예다.

1960년대, 1970년대는 국영화의 시대이다. 자본주의의 문제점은 기업이 자기 사익만 챙긴다는 점이다. 공익을 위해서 일을 하지 않고 사익을 추구한다. 보통 상품은 사익을 추구해도 괜찮다. 하지만 국민 모두에게 영향을 미치는 중요한 사업을 어떻게 사익만 추구하는 사기업에 맡길 수 있나. 전기, 철도, 항공, 수도, 가스, 우편, 통신, 석탄 생산 등의 서비스는 국민 생활에 막대한 영향을 미친다. 이런 서비스를 사기업이 운영하다 보면 갑자기 요금을 올린다거나, 서비스를 중지한다거나 하는 장난을 칠 수 있다. 이렇게 중요한 것들은 사익이 아니라 공익을 추구하는 정부가 담당하는 것이 나은 것이다. 그래서 이런 서비스를 제공하는 회사는 모두 공기업으로 했다. 국가가 공익을 목적으로 운영했고, 사익을 추구하는 사기업이 끼어들지 못하게 했다.

의도는 참 좋았다. 그런데 문제는 영국 등에서 이런 공기업이 엄청난 적자를 보았다는 점이다. 경제는 불황에 빠져들고 국민들의 소득이 증가하지 않다 보니 국가의 소득이라 할 수 있는 세금 수입도 늘지 않았다. 그런 상태에서 공기업은 엄청난 적자를 보았다. 국가는 국민의 세금으로 공기업의 적자를 메꾸었다. 하지만 공기업의 적자는 줄지 않았다. 결국, 공기업의 적자는 국가 재정 전체를 위협한다.

정부가 할 수 있는 일은 둘 중의 하나였다. 엄청난 적자를 계속 내는 공기업에 끝도 없이 국민의 세금을 주면서 적자를 메꾸는 것, 다른 하나는 공기업을 포기하는 것이다. 그동안 정부가 운영하던 공기업을 더 이상 운영하지 않고 알아서 하라고 하는 것이다. 즉, 정부가 공기업을 팔아서 민영화하는 것이다.

이 당시 국민들은 공기업 민영화에 찬성했을까 반대했을까? 물론 반대하는 사람들도 많았다. 특히 정부 기업의 일원으로 해고 위험 없이 편안하게 살아왔던 공기업 직원들이 엄청나게 반대했다. 영국 대처 정부에서 그동안 국영기업이었던 탄광 광부들의 파업사태는 유명하다. 하지만 민영화에 대해 찬성하는 사람들이 더 많았다. 그동안 공기업 직원들에게 엄청난 세금을 지원했다. 국가의 세금 지원이 없다면 바로 망했을 공기업에 계속 돈을 지원하는 것을 반대했다. 그래서 신자유주의의 공기업 민영화는 많은 반대가 있었음에도 추진될 수 있었다. 결국, 엄청난 적자를 내던 공기업 대부분이 민영화된다. 이 기업들에 대해 정부가 세금을 쏟아 붓지 않아도 되는 것이다.

신자유주의에서 민영화를 추진한 주된 논리는 두 가지이다. 앞에서 본 '국가가 일을 더 잘할까 아니면 민간이 일을 더 잘할까'의 문제, 그리고 공기업들의 엄청난 적자라는 현실적인 문제이다. 적자를 내는 공기업들을 털어내고, 정부가 간여하지 않는 것이 민영화의 본질이다.

신자유주의가 전 세계적으로 유행했고, 한국에서도 1990년대 말 이후 신자유주의를 전격적으로 도입한다. 1997년 IMF 사태, 그리고 김대중 대통령의 당선은 한국이 신자유주의의 길로 가는 신호탄이었다. 그래서 그 이후에 민영화는 한국 정부의 주요 화두가 되었다.

그럼 한국에서 신자유주의가 주장하는 민영화를 했다고 해서 한국이 신자유주의 국가라고 할 수 있을까? 한국이 자본주의를 적극적으로 도입했다고 할 수 있을까?

우선 그동안 한국에서 신자유주의가 도입된 1997년 이후 민영화한 사례들을 보자. 포항제철, 한국중공업, 한국통신, 한국담배인삼공사가 민영화되었다. 그런데 이 기업들이 공기업이었을 때 적자 기업이었나? 지금 민영화를 해야 한다고 하는 공기업으로는 한국전력공사, 한국가스공사 등이 있다. 그런데 이 기업들이 지금 적자를 보고 있나? 아니다. 이 기업들은 대부분 흑자 기업들이다.

신자유주의에서 공기업을 민영화한 주된 이유는 공기업들이 적자를 보고 있었기 때문이다. 공기업들이 엄청난 적자를 내면서 더 이상 정부가 지원해줄 수 없었기 때문이다. 하지만 한국에서 민영화되는 공기업들은 흑자 기업들이다. 원래 적자 공기업을 정부 부담을 줄이기 위해 민영화해야 한다. 그런데 흑자 공기업을 민영화하는 이유는 무얼까? 흑자 공기업은 잘 굴러가고 있다는 뜻인데, 잘 굴러가는 흑자 공기업을 왜 민영화해야 하나?

정부가 흑자 공기업에 대해 민영화하려는 이유는 흑자 공기업이라야 민영화가 더 쉽기 때문이다. 적자 공기업은 민영화한 후에 정말로 망할 수 있다. 흑자 공기업은 민영화해도 망하지 않을 것이다. 그래서 적자 공기업은 민영화하지 않고, 흑자 공기업만 민영화 대상에 넣는다.

한국은 겉으로 보기에는 신자유주의와 똑같이 민영화를 추진한다. 그래서 한국이 신자유주의를 추종하는 것으로 보인다. 하지만 그 내용은 완전히 다르다. 신자유주의에서 민영화는 정부 부담이 줄어든다. 국민의 세금이 낭비되지 않는다. 하지만 한국의 민영화는 정부 부담이 감소하는 것이 아니다. 적자 공기업은 계속 안고 가면서 오히려 수익 재산을 날려버리는 것이 한국의 민영화이다. 적자 부문을 도려내는 것이 자본주의의 원칙이다. 그런데 한국 민영화는 적자 부문은 계속 안고 가면서 흑자 부문을 내놓으려 한다. 한국의 민영화는 자본주의적이 아니다. 이런 식의 민영화는 아무리 많이 해도 국민 세금이 절약되는 효과는 나타나지 않는다.

성과주의가
한국을 망친다?

　　신자유주의를 대표하는 개념으로 민영화 이외에 성
과주의가 있다. 성과주의는 성과에 따라 임금이나 보너스를 주
는 것이다. 보통 직장인은 자기가 받는 임금이 결정돼있다. 계
약 기간에는 열심히 일을 하나 열심히 일하지 않나 받는 돈이
똑같다. 그러니 직장인들이 더욱 열심히 일할 동기가 별로 없
다. 하지만 만약 일을 잘해서 성과가 높게 나왔을 때 더 많은 돈
을 받을 수 있다면 어떨까? 이미 받기로 된 월급 외에 성과에
따라 더 많은 돈을 준다고 하면 일을 열심히 하고자 하는 동기
가 생기게 된다. 그래서 도입된 것이 성과주의이다. 일을 더 잘
해서 좋은 결과를 내면 그에 따른 성과를 나누어준다. 신자유
주의에서는 이러한 성과주의의 도입을 주장했다. 신자유주의가
세상에 퍼지면서, 성과주의도 각 기업들에 도입된다. 성과주의
는 일을 더 잘하고 성과를 내면 그에 대해 보답을 해주는 제도
이다.

　　하지만 한국에서 성과주의는 엄청난 반발을 유발했다. 그동

안은 직장인들끼리 서로 잘 지내고 있었다. 그런데 성과주의는 직원들 간에 누구는 A급, 누구는 B급, 또 C급 등으로 구분을 한다. 직원들 간에 줄 세우기를 한다. 모두가 열심히 잘했다고 해서 모두에게 A를 줄 수는 없다. 누군가는 A를 받고, 또 다른 누군가는 B나 C를 받아야 한다. 이렇게 직장인들, 조직들을 줄 세우기를 한다.

성과주의는 같이 일하는 동료들 간의 관계를 무너뜨린다. 그리고 직장인들을 돈으로 유혹하고, 돈에 움직이게 한다. 직장 내에서는 신뢰와 인간관계가 중요한 것인데 성과주의는 돈을 가지고 이런 관계를 망친다. 성과주의가 도입되면 직장 내에서 동료들 간의 관계가 살벌해지고, 직원들의 사기가 떨어진다. 결국, 회사 전체적으로도 마이너스가 된다.

특히 한국에서는 공기업과 공공기관에서 성과주의를 격렬하게 반대했다. 전교조는 학교 선생님들에 대해 성과주의를 도입하는 것을 결사반대했고, 공공기관도 성과주의를 도입할 때 파업으로 강력히 대처했다. 이렇게 사회문제를 발생시키는 성과주의는 자본주의의 신자유주의에서 주장하는 것이다. 성과주의를 주장하는 신자유주의, 그리고 이의 바탕이 되는 자본주의 자체가 문제가 되는 것이다. 성과주의는 자본주의적 발상으로 조직을 망치는 주범이다.

그런데 정말로 한국의 성과주의가 자본주의적일까? 자본주의, 신자유주의에서 주장하는 성과주의가 한국에서 제대로 시행이 되고, 그 성과주의가 조직의 단합을 망치고 있는 것일까?

원래 자본주의에서 성과주의는 성과를 낸 사람에게 그에 대한 '적정한 보상'을 주는 것이다. '성과에 대해 적정한 보상'을 주는 것이 성과주의이지, '아무렇게나 그냥 보상'을 주는 것이 성과주의는 아니다.

1993년 일본 니치아화학에서 연구원으로 근무하던 나카무라 슈지는 청색 LED를 발명한다. 나카무라 슈지가 청색 LED를 발명하기 이전에는 다른 색 LED들은 있었지만 청색은 없었다. 전세계의 많은 연구자와 연구기관들이 청색 LED를 개발하고자 했지만 아무도 성공하지 못했다. 그런데 나카무라 슈지가 청색 LED를 발명했다. 청색 LED가 중요한 이유는 빛의 삼원색 중에 청색이 포함되기 때문이다. 빨강, 노랑, 녹색 LED는 개발이 되었다. 이제 청색만 있으면 다른 색과 조합을 해서 모든 색을 다 만들어낼 수 있다. 청색 LED는 단순히 청색을 만들어내느냐 마느냐가 아니라 LED가 모든 색을 구현할 수 있느냐를 결정하는 것이었다.

나카무라 슈지는 청색 LED를 발명했고, 이를 이용해서 니치아화학은 전 세계에서 독보적인 LED 회사로 성장했다. 니치아화학은 나카무라 슈지의 청색 LED를 이용해서 2000년대 초까지 10년도 안 되는 사이 1조 원 이상의 이익을 보았다. 그리고 니치아화학은 이렇게 큰 성과를 낸 나카무라 슈지에게 성과급을 지급한다. 2만 엔, 한국 돈으로 20만 원을 지급했다.

나카무라 슈지는 큰 성과를 냈고, 그로 인해 20만 원의 성과급을 받았다. 성과에 따라 성과급을 받았으니, 일본 니치아화학은 성과주의를 운영한 것일까? 월급 말고 성과급을 지급하였으니 니치아화학은 성과주의를 도입한 것으로 보아도 되는 걸까?

자본주의 사회인 미국에서는 이런 식으로 회사에 크게 기여하면 직원도 큰 부자가 된다. 성과 기여분의 몇 %를 직원이 성과급으로 받는다. 나카무라 슈지는 미국이었다면 기여 이익의 최소한 1% 이상, 못해도 100억 원은 넘게 받았다. 이것이 바로 진정한 성과급이다. 회사 발전에 이바지하면 그에 따라 높은 성과급을 받게 되는 것이다.

내가 일을 잘해서 회사에 10억 원의 이익을 더 볼 수 있게 하면 내가 몇천만 원의 성과급을 받을 수 있다. 그러면 일을 더 잘하려는 동기가 생길 수 있다. 회사에 큰 기여를 해서 회사가 100억 원 넘게 돈을 벌면 나도 몇억 원을 벌 수 있다. 월급쟁이만으로는 큰돈을 한 번에 벌기 힘든데, 회사 생활을 잘하기만 하면 나도 한 번에 큰돈을 벌 수 있다. 이러면 회사 이익을 증대시키기 위해 노력을 할 수 있다. 자발적으로 열심히 회사 이익 증대를 위해 일을 한다. 이것이 바로 자본주의에서의 진정한 성과급이다. 일본 니치아화학은 1조 원 이상의 이익을 안겨준 나카무라 슈지에게 20만 원의 성과급을 지급했다. 단순히 월급 이외에 성과급을 주었다고 해서 성과주의는 아니다. 세상에 20만 원 성과급을 더 받기 위해서 몇 년 동안 열심히 일할 직장인은 없다. 성과급을 주기는 했지만 아무런 동기부여가 안 된다. 이런 것은 겉으로는 성과주의로 보이지만 진정한 자본주의적인 성과주의라 하기 힘들다.

한국에서는 어떨까? 지금 한국에서는 대부분 기업들, 그리고 공공기관들도 성과주의를 도입하고 있다. 그러면 한국에서는 직장인들이 성과급을 더 많이 받을 수 있도록 열심히 일하고 있나? 한국에서 성과주의가 도입되기는 했는데 한국의 성과주의는 좀 이상하다. 한국은 높은 성과를 받은 사람들에게 보상을 더 많이 해주는 것에 초점을 두는 것이 아니라, 낮은 성과를 받은 사람을 비판하는 것에 초점을 둔다.

한국의 성과주의에서는 높은 성과를 올렸다고 해서 직원이 크게 이익을 보지는 못한다. 성과 평가에서 S급, A급을 받으면 월급 외에 더 많은 성과급을 받기는 한다. 하지만 보통 몇백만 원, 대기업에서는 몇천만 원 수준이다. 물론 몇백만 원, 몇천만 원이 적지 않은 돈이기는 하다. 하지만 팔자가 피고, 그동안의 생활 수준이 크게 변화될 정도는 아니다. 미국에서는 성과의 유형에 따라 몇억 원, 몇십억 원도 가능하다. 그야말로 인생역전이 가능하다. 하지만 한국에서는 기존에 받는 월급보다 더 받기는 하지만 큰돈이라고 볼 수는 없다.

그리고 한국 성과급에서 재미있는 것은, 그 사람의 직급에 따라 성과급 규모가 정해진다는 점이다. 사장이나 이사급이 받는 성과급 규모, 부장급, 과장급이 받는 성과급 규모, 일반 사원이 받는 성과급 규모가 다르다. 그 사람이 회사에 얼마나 기여를 했느냐보다는 그 사람의 현재 직위가 무엇인가에 따라 성과급이 결정된다. 이사급으로 있으면 성과가 그리 높지 않아도 높은 성과급을 받을 수 있다. 하지만 일반 직원은 비록 회사 이익에 크게 기여했다 하더라도 성과급은 한계가 있다. 같은 직위의 직원들 중에서는 가장 높은 금액을 받을 수 있지만, 그래도 과장, 부장, 이사급의 성과급보다는 적다.

그래서 한국에서는 지금 당장 공로를 세워 성과급을 받는 것보다 승진하는 게 자기 평생 소득을 올리는 길이다. 지금 당장 성과를 내서 몇백만 원 더 받아도 별로 변하는 건 없다. 차라리 큰 공로를 세워 성과급을 받지 않더라도, 무난하게 회사 생활을 해서 승진을 하는 것이 평생 소득이 더 높다. 이런 건 진정한 성과주의로 볼 수 없다.

한국의 성과주의는 이렇게 성과에 대해 지급하는 보상은 크지 않으면서, 성과가 낮았을 때의 비판은 더 높다. 성과가 낮으면 찍히고, 월급이 낮아지고, 승진이 안 되고, 해고 위험이 생긴다. 원래 성과주의는 성과가 높은 사람에게 성과급을 더 주자는 것이지, 성과가 낮은 사람을 괴롭히자는 것이 아니다. 그런데 한국에서는 일을 잘하는 사람에게 초점을 두지 않고 성과가 나쁜 사람, 일을 못 하는 사람에게 벌칙을 주는 것에 초점을 둔다. 한국에서 성과주의를 도입할 때 반대가 많은 이유는 그 때문이다. 한국에서 성과주의를 도입했을 때 이익을 보는 사람은 거의 없고, 손해를 보는 사람이 많이 생긴다. 하지만 원래 성과주의는 직원들이 이익을 볼 가능성은 커지고, 지금보다 손해를 보는 사람은 없는 것이다. 그럴 때 직원들이 더 열심히 일하려고 마음먹을 수 있다.

한국의 성과주의는 자본주의의 폐해일까? 성과주의는 자본주의에서 나온 것이기는 하지만, 한국의 성과주의가 자본주의적이라고 할 수는 없다. 한국의 성과주의는 자본주의적이 아니라는 점이 오히려 문제인 것이다.

자본주의에 물든 한국의 대학?

2016년 8월, 이화여자대학교에서는 학생 시위가 일어났다. 몇천 명이 모여서 대학의 개혁을 요구하고 총장이 물러날 것을 주장했다. 이화여대생들이 총장 사퇴를 요구한 이유는 총장이 평생교육원을 만들려고 했기 때문이다. 학생들과 어떤 협의도 없이 이화여자대학교는 평생교육원을 새로 만들어 운영하려 했다. 평생교육원은 고등학교만 졸업하고 직장생활을 하는 사람들에게 대학 교육을 제공하고 학사 학위를 주는 교육 제도이다. 이 학생들은 학교 정원 이외에 더 받을 수 있는 학생들이다. 학교 입장에서는 평생교육원에 학생들이 많이 들어오면 등록금 수입이 늘어난다. 학교가 계속해서 돈벌이, 상업화되고 있는 것에 반발했던 학생들은 이 평생교육원 설치 문제로 인해 폭발했고 시위로 번졌다. 결국, 학생들은 학교 측이 평생교육원을 만들려는 계획을 포기하게 했다.

2014년 12월에는 한국외국어대학교에서 학생들이 들고일어났다. 한국외대는 기말고사까지 다 끝난 상태에서 성적평가 지침을 변경했다. 이때까지는 교수가 자율적으로 학생들에게 A, B, C, D 학점을 줄 수 있었다. 학생들이 모두 다 잘하면 모든 학생이 A, B 학점을 받을 수 있었다. 그런데 2014년, 외대는 학생 평가 체계를 바꾸어 C 학점을 일정 비율 이상 의무적으로 부과하게 하였다. 이 체계에서는 아무리 열심히 했어도 C 학점을 받는 학생이 필연적으로 나온다.

이런 식으로 평가 등급을 절대적 실력을 기준으로 하지 않고 상대적으로 나누도록 하는 것은 주로 신자유주의 성과제에서 주장된다. 자본주의 성과주의에서 주로 주장되는 상대평가를 학교에서 일괄적으로 적용하고자 하는 것에 대해 학생들은 반발했다. 더구나 학기 초에 발표한 것도 아니고, 기말고사가 이미 다 끝나고 이제 성적만 나오면 되는 상황에서 이런 제도 변경이 이루어진 것에 대해 반발했다. 학생들은 시위를 하면서 총장실을 점거하기까지 했다.

최근 한국 대학들이 자본주의 물이 드는 것에 대해 반대하는 목소리가 높다. 학교 내에 유명 프랜차이즈 커피숍이 들어서고 기념품 장사, 로고 장사를 한다. 평생교육원 등을 만들어 학위 장사를 하고 각종 비정규과정을 만든다. 학교가 정규 학생들에게 더욱 좋은 교육 환경을 만들고 공부에 전념하게 하기보다는 돈벌이에 더 신경을 쓴다. 자본주의가 신성한 교육의 장소이어야 할 대학에 침투하고 있다.

사실 이렇게 대학에 자본주의가 침투하기 시작한 것은 한국만은 아니다. 미국의 대학들도 돈을 벌기 위해 많은 노력을 한다. 미국 대학들은 한국보다 더 심하다. 미국 대학들은 기부금을 받고 입학을 시켜주기도 하고, 교수들이 연구비를 얼마나 따오느냐에 따라 심하게 차별하기도 한다. 연구비를 많이 따오는 교수에게는 큰 연구실을 주고 대학원생도 많이 배정한다. 하지만 연구비를 따오지 못하는 교수는 조그만 연구실에 처박아두고 대학원생도 주지 않는다. 미국 대학에서는 돈에 의해서 교수의 중요성도 결정된다.

그래서 미국은 대학의 지나친 자본주의를 비난한다. 그리고 미국 대학의 자본주의화를 비판하는 것과 같은 논리로 한국 대학의 자본주의화도 비판한다. 한국 대학들도 미국 대학과 같이 돈을 추구하는 행태를 보이는 것이다.

미국의 대학은 지나친 자본주의화로 문제가 발생하는 것이 맞다. 하지만 한국의 대학도 지나친 자본주의가 문제가 되는 것은 아니다. 한국의 대학 교수들 중 교육에서 돈이 더 중요하다고 생각하는 사람은 별로 없다. 조선 시대에는 먹을 게 없을 정도로 가난해도 돈을 벌려고 하지 않고, 학문의 길만을 가려는 선비의 정신이 있었다. 아무리 시대가 바뀌었다고 해도 학자는 돈을 멀리해야 한다는 정신은 아직 한국에 남아있다. 한국의 대학은 돈에 그렇게 연연하지 않는다.

그런데도 지금 한국의 대학들이 평생교육원 만들기, 성과주의적 학점 부여하기, 프랜차이즈 가맹점 받아들이기 등 자본주의적 행태를 보이는 것은 정부 때문이다. 특히 교육부의 지침에 따르기 위해서이다. 지금 대학들이 살아남기 위해서 무엇보다 중요한 것은 돈이 아니라 교육부의 지침을 어기지 않는 것이다. 그리고 교육부의 지침을 따르려다 보니 자본주의적 행태를 보일 수밖에 없게 되었다.

지금 한국의 대학들은 위기이다. 2016년까지는 고등학교를 졸업하는 학생 수가 60만 명대인데, 앞으로 몇 년 내에 고등학교를 졸업하는 학생 수가 40만 명대로 감소한다. 학생 수가 3분의 2로 감소하니 대학들도 그 정도가 망할 수밖에 없다. 이것은 대학이 더 노력한다고 해서 해결될 수 있는 문제가 아니다. 학생 수 자체가 줄기 때문에 모든 대학이 다 잘해도 3분의 2 정도는 망할 수밖에 없다.

이렇게 환경이 변화할 때 자본주의에서는 자기 실력껏 살아남게 한다. 좋은 대학이라서 학생들이 계속 지원하는 대학은 살아남고, 대학에 문제가 있어 학생들이 지원하지 않으면 망하게 된다. 이런 식으로 자연스럽게 학생들의 선택으로 망할 학교와 살아날 학교가 정해지는 것이 자본주의적 해결 방식이다.

하지만 한국에서는 그런 식으로 이 문제를 해결하려 하지 않는다. 교육부가 어떤 대학을 죽이고 살릴 것인지를 결정하려 한다. 교육부는 대학들을 평가하고 어느 정도 구조개혁을 했는가를 심사한다. 그리고 그 결과에 따라 대학 정원을 조정하려 한다. 구조개혁 평가에서 A를 받으면 현재 정원 그대로 가도 된다. B를 받으면 학생 정원 10%를 줄이도록 하고, C를 받으면 학생 정원 30%를 줄인다. D를 받으면 정원이 반으로 준다. 고등학교를 졸업하는 학생들이 아무리 그 학교가 좋아서 들어가려 해도 소용없다. 교육부에서 해당 대학의 정원을 줄이면 학생들이 가고 싶어도 들어갈 수 없게 된다.

교육부는 대학을 평가하기 위해 수백 개나 되는 평가 기준을 만들었다. 그 평가 기준에서 몇 개만 부정적인 결과만 받아도 대학은 치명적이다. 보통은 대학에서 학생들을 잘 가르치고 학생들이 지원을 많이 하면 그 대학은 충분히 살아남을 것으로 생각한다. 자본주의에서는 그렇다. 하지만 한국에서는 그렇지 않다. 대학에서 아무리 학생들을 잘 가르치고 학생들이 지원을 많이 해도, 교육부의 그 다양한 평가 기준들을 충족시키지 못하면 대학은 퇴출당할 수 있다. 대학에서 중요한 것은 수요자들인 학생들의 평가가 아니라 감독기관인 교육부의 평가이다.

한국외대는 왜 기말고사가 끝난 시점에 C 학점을 일정 비율 부여하도록 학칙을 바꾸었을까? 이게 문젯거리가 되리라는 것을 교수들이 몰랐을까? 외대 측에서 이것이 말도 안 된다는 것을 모를 리가 없다. 하지만 당시 교육부에서 새로 발표한 평가 기준에 C 학점 비율이 얼마나 되나가 들어있었다. 교육부 평가 지침에 맞추어서 학칙을 바꾸려고 했을 뿐이다. 학생들은 학교를 비난했지만 사실 학교도 교육부의 지침에 따랐을 뿐이다.

이화여대는 왜 평생교육원을 만들려고 했을까? 교육부가 평생교육원 사업을 벌이려고 했기 때문이다. 교육부가 사업을 하려 하고 신청서를 내라 하는데 대학 측에서 그 사업을 안 하겠다고 무시하기는 힘들다. 그랬다가는 괘씸죄에 걸린다.

교육부의 괘씸죄에 걸리든 말든 대학은 그냥 대학 자체적으로 잘하면 되지 않느냐고 할 수도 있다. 교육부는 자기 말을 듣는 조건으로 대학에 각종 지원금을 준다. 돈을 줄 테니 자기 말을 들으라는 것이다. 대학은 그 돈을 모두 포기하면 교육부의 말을 듣지 않아도 될 것이다.

하지만 그렇게 간단하지 않다. 교육부에 구조조정 대상 대학으로 찍히면 대학에 지원금을 주지 않을 뿐만 아니라, 학생들이 학자금 대출을 받지도 못하게 된다. 대학이 교육부로부터 돈을 받지 않는 것은 괜찮은데, 학생들이 학자금 대출을 받지 못한다는 것, 국가장학금 지원 대상에서 제외된다는 것은 심각한 타격이다. 학생들이 볼모로 잡혀있기 때문에 대학은 교육부의 평가를 절대 무시할 수 없다.

한국의 대학에서 계속 발생하는 학생들의 시위, 돈만 밝히는 대학의 행태는 자본주의 때문일까? 대학들이 정말로 수익과 이익, 돈을 목적으로 그런 행태를 한다면 자본주의의 문제라고 할 수 있다. 하지만 지금 한국 대학들의 이상한 행태는 돈 그 자체가 목적이 아니다. 교육부의 평가결과에 따라서 대학의 운명이 결정되는 대학평가 체계 때문이다. 그런데 교육부가 대학의 생존을 결정하는 것이 자본주의적인가? 자본주의에서 대학은 학생들의 선택을 받으면 살아남고 학생들이 지원하지 않으면 망한다. 정부에게 어떻게 보이느냐에 따라 생존이 결정된다면 그것은 이미 자본주의가 아니다. 지금 많은 논란이 되는 한국 대학의 문제들은 대학 생존 문제를 자본주의적으로 해결하려 하지 않기 때문에 나타나는 문제들이다.

자본주의라면
공인인증서가 있을까?

　　우리나라 인터넷 환경에서 가장 문제시되는 것 중 하나가 공인인증서이다. 2013년 겨울, 드라마 〈별에서 온 그대〉가 크게 히트를 했다. 요즘은 한국에서 히트하고 있는 드라마를 중국, 동남아 등에서도 거의 실시간으로 볼 수 있다. 중국에서도 드라마 〈별에서 온 그대〉가 히트를 했고, 중국 시청자들은 여자주인공인 천송이의 소품들을 사고자 했다. 하지만 중국 팬들은 한국 온라인 쇼핑몰에서 천송이 관련 상품들을 살 수 없었다. 한국 온라인 쇼핑몰에서 결제하려면 공인인증서가 필요했다. 하지만 중국인들은 공인인증서가 없었고, 그래서 돈을 주고 사고 싶어도 살 수가 없었다.

　　외국의 온라인 쇼핑몰에서 구매할 수 없는 것은 오늘날 스마트 사회에서 정상적인 것이 아니다. 한국인들은 미국 아마존 쇼핑몰에서 자유롭게 구매하고 결제할 수 있다. 일본 쇼핑몰에서도 구매할 수 있다. 한국인들은 외국 온라인쇼핑몰에서 상품을 살 수 있는데, 외국인들은 한국 쇼핑몰을 이용할 수 없었다. 공인인증서의 문제점이 주목받았고, 이후 공인인증서를 사용하지 않아도 되는 보안 프로그램을 보급하려 하고 있다. 그러나 여전히 공인인증서는 한국 인터넷에서 굳건히 자리 잡고 있다.

공인인증서의 문제점을 지적하며 공인인증서를 폐기해야 한다는 주장은 공인인증서 도입 초기부터 있었다. 일단 공인인증서는 마이크로소프트의 인터넷 브라우저 익스플로러에서만 작동한다. 예전에는 익스플로러가 점유율 90% 이상을 차지하고 있었기 때문에 크게 문제 되지 않았다. 하지만 최근에는 크롬 등 다른 인터넷 브라우저 사용이 점차 증가하여 이제는 세계적으로 익스플로러가 오히려 소수이다. 공인인증서는 지금 전 세계 인터넷 환경에서 사용할 수 없는 경우가 더 많다.

한국에서는 아직 익스플로러가 더 많이 사용되기는 하지만 공인인증서 때문에 어쩔 수 없이 사용하는 경우도 많다. 저자 본인의 경우에도 평소에는 크롬을 사용하지만, 금융기관에 들어가는 등 공인인증서를 사용해야만 할 때는 익스플로러를 연다. 공인인증서만 아니면 익스플로러를 사용할 이유는 특별히 없다.

공인인증서의 문제는 일단 불편하고, 또 컴퓨터에 임의로 깔리는 프로그램들이 매우 많다는 점이다. 공인인증서 사용이 편리하다고 주장하는 사람은 그냥 공인인증서 창이 떴을 때 암호만 집어넣으면 되지 않느냐고 한다. 하지만 공인인증서를 처음 발급받을 때, 공인인증서를 처음 컴퓨터에 설치할 때, 또 공인인증서 기간이 만료되어 갱신하거나 재발급할 때의 절차는 절대로 편리하다고 할 수 없다. 최근 컴퓨터들은 보안이 잘 되어 있어서 함부로 다른 프로그램이 깔리지 못하게 되어있다. 그런데 공인인증서를 설치하기 위해서는 무수한 프로그램을 깔아야 하고, 그래서 컴퓨터와 충돌을 일으키는 경우도 많다.

그렇게 사용이 복잡하면서도 보안 측에서 특별히 우수한 것도 아니다. 공인인증서를 사용하지 않는 외국의 사이트들도 공인인증서보다 더 안전하면 안전했지 공인인증서보다 못하지 않다. 오히려 소비자들에게 공인인증서를 사용하지 않는 외국 금융기관이 더 안전하다. 공인인증서를 사용하다가 금융 사고가 나면 한국에서는 소비자가 손해를 봐야 한다. 하지만 공인인증서를 사용하지 않는 외국에서는 금융 사고가 나면 회사가 다 책임을 진다. 소비자는 손해 볼 것이 없다. 한국 소비자는 공인인증서를 돈을 주고 불편하게 사용하고 있는데, 금융 사고가 날 경우 책임도 자기 자신이 져야 한다. 외국의 다른 보안 시스템보다 더 나을 것이 하나도 없다.

그래도 2000년대까지는 공인인증서가 다른 보안 시스템보다 더 안전하다고 할 수 있었기 때문에 어느 정도 타당성이 인정되었다. 하지만 지금은 외국에서 사용하는 다른 보안 시스템이 더 안전하다. 자본주의 국가들은 계속해서 기술개발을 해왔지만, 한국은 공인인증서 체계가 확립된 다음에 그냥 공인인증서에 안주했다. 결국, 지금은 공인인증서가 다른 보안 시스템보다 더 안전하지도 않은데 그동안 사용해왔다는 이유로 계속 사용하는 보안시스템이 되어 버렸다. 다른 인터넷 브라우저에서는 사용할 수도 없고, 이제는 익스플로러의 최신 버전에서도 사용하기 어렵다. 지금은 공인인증서가 한국의 인터넷 환경 변화를 따라가지 못하는 구태로 인정된다.

그런데 왜 한국은 이렇게 유별난 공인인증서를 사용하게 되었을까? 외국에서는 사용하지 않아도 되는 공인인증서가 왜 한국에서는 금융거래를 할 때 꼭 있어야 하는 필수품이 되었을까?

한국에서 공인인증서가 개발된 것은 1990년대 후반이다. 1990년대 중반 이후 인터넷 환경이 크게 발달했고, 그 당시 해킹 등 정보 보호의 중요성도 같이 증대되었다. 그 당시는 아직 전자상거래가 발달하지 않았다. 인터넷은 어디까지나 정보를 검색하고 게임 등을 할 때 주로 사용하는 것이었지, 인터넷상에서 상품을 거래하고 돈이 오가지는 않는 단계였다. 인터넷은 해킹 등이 만연했기 때문에 인터넷상에서 금융거래를 하는 것은 위험했다.

그래서 정부는 정보 보호와 안전을 위해서 공인인증서를 만든다. 당시 한국전산원, 그리고 한국전산원에서 분리된 한국정보보호센터가 공인인증서를 만드는 데 크게 기여했다. 공인인증서를 사용하면 소비자들은 안전하게 인터넷상에서 거래할 수 있었다.

그런데 사람들은 공인인증서를 잘 사용하지 않았다. 어렵게 만들어놓고 공인인증기관, 평가지침 등을 다 만들어놓았는데도 공인인증서는 사회에 잘 보급되지 않았다.

자본주의 사회라면 이럴 때 어떻게 될까? 좋은 의도로 좋은 상품을 만들었다. 하지만 사람들이 잘 모르고 또 사용하지 않는다. 보급하려고 노력해도 사용률이 늘어나지 않는다. 자본주의 사회에서는 그런 경우 그냥 시장에서 사라진다. 자본주의 시장에서는 좋은 상품이 반드시 히트하고, 또 좋지 않은 상품은 반드시 매장되는 것이 아니다. 좋고 우수한 상품이지만 시장에서 사라지는 상품들은 얼마든지 많다. 사람들이 사용하지 않으면 사라지는 것, 그것이 자본주의 사회에서 상품의 숙명이다.

하지만 공인인증서는 다른 운명을 겪는다. 정부는 비싼 비용을 들여 공인인증서 시스템을 만들었고, 이 공인인증서 시스템을 그냥 폐기할 수는 없었다. 어떻게든 이 공인인증서를 많이 사용하게 해야 했다. 그래서 정부는 일반 국민들이 금융거래를 할 때 공인인증서를 반드시 사용하도록 의무화했다. 국민 개인들에게 의무화한 건 아니다. 그 대신 은행 등 금융기관, 결제기관들에 공인인증서 사용을 의무화했다. 금융기관에서 온라인 거래를 하기 위해서는 공인인증서를 발급받아야만 하게 했다. 온라인쇼핑몰 등에서도 30만 원 이상 거래를 할 때는 반드시 공인인증서를 사용하게 했다. 금융거래를 할 때 공인인증서가 있어야만 하니 국민들도 다른 방법이 없었다. 그래서 공인인증서는 확대되고 지금 한국 금융거래의 필수품이 되었다.

공인인증서는 지금 정보 보안에서 문젯거리가 되었다. 그런데 만약 한국이 자본주의적이라면 이런 공인인증서가 한국인들의 금융거래 필수품이 될 수 있었을까? 공인인증서는 국민들이 자발적으로 구매한 상품이 아니었다. 금융기관들이 여러 보안 시스템을 서로 비교 검토해보고 공인인증서를 써야겠다고 판단해서 공인인증서를 도입한 것도 아니었다. 정부가 공인인증서 사용을 의무화했고, 그래서 국민들과 금융기관들은 공인인증서를 사용할 수밖에 없었다.

자본주의 사회였다면 공인인증서를 자발적으로 사용하고자 하는 개인, 금융기관들만 사용했을 것이다. 그랬어도 공인인증서는 활성화될 수 있었을까? 그랬을 수도 있다. 공인인증서의 장점을 알아본 사람들이 많고, 이것이 유행을 탔다면 자발적으로 공인인증서가 많이 사용되었을 수도 있다. 하지만 그런 식으로 공인인증서가 활성화되었다면 지금 공인인증서와 관련된 여러 문제는 발생하지 않았을 것이다. 계속해서 공인인증서가 개선되고, 지금의 스마트 환경에서도 아무 문제 없이 적용 가능한 공인인증서로 진화했을 것이다. 그렇게 진화하지 못하면 다른 수많은 정보통신 상품들처럼 한때 유행한 다음 시장에서 사라졌을 것이다.

공인인증서는 이제 폐기 대상이다. 금융기관에서 공인인증서를 사용해야만 한다는 규정도 이제 사라졌다. 하지만 지금까지 워낙 공인인증서만을 사용해왔기 때문에 거래 관습이 쉽사리 바뀌지는 않고 있다. 공인인증서가 생활필수품이 되고 사회 변화에 적응하지 못하다가 이제는 폐기 대상이 되어버린 현실. 이것은 이 제도가 자본주의 논리에 의해서 이루어지지 않았다는 것을 방증한다. 자본주의 사회였다면 공인인증서 문제는 처음부터 발생하지도 않았다.

한국의 주식시장은 왜
복마전 같을까?

주식회사는 자본주의의 꽃이라고 불린다. 자본주의가 크게 발달할 수 있었던 것은 주식회사 덕분이다. 그리고 주식회사가 활성화될 수 있었던 것은 주식시장 때문이다. 주식회사 외에 합명회사, 합자회사, 유한회사 등은 일반 사람들이 그 지분을 가지기 어렵다. 지분을 사고팔기 어렵고, 그래서 회사의 소유권을 가지기도, 회사를 포기하기도 힘들다. 하지만 주식시장에 상장된 주식회사의 주식은 누구나 사고팔 수 있다. 그 회사가 잘 나간다고 생각하면 주식을 살 수 있고, 그 회사가 안 좋다고 생각하면 주식을 판다. 회사의 소유주가 되었다가 안 되었다 마음대로 할 수 있다.

그런데 보통 사람들이 주식을 사는 이유는 사실 회사의 소유권을 위해서는 아니다. 주식회사에서 소액 주주는 큰 의미는 없다. 대주주가 아닌 보통 사람들이 주식을 사는 이유는 주식이 오르면 돈을 벌 수 있기 때문이다. 그 회사의 이익이 증가하면 주식 가격이 오른다. 회사의 이익이 감소하면 주식 가격은 떨어진다. 그래서 주식투자를 하는 사람들은 그 회사의 이익이 오를지 내릴지를 계속 살펴본다. 어떤 회사의 이익이 올라갈지를 예측하면 주식을 사서 이익을 얻을 수 있다. 그래서 주식투자가들은 한 회사의 이번 분기 이익이 어떨까, 올 한 해의 이익은 어떨까, 아니면 5년 후, 10년 후는 어떨까를 고민한다. 5년 후, 10년 후의 이익을 살펴보고 주식에 투자하면 장기 투자가이고, 이번 분기, 올해의 이익을 고려하면서 주식을 사고팔면 중단기 투자가가 된다. 이것이 자본주의에서의 원칙적인 주식투자이다.

그래서 자본주의가 발달한 미국의 주식 안내서를 보면 회사의 이익이 중요하게 나오고, 어떻게 하면 이익이 많은 회사를 찾아낼 수 있는지가 주된 주제이다. 재무제표에서 숨겨진 이익과 손실을 발견하는 방안, 어떤 회사가 장기적으로 잘 나갈지를 예측하는 방안, 좋은 회사 주식을 발견한 후 이익이 극대화될 때까지 기다리는 방안 등 회사의 이익에 따라 주식투자를 어떻게 해야 하는지를 설명한다. 물론 미국 등의 주식시장도 이익과 상관없이 주식의 움직임, 패턴만 가지고 주식투자할 것을 말하는 것도 있지만, 회사의 이익에 따라서 주식투자를 하는 것이 원칙이다. 미국 등에서는 회사의 이익이 올라가면 주식도 올라가고, 회사의 이익이 내려가면 주식 가격도 내려간다. 회사의 이익 구조에 따라 주식투자를 하는 것이 가장 안전하고 쉬우면서도 이익을 낼 수 있는 방법이다.

그런데 한국의 주식 관련 책을 보면 이익이 중요하다고 하는 책은 별로 없다. 가치투자를 중요시하는 소수 몇 명만 장기적인 이익에 따라 주식을 사고팔라고 한다. 대부분의 주식투자 안내서는 주식 지표들, 주식 차트를 보고 매수 시점과 매도 시점을 찾아내는 것을 중요하게 이야기한다. 그런데 이런 차트를 통한 주식거래에서 가장 중요하게 강조되는 것이 주식에 작전이 들어가는 시점을 찾아내는 것이다. 주식 작전 거래 세력들이 작전에 들어가려 할 때, 그 흐름을 타는 것이 주식에서 가장 크게 돈을 벌 수 있는 방법이다. 그래서 봉 차트를 보면서 언제 작전 세력의 흐름을 탈지, 언제 빠져나와야 할지가 중요하다. 주식 매매와 관련해서 자문을 해주는 수많은 주식 관련 사이트들은 이런 작전 세력의 움직임을 예측하고 분석하는 것이 주된 업무이다.

이렇게 한국 주식시장에서 작전 관련 이야기가 많이 도는 이유는 정말로 한국에서는 작전이 주식 가격에 큰 영향을 주기 때문이다. 그 말은 원래 주식 가격에 영향을 주어야 하는 '회사의 이익'이 주식 가격에 큰 영향을 미치지 않고 있다는 말이기도 하다. 자본주의에서는 회사의 이익에 따라 주식 가격이 움직이는데, 한국에서는 회사의 이익이 주식 가격에 큰 영향을 미치지 못한다는 뜻이다. 회사의 이익보다는 다른 이슈들이 주식시장에 더 중요하다.

회사의 이익을 설명하는 지표로 주가수익비율PER, Price Earning Ratio이 있다. 그리고 회사의 자산을 설명하는 지표로 주가순자산비율PBR, Price Book-value Ratio이 있다. 자본주의 경제에서는 당연히 회사의 이익을 말하는 주가수익비율이 중요하다. 하지만 한국 주식은 주가수익비율보다 주가순자산비율이 더 중요하다는 연구 결과들이 많다. 그 이유는 회사가 가지고 있는 부동산 때문이다. 회사에 부동산이 많으면 주가순자산비율이 높다. 땅값이 쌌던 1970년대, 1980년대 부동산을 많이 샀던 회사들은 지금 아무리 회사 이익이 적어도 별걱정이 없다. 회사를 판단하는데 이익을 얼마나 내느냐가 아니라, 부동산을 얼마나 가지고 있느냐가 더 중요하다.

회사 업무가 정부가 주도하는 사업에 얼마나 관련이 있는가도 중요하다. 정부가 4대강 사업을 추진할 때는 건설사 주식들이 오른다. 자전거 활성화 정책을 펴면 자전거 회사 주식이 오른다. 정부가 태양광 등의 사업을 지원하겠다고 하면 태양광 관련 기업의 주식이 폭등한다. 정부가 발표하는 사업에 진출하면 정말로 회사 이익이 좋아지나? 그럴 리는 없다. 정부는 돌아가며 모든 사업 분야에 대한 지원을 발표하고 있다. 그 발표대로 회사 이익이 증가한다면 지금 한국에서 어려운 회사가 없을 것이다. 하지만 그렇게 이익이 안 난다 하더라도 정부 발표에 따라 발 빠르게 주식을 매수하면 이익을 본다. 정부의 사업 시책에 편승해서 주식을 사고, 잘 빠져나오면 주식시장에서 수익을 올릴 수 있다. 회사의 이익이 어떻게 되느냐가 중요한 것이 아니라 정부의 정책 발표가 중요하다.

회사의 이익과 관계없이 정부의 발표, 기업의 공시자료 발표, 주식이 움직이는 패턴을 알아내는 게 주식에서 이익을 볼 수 있는 더 좋은 방법이다. 그러다 보니 한국 주식시장은 작전이 판을 친다. 정부의 사업 시책에 따라 허위로 기업 공시를 내기도 한다. 주식이 오를 것 같은 차트를 만들어서 일반 사람들이 그 차트 모양을 보고 들어오도록 유혹을 한다. 그리고 차트 모양을 보고 사람들이 주식을 사서 가격이 오르면 주식을 팔고 나간다.

특히 한국의 코스닥 시장은 이런 작전 세력의 놀이터이다. 회사의 이익이 어떻게 되는가를 예측해서 주식 가격이 움직이는 것이 아니라, 주식 가격을 인위적으로 움직이려는 작전 세력에 의해서 주식이 폭등하고 폭락한다. 한국에서는 주식 가격을 인위적으로 조작했다고 해서 조사에 들어가고 관련자가 구속되고 처벌된다는 뉴스가 1년에 몇 번은 나온다. 일반 주식투자가인 개미들이 이런 작전에 휘말려서 엄청난 손해를 보았다는 뉴스들도 심심찮게 나온다.

이렇게 주식시장이 완전 도박판, 사기꾼들의 향연처럼 움직이는 것이 자본주의의 폐해일까? 그렇지 않다. 자본주의에서 주식은 회사의 이익에 의해서 움직여야 하는 것이 원칙이다. 자본주의 경제에서 주식투자가들은 회사의 이익이 어떻게 될 것인가를 예측해서 주식투자를 한다. 그리고 자본주의 주식시장에서는 회사가 이익을 보면 그 이익을 배당금으로 주주들에게 지급한다. 그래서 주식을 사고팔고 하지 않고 계속 가지고만 있어도 이익을 낼 수 있다. 회사가 성장하면 주주도 같이 성장한다. 회사 이익이 증가하면 주주 이익도 함께 증가한다. 주식 가격이 올라서 이익이고, 주식을 팔지 않고 보유만 한다 하더라도 배당금이 증가하여 주주가 이익을 본다. 벤처기업이 세계적 대기업이 되면 그 회사의 주식을 일찍 산 주식투자가도 같이 백만

장자가 된다. 이것이 자본주의에서의 주식투자이다.

하지만 한국에서는 많은 주식 투자가 회사의 이익과 상관 없이 이슈와 차트 패턴을 보고 주식투자를 한다. 한국에서는 회사의 이익이 주식 가격의 상승과 별 관련이 없다. 1970년대 현대자동차는 한국의 조그만 기업이었지만 지금은 세계적인 대기업이다. 미국이었다면 1970년대 주식을 산 사람은 지금 갑부가 돼야 한다. 그런데 현대자동차 주식은 1970년대 1만 원 수준에서 지금은 13만 원 수준이다. 물가상승률을 고려하면 이익을 냈다고 보기 힘들다.

또 한국 주식들은 충분한 배당금이 나오지도 않는다. 한국은 기업들이 주주들에게 배당금을 지급하지 않기로 유명하다. 기업이 아무리 돈을 벌어도 주주들에게 배당금을 주지 않는다. 한국 회사가 주주에게 지급하는 배당률은 1.74%로 OECD 국가 최하 수준이다. 이것도 최근에 많이 올라서 이 정도 수준이나마 된 것이다. 한국의 재벌그룹들은 세계적 기업으로 성장한 기업들이 많지만, 이 재벌그룹 주식을 사서 오랫동안 가지고 있던 사람들은 부자가 되지 못했다. 한국에서 주식이 크게 오른 것은 삼성전자, 오리온, 아모레퍼시픽 등 소수 몇몇 유명 종목에 불과하다.

회사 이익에 따라 주가가 움직이고, 이익에 따라 주식투자가 이루어지는 것이 자본주의이다. 배당이 이루어지지 않고 작전이 판을 치는 한국 주식시장은 아직 자본주의적으로 움직이는 시장이라 보기 힘들다.

국제수지 흑자가 정말 국민의 흑자일까?

최근 한국은 엄청난 국제수지 흑자를 기록하고 있다. 2014년 국제수지 흑자는 843.7억 달러이었으며 2015년 국제수지 흑자는 1,058.7억 달러이다. 언론과 정부에서는 이렇게 많은 흑자를 내는 한국 경제에 대해서 자랑스러워한다. 몇 개월 만의 최대 흑자, 몇 년 만의 최대 흑자, 역대 최대의 국제수지 흑자라는 타이틀을 쉽게 찾아볼 수 있다.

이렇게 국제수지 흑자를 중요시하는 것은 지금 정부만이 아니다. 이명박 정부 때도 국제수지 흑자는 엄청났다. 그때까지 역대 최고의 국제수지 흑자를 냈다는 것이 이명박 정부의 주요 업적 중 하나로 거론되기도 했다.

이런 국제수지 흑자는 우리나라 경제가 우수한 경쟁력이 있고 잘되고 있다는 증거로 제시된다. 국제수지 흑자 폭이 떨어지면 한국 경제의 경쟁력이 떨어지는 것으로 생각하고, 만약 국제수지 적자가 나면 난리가 난다. 수출 기업들에 대해 각종 지원책이 나오고, 허리띠를 졸라매고 수입을 줄여야 한다는 등 국제수지를 흑자로 만들기 위한 각종 대책이 쏟아진다.

국제수지 흑자라는 것은 우리나라에서 나간 돈보다 우리나라로 들어온 돈이 더 많다는 뜻이다. 우리나라가 쓴 돈보다 번 돈이 더 많다. 한국에 돈이 많아지니 더 좋은 것으로 생각한다. 국제수지가 흑자가 되면 우리나라 재산이 더 늘어난 것이고, 국제수지가 적자가 되면 우리나라 재산이 감소한 것이다. 국제수지 흑자 폭이 크면 그만큼 우리나라의 부가 증가된다. 그래서 한국은 국제수지 흑자가 좋은 것으로 생각하고, 국제수지 흑자 폭을 늘리기 위해 노력을 한다. 또 우리나라보다 훨씬 더 큰 국제수지 흑자를 내고 있는 중국을 부러워한다. 한국도 더 힘을 내어 중국처럼 어마어마한 국제수지 흑자를 내기 위해 노력해야 한다고 하기도 한다.

그런데 정말로 국제수지 흑자는 그 나라에 좋은 것일까? 자본주의 사회에서는 국제수지 흑자를 추구하는 게 당연한 걸까?

현재 세계에서 국제수지 흑자를 가장 많이 내는 나라는 중국이다. 자본주의 시장경제를 도입한다고는 하지만 아직 사회주의를 공식적으로 채택하고 있다. 공산당이 사회를 지배하는 중국은 국제수지 흑자가 엄청나다. 반면에 자본주의가 가장 발달했다고 하는 미국은 국제수지가 적자다. 그냥 적자도 아니고 엄청난 적자이다. 2014년 미국의 국제수지 적자는 3,895억 달러였고, 2015년 국제수지 적자는 4,841억 달러였다. 미국 전체 GDP의 2.7% 수준이다. 한국 같으면 곧 나라가 망한다고 떠들어 댈만한 수치이다.

하지만 미국은 이런 국제수지 적자를 그냥 내버려 두고 있다. 국제수지 적자를 줄이기 위해서 수입 금지 조치를 취하지도 않는다. 수출 기업들에 특별한 지원책을 내놓지도 않는다. 국제수지 적자가 너무 크다고 사회적으로 큰 문제가 되지도 않는다. 미국에서 실업률을 줄이자, 물가상승률을 조정하자는 등의 경제 정책은 많이 나오지만 무역수지 적자를 줄이자는 경제 정책은 별로 나오지도 않는다.

현대 경제학은 1776년에 발간한 애덤 스미스Adam Smith의 국부론에서 시작한다고 본다. 아담 스미스의 국부론이 자본주의의 이론적 바이블이라 할 수 있다. 사회주의가 카를 마르크스Karl Marx의 자본론에서 시작했다면, 자본주의는 애덤 스미스 국부론에서 시작한다.

애덤 스미스의 국부론이 나오기 전에는 국가의 부는 국가가 돈을 얼마나 많이 가지고 있는가에 따라 결정된다고 보았다. 잘사는 사람, 못사는 사람을 구분하는 기본적 기준은 돈이다. 돈이 많으면 부자이고, 돈이 없으면 가난한 사람이다. 그래서 사람들은 국가의 부도 돈에 의해서 결정된다고 본다. 돈이 많으면 부자 나라이고, 돈이 적으면 가난한 나라이다. 18세기에 돈 역할을 하던 것은 금, 은이었다. 그래서 금이 많으면 부자 나라이고, 금이 없으면 가난한 나라였다. 그렇다면 국가가 더욱 부유하고 잘사는 나라가 되고 싶다면 어떻게 해야 하는가? 국가에 금이 많으면 된다. 어떻게 하면 금이 많아질 수 있나? 나라에 금이 유입되는 것을 환영하고, 대신 금이 유출되는 것을 막으면 된다. 나가는 금은 없고 들어오는 금만 있으면 국가의 금은 증가한다. 그러면 부자가 된다. 이것이 바로 중상주의 시대가 생각하는 국가의 부이다.

그래서 이 당시에는 모든 국가가 수출을 독려하고 수입은 최대한 금지했다. 수출을 하면 돈이 들어온다. 국가의 부가 증가하는 것이다. 그 대신 수입을 하면 돈이 빠져 나간다. 국가의 부가 감소한다. 그래서 중상주의 시대에는 모두가 수출 진흥책을 펼쳤고, 수입은 억제하는 정책을 폈다. 그래야 국가의 돈이 더 많아져서 부자 나라가 될 수 있다.

애덤 스미스의 국부론은 국가의 부는 그런 것이 아니라는 것에서 출발한다. 중상주의 시대에 가장 부유한 나라라고 생각했던 것은 스페인이었다. 스페인은 아메리카 대륙을 식민지로 두었고, 식민지 국가에서 막대한 금과 은을 들여왔다. 엄청난 국제수지 흑자였다. 다른 나라와 비교도 할 수 없을 정도로 많은 금과 은이 스페인에 있었다. 그래서 스페인을 부자 나라라고 생각했고, 다른 나라들도 스페인을 따라서 더 많은 금과 은을 모으고자 했다.

그런데 스페인의 국민들은 잘살지 못했다. 금과 은은 많았는데 먹고 입을 것은 항상 부족했다. 오히려 금, 은이 없는 영국 국민들이 더 잘 먹었고 좋은 옷을 입었다. 그러면 스페인이 잘사는 나라일까? 영국이 잘사는 나라일까?

금이 1kg이 있지만 먹을 수 있는 햄버거는 10개만 있는 국가와 금이 10g밖에 없지만 햄버거는 1,000개가 있는 국가가 있다고 하자. 이 둘 중에서 어떤 국가가 더 잘사는 국가이고 부자 나라인가. 금이 아무리 많이 있어도 먹을 것, 입을 것이 부족하면 그 나라는 잘사는 나라라고 할 수 없다. 금은 없더라도 먹을 것, 입을 것이 넉넉하고 좋은 집에서 사는 것이 더 잘사는 것이다. 국가에 돈이 얼마나 많이 있느냐는 중요하지 않다. 국가가 물건들을 얼마나 많이 생산하고 소비하는가가 더 중요하다.

중상주의는 국가에 돈이 얼마나 많은가가 국가의 부를 결정한다고 보았다. 그래서 국가의 돈을 증가시켜줄 수 있는 국제수지 흑자를 중요시했다. 국가에 돈이 들어오는 것이 중요하고, 돈이 나가는 것은 막았다. 하지만 자본주의에서는 국가가 얼마나 많은 돈을 가지고 있는지 중요하지 않다. 개인 수준에서는 많은 돈을 가지는 게 중요하다. 하지만 국가 수준에서는 돈 그 자체가 중요한 것이 아니다. 국민들이 사용할 수 있는 재화와 물건들이 더 많은 게 중요하다. 그래서 자본주의에서는 국제수지 흑자가 그렇게 좋은 것으로 생각하지 않는다. 국제수지 흑자는 국가의 돈이 더 많아졌다는 것인데, 이것은 국민의 삶의 질과 특별한 연관성이 없다.

자본주의에서는 국제수지 적자가 되더라도 큰 문제가 아니다. 중상주의에서는 국제수지 적자는 자기 나라의 돈이 빠져나가는 것이니 나쁜 것이다. 하지만 국제수지 적자는 자기 나랏돈은 나갔지만 그 대신 외국 상품이 자기나라로 들어온 것이다. 돈은 사라졌지만, 자기 나라 국민들이 사용할 수 있는 물건은 더 증가했다. 이것은 나쁜 일이 아니다. 오히려 국민들의 행복을 위해서는 더 좋은 일이다. 너무 많이 수입만 해서 수입 대금을 지급할 수 없을 정도로까지 적자 규모가 커지지만 않으면 크게 문제 될 것이 없다고 본다. 그것이 자본주의이다.

한국은 국제수지가 흑자여야 한다고 본다. 그리고 흑자 규모가 클수록 더 좋은 것으로 생각한다. 국제수지 적자가 나면 큰일 난 것으로 보고, 어떻게든 국제수지 흑자를 유지하려고 노력한다. 국제수지 흑자 규모가 크면 한국 경제가 좋은 것이고, 국제수지 적자가 나면 한국 경제에 큰 문제가 있는 것으로 본다. 이런 견해가 틀렸다고 보기는 힘들다. 중상주의적 세계에서는 분명히 국제수지 흑자가 선이고, 국제수지 적자는 악이다.

하지만 이런 사고방식은 자본주의 경제에서는 통용되지 않는다. 자본주의에서는 국제수지가 흑자냐 적자냐는 중요하지 않고, 그 대신 생산량과 소비량이 얼마나 많은가가 중요하다. 소비량은 적지만 돈만 많다고 부자 나라로 보지 않는다. 한국은 중상주의 국가일까, 자본주의 국가일까? 국제수지 흑자를 무엇보다 중요하다고 생각하는 한국이 자본주의 국가라고 할 수는 없다. 한국은 자본주의라기보다는 중상주의 국가이다.

Part 7

한국 경제가 나아갈 방향

진짜 '사업자 간 경쟁'이 벌어져야 한다

한국은 자본주의를 표방하고 있다. 그러나 아직 제대로 된 자본주의가 정착되지 못했다. 과거 전통적인 농촌사회보다 자본주의화 된 것은 사실이지만, 아직 절대적으로는 자본주의 사회라고 보기 어렵다. 자본주의가 너무 많이 진행된 국가들은 자본주의를 완화하는 것이 사회를 개선하는 방안이 될 수 있다. 하지만 아직 한국은 그 수준이 아니다. 한국은 자본주의를 더 도입하는 것이 경제 문제를 더 잘 해결할 방안이 된다.

그러면 한국이 제대로 된 자본주의를 보다 진척시키는 데 필요한 것은 무엇일까. 가장 먼저 경쟁적인 사회를 만드는 것을 꼽을 수 있다. 자본주의는 경쟁을 중요시한다. 한국 경제는 경쟁이 더 일어나게 해야 한다.

그런데 문제가 있다. 경쟁하면 생산성이 높아지고 효율성도 좋아진다고 선진 자본주의 국가에서 말을 하니까 한국에서는 아무 데나 다 경쟁을 도입한다. 하지만 자본주의에서 말하는 경쟁은 '사업자 간 경쟁'이다. '사업자, 생산자들이 서로 경쟁하게 하라. 그러면 소비자들-일반 국민의 삶이 좋아질 것이다' 이것이 자본주의에서 경쟁이 중요하다고 주장하는 이유이다. 그런데 한국에서는 사업자, 생산자 간 경쟁이 아니라 이상한 곳에서 사람들을 경쟁하게 한다.

물리학에 열역학 제2 법칙-엔트로피 법칙이란 것이 있다. 물리학에서 모든 것은 무질서한 쪽, 엔트로피가 증가하는 쪽으로 움직인다는 법칙이다. 그런데 사람들은 엔트로피 법칙을 사회에 적용했다. 엔트로피 법칙은 모든 것이 무질서한 쪽으로 움직인다고 한다. 그러니 사회도 무질서한 방향으로 움직일 것이라고 말을 한다. 하지만 사회는 계속 제도화되고 사회질서를 새로 만들고 바꾸는 방향으로 움직인다. 사회는 웬만해서는 무질서해지지 않는다. 이렇게 엔트로피 법칙이 사회에 적용되지 않으니 엔트로피 법칙이 틀렸다고 말한다. 하지만 엔트로피는 원래 물리 현상을 설명하는 법칙이다. 그걸 사회 현상에 적용한 것이 잘못된 것이다. 사회과학에서는 엔트로피 법칙이 오류가 많다고 비판하지만, 물리학에서 엔트로피 법칙은 여전히 중요한 사실이다. 엔트로피 법칙이 문제가 있는 것이 아니다. 물리 법칙인 엔트로피 법칙을 사회 현상에 적용한 것이 문제인 것이다. 엔트로피가 사회 현상에 적용되지 않는다고 해서 엔트로피 법칙이 틀렸다고 할 수는 없다.

자본주의의 경쟁도 마찬가지이다. 자본주의에서 말하는 경쟁은 원래 사업자 간 경쟁이다. 그런데 한국에서는 이상한 곳에 경쟁을 도입해 놓고서는 자본주의의 경쟁에 문제가 있다고 말한다. 경쟁이 효율성을 증대시키기보다는 많은 부작용을 발생시키니 경쟁이 좋은 게 아니라고 말한다. 하지만 이것은 경쟁 그 자체가 나쁘기 때문이 아니다. 이상한 곳에 경쟁을 도입한 것이 문제인 것이다.

한국에서 대표적인 경쟁 제도의 문제는 학생들을 경쟁하게 하는 것이다. 그것도 같이 공부하는 옆자리 친구와 경쟁하게 한다. 내 시험 점수가 옆자리 친구보다 일 점이라도 더 높아야 나의 내신 성적이 높아진다. 친구가 모두 좋은 점수를 받을 수 없다. 모두가 다 열심히 해도 등수 차이를 엄격하게 매긴다. 옆의 친구가 망해야 내가 좋아지는 구조이다.

이것도 경쟁이긴 하다. 하지만 이건 자본주의에서 말하는 경쟁은 아니다. 자본주의에서는 사업자 간 경쟁을 하라고 한다. 교육으로 따지면 공급자인 학교들 사이에 경쟁이 이루어져야 한다. 누가 더 잘 가르치고 교육 환경이 좋은가를 학교들이 서로 경쟁해야 한다. 그런데 한국에서는 학교 간의 경쟁을 학생들의 경쟁으로 바꾸어버렸다. 이것은 소비자들 사이의 경쟁이다. 이런 것은 효율성이 높아지는 자본주의의 경쟁이 아니다.

한국에서 문제가 되는 성과주의도 마찬가지이다. 경쟁이 좋다고 하니까 직원들 사이에 서로 경쟁하도록 만들기 위해 성과주의를 도입한다. 정부는 사업자들이 성과주의를 도입하도록 권유하고 강제하기도 한다. 그런데 이런 성과주의는 사업자 간 경쟁이 아니라 근로자 간 경쟁이다. 회사가 경쟁하게 하는 것이 아니라, 회사 내의 직원들이 서로 경쟁하게 한다.

또 경쟁은 생산성을 더 높이기 위한 경쟁이어야 한다. 하지만 한국의 성과주의에서는 다른 사람보다 더 높은 생산성을 내느냐가 중요한 것이 아니라, 다른 사람보다 떨어지지 않는 생산성을 보이는 게 중요하다. 다른 사람보다 잘했다고 좋아지는 건 없지만, 다른 사람보다 못하면 치명적이다. 그래서 한국의 성과주의에서는 더 잘하기 위한 경쟁이 아니라, 다른 사람보다 못하지 않기 위한 경쟁이 벌어진다. 이런 건 자본주의에서 말하는 경쟁이 아니다.

자본주의에서는 사업자 간 경쟁을 하게 만들어야 한다. 그런데 한국에서는 이렇게 소비자, 친구, 근로자들끼리 경쟁을 하게 만들고 막상 사업자들 간의 경쟁은 못하게 한다. 사업자들은 서로 잘 지내야 하고 싸우면 안 된다. 모든 것을 서로 합의해서 정하고 기존 사업하는 사람들이 손해 보지 않도록 보호를 한다.

일단 한국에서는 누군가 새로 사업에 들어오는 것을 좋아하지 않는다. 누가 새로 사업자로 들어오면 기존 사업자들이 어려워질 수 있다. 2013년 동부팜한농에서 방울토마토 농장을 크게 지었다. 하지만 농협 등 농촌 단체에서 들고 일어났다. 대기업이 새로 방울토마토 사업에 들어오는 것은 결사적으로 반대해야 하는 일이다. 이것은 가난하고 불쌍한 농민들의 이익을 위한 것이니 그렇다 치자. 구글이 한국에서 지도 사업을 하려고 할 때 반대 성명을 발표하는 곳은 네이버이다. 네이버가 가난하고 불쌍하다고 할 수는 없다. 네이버 같은 한국 인터넷 시장의 최강자도 다른 사업자가 들어오는 것을 반대한다.

사업자가 새로운 사업자를 싫어하는 것은 당연하다고 할 수 있다. 하지만 자본주의에서는 일반 소비자나 정부는 새로운 사업자가 들어오는 것을 찬성해야 한다. 새로운 사업자가 들어와서 경쟁이 치열해지는 것은 좋은 것이기 때문이다. 그러나 한국에서는 일반 소비자와 정부도 기존 사업자 편이다. 기업이 만든 토마토 농장은 결국 폐쇄되었고, 구글은 한국에서 지도 사업을 할 수 없다.

오늘날 세계 자동차 시장에서 가장 기대되고 촉망받는 것은 전기자동차와 무인자동차이다. 기존 자동차 시장이 전기 자동차와 무인자동차로 대체되면서 운송 수단의 새로운 패러다임이 열릴 것으로 기대하고 있다. 현재 전기자동차로 가장 유명한 선두 주자는 테슬라이다. 그리고 무인자동차로 개발에 가장 앞서나가고 있는 곳은 구글이다. 모두 다 전통적인 자동차 회사가 아니다. 전통적인 자동차 산업의 강자인 제너럴모터스 GM, 포드, 크라이슬러는 여기에 이름을 내밀지 못하고 있다. 자동차와 전혀 관계가 없던 테슬라와 구글이 다가올 미래에 전기자동차와 무인자동차가 돈이 될 거라 생각하고 자동차 업계에 뛰어들었다.

그러면 한국에서도 지금 현대기아, 르노삼성, GM코리아 말고 다른 회사가 자동차 회사를 만드는 것이 가능할까? 누군가 새로운 자동차를 만들고 싶다고 해서 쉽게 자동차 업계에 진출할 수 있을까? 가장 최근에 한국에서 새로 자동차 산업에 진출한 것은 삼성이다. 1995년 삼성자동차가 새로 생기고 그 이후 지금까지 한국에서 새로 만들어진 자동차 회사는 없다. 삼성이 자동차 산업에 진출하려 했을 때 엄청난 반대가 있었다. 자동차 회사들도 반대했고, 정부도 반대했다. 그런 난관을 뚫고 자동차 산업 진입 허가를 받기 위해서 삼성은 부산에 공장을 짓기로 했다. 당시 대통령이었던 김영삼 대통령의 고향이라 할 수 있는 부산 지역에 자동차 공장을 짓기로 하고, 자동차 시장에 신규 진입할 수 있었다. 하지만 부산 지역은 대도시 지역이라 땅값이 비쌌다. 그 땅값으로 엄청난 비용부담을 해야 했고, 결국 삼성 자동차는 망하고 르노로 넘어갔다. 그 이후에는 한국에서 새로 자동차를 만들려고 시도한 기업이 없다. 한국에서는 테슬라의 전기자동차, 구글의 무인자동차가 나타날 수 없는 구조이다. 한국에서는 새로운 기술과 아이디어만으로 사업을 시작하기가 어렵다.

한국의 경제 시스템은 전반적으로 기존 사업자들을 보호한다. 기존 사업자가 망하지 않게 하려 하고 새로운 사업자가 신규 진입하는 것을 직간접적으로 막는다. 사업자들이 서로 경쟁하도록 하지 않고 그 대신 근로자들, 학생들, 소비자들이 경쟁한다. 한국의 경제는 누구나 쉽게 사업을 시작하도록 하고 사업자들이 서로 경쟁하도록 바뀌어야 한다. 그리고 사업자들을 보호해서는 안 된다. 그것이 국민들의 삶을 좋게 만드는 방법이다.

재벌 경영 체제는
해체돼야 한다

      지금 한국 경제 문제점 중 상당 부분은 재벌 경영에서 비롯된다. 원래 재벌들의 목적은 사업으로 돈을 버는 것이었다. 돈을 버는 것이 가장 중요한 목적일 때에는 재벌이라 해도 자본주의 원칙에 맞게 운영되는 측면이 있었다. 재벌가는 열심히 사업에서 돈을 벌어 사업을 키우기 위해 일을 했다. 재벌 창업가들은 그냥 놀면서 쉽게 돈을 벌지 않았다. 정말 아침부터 밤까지 매일매일 일만 하면서 기업을 키웠다. 그리고 그렇게 기업이 성장하면서 많은 사람이 일자리를 얻었고, 한국의 대기업들이 만들어지면서 국제적인 위상도 높아지는 긍정적 효과가 있었다.

    하지만 재벌들의 창업자가 죽고 2세 경영, 3세 경영이 이어지면서 재벌가의 목적은 회사의 이익을 내는 것이 아니게 된다. 재벌가들의 가장 중요한 목적은 자식들에게 경영권을 물려주는 것이 된다. 그리고 이전에는 창업자의 형제였지만 이제는 4촌, 6촌이 된 재벌 형제의 자식들에게 일자리를 만들어주는 것이 된다.

원래 자본주의에서는 자식들에게 경영권을 잘 물려주지 못한다. 더구나 한국의 상속법, 증여법은 부모의 재산을 그대로 물려받는 것을 거의 금지하고 있다. 이런 상태에서 자식들에게 재벌 기업을 물려주려니 엄청난 무리를 하게 된다. 기업의 이익을 늘리면서 자식들에게 기업을 물려주면 좋지만 그렇게는 불가능하다. 괜히 재벌가 소유의 회사를 만들어서 그 회사에 이익을 몰아준다. 쓸데없이 재벌 기업 간 합병을 해서 재벌가 자식들의 지분을 늘려준다. 재벌가의 자식들을 회사에 입사시켜 능력과 관계없이 초고속 승진을 시킨다. 자식들 간에 재산을 정리하기 위해 문제없이 굴러가는 회사를 나누기도 한다. 지금 재벌 회사들 간의 인수합병은 기업의 경쟁력과는 아무 상관 없다. 재벌가의 경영 세습을 위한 수단으로 이루어질 뿐이다.

재벌 기업들은 재벌가 소유이니 자기 맘대로 해도 되지 않느냐고 할 수도 있다. 그런데 그렇게 자기 맘대로 하려면 주식회사 형태로 주식시장에 상장하면 안 된다. 일반인들이 소유하고 있는 주식을 모두 사들여서 상장폐지를 한 다음에 맘대로 하면 자본주의에서도 아무 말 하지 않는다. 그런데 다른 사람들이 엄연히 많은 비중의 주식을 가지고 있는데, 자기 맘대로 하면 안 된다. 그것은 자본주의 원칙에서 벗어난다.

그리고 한국의 재벌들은 원래 재벌가 자기의 재산으로 보기 힘들다. 한국의 재벌은 자기 자신의 노력으로 큰 게 아니라 정부의 경제개발 정책으로 인위적으로 만들어진 체제이기 때문이다. 1970년대 박정희 대통령 시절, 쌍용그룹의 회장 김성곤은 정치적으로도 큰 활동을 했다. 지금은 해체되었지만 쌍용그룹은 1980년대까지 한국 10대 재벌에 들었다. 한국의 대표적인 재벌 회장이 그 위상을 가지고 국회의원이 되어 정치를 했다. 김성곤은 당시 박정희 정권의 4인방으로 불렸고, 특히 정치자금을 담당했기에 정부의 실세로 일컬어졌다. 그런데 김성곤은 박정희 대통령의 지침을 어기고 마음대로 행동하는 실수를 저질렀다. 당시 오치성 장관의 탄핵 안건이 국회에 올라왔다. 박정희 대통령은 오치성 장관을 유임시키고자 했으나 김성곤이 반기를 들고 자기 지지자들에게 탄핵 찬성표를 던지게 했다. 소위 '콧수염 사건'이다. 이때 김성곤은 중앙정보부에 끌려 들어가 고문을 당한다. 고문을 당해 죽을지도 모르는 상황에서 김성곤은 박정희 대통령에게 제안을 했다고 한다.

"내 모든 재산을 헌납할 테니 용서해달라"

쌍용그룹을 바치겠다는 김성곤의 말에 박정희 대통령이 했다는 말이다.

"그게 네 건가?"

김성곤은 쌍용그룹을 자기 것으로 생각했다. 쌍용그룹 회장이니 당연히 그렇게 생각했다. 그러나 박정희 대통령은 쌍용그룹을 김성곤 것으로 생각하지 않았다. 쌍용그룹은 한국의 것이지 김성곤의 것이 아니다. 쌍용은 한국이 만들고 밀어주는 기업이다. 그 경영을 일 잘하는 김성곤에게 맡겼을 뿐이다. 정부는 대기업을 만들려고 했고, 몇몇 기업을 선정해서 엄청난 지원을 해주고 보호를 해주었다. 박정희 대통령 입장에서 볼 때 재벌 기업들은 모두 국가가 만든 것이었다. 재벌 회장들은 국가가 맡긴 기업을 운영할 뿐이다.

지금 시각에서 보면 재벌그룹을 재벌가 개인이 아니라 국가 것이라고 하는 것이 말이 안 될 수 있다. 하지만 당시 재벌그룹의 성장사를 살펴보면 일리가 있다. 사실 이 당시 한국 재벌그룹들은 정부의 엄청난 비호와 도움, 국민들의 희생으로 성장했다. 박정희가 재벌그룹이 재벌가의 것이 아니라 국가의 것으로 생각한 것이 지나친 말이라고 할 수 없을 정도이다.

그 이후 시간이 40년이 넘게 흐르면서 이제 재벌가들은 그 기업들이 완전히 자기 것으로 생각한다. 정부도 국민도 그 기업들을 재벌가의 것으로 인정한다. 1980년대까지도 재벌 기업들은 정부의 미움을 받아 어느 한순간에 망할 수 있다는 불안감이 있었다. 그리고 실제 아무리 큰 기업이라 하더라도 정부로부터 신임을 잃으면 하루아침에 망했다. 1985년 전두환 정권에 밉보인 국제그룹의 해체는 유명하다. 하지만 지금 재벌들은 그런 것을 걱정하지 않는다. 재벌 기업들은 자기들의 것이고 사회가 그 재산을 몰수할 가능성은 생각하지 않는다.

한국 경제에서 막강한 힘을 가지고 있는 재벌 기업들이 어쨌든 회사를 잘 운영해서 이익을 내고, 그 이익이 한국 경제에 도움이 되는 한 재벌 기업들이 자기 맘대로 회사를 운영해도 상관없을 것이다. 그런데 이제는 그 시스템도 무너졌다. 재벌 기업들은 자기 맘대로 회사를 운영하면서 회사의 이익이 아니라 재벌가의 이익을 추구하기 시작했다. 그리고 자기들은 이익을 봐도 그 이익을 한국 경제에 도움이 되는 방향으로 사용하지 않는다. 즉, 재벌가의 이익이 회사의 이익, 국민의 이익으로 이어지지 않는다.

재벌가의 이익이 국민의 이익으로 연결되지 않는 현상은 이명박 정부 때부터 심화되었다. 이명박 정부는 한국 경제의 경제 성장을 증대시키겠다는 공약으로 정권을 잡았다. 그리고 재벌 기업들에 정말 엄청난 지원을 했다. 재벌그룹들이 요구하는 조건을 다 들어주고, 또 환율을 인위적으로 크게 상승시켰다. 환율이 상승하면 한국 대기업의 수출이 크게 늘고 이익도 많이 늘어난다. 그 대신 국민들의 생활은 어렵게 된다. 그런데도 대기업들의 이익을 위해서 환율을 조정했다. 성남공항의 활주로를 바꾸면서까지 롯데그룹의 숙원 사업인 제2 롯데월드를 지을 수 있게 했다. 정말 재벌가들의 이익을 위해 최선을 다했다.

그런데 이명박 정부가 이렇게 재벌가들이 이익을 얻게 한 것은 재벌 기업들의 이익이 늘어나면 일반 국민들의 이익도 늘어날 것으로 보았기 때문이다. 1970년대, 1980년대에는 분명히 재벌의 이익이 일반 국민들의 이익과 연결되었다. 그런데 이명박 정부에서는 그렇게 되지 않았다. 재벌들은 그 이익을 국민들과 나누지 않았다. 재벌들은 역대 최고의 이익을 냈지만 신규 직원을 채용하지 않았다. 그렇다고 직원들의 월급을 많이 올려주지도 않았다. 국민들에게 보다 많은 서비스를 제공한 것도 아니다. 이명박 정부는 재벌가의 이익을 위해 정말 많은 노력을 했는데, 재벌가들은 자기들의 이익만 챙겼고 그 이익은 국민들에게 돌아가지 않았다. 오죽하면 이명박 정부는 나중에 재벌가에 배신을 당했다고까지 생각했을까.

원래 재벌은 제대로 된 자본주의 체제에서는 나올 수가 없다. 그럼에도 불구하고 한국은 국가를 위해서라는 핑계로 재벌그룹을 만들고 경제력을 몰아주었다. 만약 재벌그룹의 이익이 한국 국민들의 이익과 연결된다면 어쨌든 정당성을 가질 수 있다. 하지만 오늘날 재벌그룹의 이익은 국민들에게 연결되지 못하고 있다. 재벌가들은 기업의 이익이 아니라 자기들의 이익을 더 추구하기 시작했다. 이제는 재벌가의 이익이 국민의 이익으로 이어지기는커녕 국민의 이익을 희생해 재벌가의 이익을 늘린다. 더이상 자본주의의 예외를 재벌기업에 적용할 까닭이 없어졌다.

한국에서 재벌을 해체하는 것이 불가능하고 어렵다지만 사실 한국에서 재벌을 해체하기는 굉장히 쉽다. 그냥 자본주의의 원칙대로만 하면 된다. 정말로 자기 지분에 의해서만 회사 경영에 참여하게 하는 것. 이사회와 전문경영인에 의한 회사 경영. 회사의 이익을 중시한 회사 운영. 자본주의에서는 너무나 당연한 이 기본들만 엄격히 지켜도 재벌가의 문제는 다 해결된다. 그 기본조차 지키지 않기 때문에 재벌의 문제가 발생하는 것이다.

가난한 사업자가 아니라 가난한 '국민'을 도와라

자본주의에는 치명적인 약점이 하나 있다. 자본주의에서는 경제활동에 참여하는 한 사람들이 먹고살 수 있게 해준다. 잘사는 것을 보장하지는 못하지만 어쨌든 살아가는 것은 보장한다. 사람들은 최소한 먹고살 수 있는 수익이 있어야만 경제활동에 참여한다. 먹고 살지도 못하는 수익을 주면 그런 일에는 노동 공급이 이루어지지 않는다. 노동력이 필요한 기업은 아무리 못해도 생존에 필요한 보수를 지급해야 한다.

문제는 경제활동에 참여하지 않는 사람들이다. 직장을 잃은 사람들, 나이가 많아 더 이상 일을 하지 못하는 사람들, 장애가 있는 사람들 등등 경제활동에 참여하지 않는 사람들은 수입을 얻을 수 있는 길이 없다. 공산주의에서는 이들에게도 먹을거리를 주고 잠자리를 준다. 하지만 자본주의에서는 경제활동에 참여하지 않는 사람에게는 보수를 주지 않는다. 자기가 노동력을 제공하지 않더라도 자본은 제공해야 한다. 그러면 자본에 대한 보수로 이자, 배당금을 받을 수 있다. 노동도 자본도 제공하지 않으면 먹고살 방법이 없는 것이 자본주의 사회이다.

그러나 어떤 사회에서도 100% 모든 사람이 경제활동에 참여하지는 않는다. 20~30%의 사람들은 경제활동을 하지 않는다. 이 사람들을 어떻게 할 것인가? 전통 농업 사회에서는 누구나 경제활동에 기여할 수 있는 부분이 있었다. 농사짓는 일은 정년이 없다. 몸이 쇠약해져서 논까지 걸어가기 힘들어도 새끼를 꼬아서 짚신은 만들 수 있었다. 농업 사회에서는 죽기 전, 앓아눕기 전까지 계속 일을 할 수 있었고, 그래서 가족들이 이들의 생계를 책임졌다. 또 농업 사회에는 실업자가 없다. 농사를 좋아하나 싫어하나 잘하나 못하나 무조건 같이 논밭에 나가서 몸을 움직였다. 혼자 할 수 있는 일에 서너 명이 달려들어 일해서 효율성은 굉장히 낮았지만 어쨌든 일은 했고 실업자는 아니었다.

하지만 자본주의 사회는 그렇지 않다. 평생 일할 수 있는 직장은 많지 않고, 또 생산성을 중요시하는 자본주의 경제의 특성상 무조건 사람들을 일하게 하지 않는다. 일하지 않는 사람들이 나오게 되고, 이들이 먹고살 방안을 자본주의 사회는 제공해주지 않는다.

그래서 자본주의 사회는 필연적으로 복지 제도가 뒤따라오게 된다. 농업 사회에서는 복지가 필요 없다. 누구나 일을 했기에 모두가 생산물을 나누어 가질 수 있었다. 전통 농업 사회에서의 복지 제도는 흉년이 들어서 먹을 식량 자체가 떨어졌을 때 국가가 비축해둔 곡물을 나눠주는 것이었다. 흉년인 경우를 제외하면 별다른 복지가 필요하지 않았고, 그래서 복지 제도도 특별한 게 없다.

하지만 자본주의 사회에서는 어쩔 수 없이 일하지 않는 사람들이 나오고 이들이 어떻게 살아갈 것인가 하는 사회 문제가 대두된다. 사람이 사는 사회에서 몇십 퍼센트의 사람들을 그냥 굶어 죽게 내버려 둘 수는 없는 법이다. 그래서 복지 제도가 나온다. 많은 사람들이 복지 제도가 자본주의에 반하고 서로 상충하는 제도라고 생각한다. 그런데 복지 제도는 원래 자본주의가 발달한 국가에서 나온다. 대표적인 복지 제도인 연금이 처음 도입된 국가는 자본주의가 급속도로 발전해 유럽 강대국으로 성장한 독일이었다. '무덤에서 요람까지'라는 복지 제도를 갖추어 현대에 가장 대표적인 복지국가로 불리던 국가는 자본주의의 원류라 할 수 있는 영국이었다. 지금도 복지로 유명한 북유럽 국가들은 사업하기에 가장 편한 국가들로 자본주의의 모범국이기도 하다. 오히려 복지가 국가를 망쳤다고 하는 이탈리아, 그리스가 자본주의에서 멀다. 이탈리아는 기본적으로 부모의 직업을 물려받아야 하고, 자기 스스로 자기 직업을 선택하기 힘들다. 사업 허가를 받기 힘들어 새로운 사업을 시작하는 것도 거의 불가능하다. 그리스도 탈세가 만연하고, 지하 경제 규모가 큰 대표적인 국가이다. 이렇게 비자본주의 국가에서 복지 제도를 운영하려니 어려워지는 것이다.

한국에서도 복지의 문제가 대두되기 시작한 것은 자본주의가 어느 정도 도입되고 사회가 발전한 이후이다. 그런데 한국의 복지는 이상하다. 원래 복지는 경제활동에 참여하지 못해 먹고

살기 어려운 사람들을 보호하기 위해 도입되었다. 그런데 한국의 복지는 경제활동에 참여하지 않는 사람들을 주요 대상으로 하지 않고, 사업자를 대상으로 한다. 사업이 어려운 사람들, 장사가 잘 안 되는 사람들, 새로 사업하려는 사람들, 이익을 내지 못하는 기업들, 그런 사람들에게 각종 지원 자금이 들어가고 있다. 각종 제도들도 이런 사람들을 돕기 위해 만들어진다. 가난한 사람들을 돕기 위해 지원하는 돈보다, 사업자들, 이미 경제활동을 하는 사람들을 돕기 위해 지출되는 사회적 비용이 훨씬 더 많다. 한국의 복지 제도는 이상한 복지 제도이다.

한국에서 수출을 하는 기업들에는 각종 보조금 등이 지원되었다. 지금은 세계무역기구WTO, World Trade Organization 등으로 대놓고 지원을 하지는 못하지만 간접적으로 많은 지원이 가고 있다. 정부가 기술 개발 등의 명목으로 사업자들에게 지원하는 돈도 엄청나다. 중소기업이라는 이유로도 지원금이 가고, 스타트업 기업이라는 이유로도 지원금이 간다. 대학들에도 특성화 사업 등의 명목으로 엄청난 지원금이 간다. 기업들은 정부 자금을 받지 못하면 바보라는 말을 들을 정도로 정부 지원금을 받으려고 한다. 정부 지원금을 받는 법을 쓴 책이 베스트셀러가 될 정도이다.

의료보험료도 직장이 없는 사람보다 직장이 있는 사람들이 덜 낸다. 집에 가만히 있으면 의료보험료를 더 내고, 회사에 다니면 덜 낸다. 의료보험도 대표적인 복지 제도인데, 경제활동을 하는 사람을 더 우대하고 있다. 또 대학에서는 반값 등록금 정책으로 대학생들에게 많은 장학금을 지급하고 있다. 가난한 대학생들을 돕기 위한 제도이다. 그런데 정작 돈이 없어서 대학에 못 가는 사람들은 지원금을 받지 못한다. 대학에 들어가서 비싼 등록금을 낸 사람에게만 지원해준다. 예술가에 대한 지원도 마찬가지다. 예술을 할 때는 돈이 든다. 정말 돈이 없는 사람들은 악기값이 없고 물감값이 없어 예술 활동을 시작하기 힘들다. 예술을 하고 싶지만, 생계유지의 문제 때문에 예술을 하지 못하는 사람들은 매우 많다. 하지만 이런 사람들에게는 지원금이 가지 않는다. 예술 대학을 졸업하고 예술 활동을 하는 사람, 그러면서 수익이 많지 않은 사람들이 지원 대상이 된다. 진짜 돈이 없는 사람한테 지원금이 가지 않고, 사업 활동을 하고 있지만 수입이 많지 않은 사람들이 지원 대상이다.

제도들도 마찬가지이다. 가난한 지역 상인들을 보호하기 위해 대형마트를 들어오지 못하게 한다. 전통시장 상인들을 보호하기 위해 대형마트가 매월 한 번은 일요일에 장사하지 못하게 한다. 동네 서점을 보호하기 위해 책을 할인해주지 못하게 하는 도서정가제를 시행한다. 이런 제도들은 불쌍한 상인들을 보호하기 위한 제도이다. 그런데 '불쌍한 상인'들을 보호하는 것이지 '불쌍한 사람'들을 보호하는 것은 아니다. '불쌍한 상인'이라 해도 모두 다 자기 가게를 가지고 있는 사람들이다. 정말로 가난한 사람들 처지에서 볼 때는 부자들이다. 하지만 정작 가난한 사람들을 위한 제도보다는 이런 가난한 사업자들을 보호하기 위한 제도가 한국에는 훨씬 더 많다.

이렇게 가난한 사업자를 돕는 복지 정책의 문제점은 일단 정말로 가난한 사람들에게 지원금이 잘 가지 않는다는 점, 그리고 자본주의의 원칙을 크게 훼손한다는 점이다. 가난한 사업자를 돕기 위한 가장 빠른 방법은 다른 사업자들이 사업을 못 하게 막는 것이다. 그러면 가난한 사업자들은 충분히 먹고살 수 있다. 새로운 사업이 만들어지는 것도 안 된다. 새로운 사업을 만들면 기존 사업자가 가난해진다. 새로운 사업이 생기지도 말고, 새로운 사업자가 들어오지도 말고, 그냥 지금 그대로 유지가 되면 모든 사업자가 먹고살 수 있는 길이 생긴다. 그래서 사업자를 지원하기 위한 제도는 모두 새로운 기업과 사업자가 들어오는 것을 직간접적으로 막는다. 자본주의는 모든 사람이 쉽게 사업을 시작할 수 있도록 하는 것이 원칙이다. 그런데 가난한 사업자를 도우려다 보면 새로운 사업자가 들어오는 것을 막게 된다. 가난한 사업자는 이익을 보지만, 국민들은 손해를 본다. 그리고 정말로 가난한 사람들도 손해를 본다.

자본주의에서는 가난한 사업자를 도와서는 안 된다. 사업이 안 되면 바로바로 망하게 해야 한다. 그 대신 가난한 사람을 도와주어야 한다. 사업 자체는 망하게 하고, 그 대신 망한 사업자가 굶어 죽지 않도록, 사업자가 기업을 잃은 다음에도 충분히 먹고 살 수 있게 해줘야 한다. 그게 자본주의 사회에서의 복지이다.

일하지 않는 사람들에게 줄 돈이 부족하다고? 물론 모든 사람이 충분히 먹고살 수 있게 해주는 돈을 만들기는 어렵다. 그런데 지금 한국에서는 가난한 사업자들을 돕기 위해서 정말 어마어마한 돈이 사용되고 있다. 기업이 망하지 않게 지원하는 구조조정 자금만 몇조를 쓰고 있다. 가난한 사업자와 가난한 사람들을 모두 도우려니 돈이 모자라는 것이다. 가난한 사업자들을 돕지 않고 가난한 사람들만 도우면 충분히 도와줄 수 있다. 그리고 이때 자본주의 원칙이 유지되면서 모두가 복지 혜택을 누릴 수 있다. 한국에서 가난한 사람들에 대한 복지가 제대로 안 되는 이유는 가난한 사업자들을 너무 많이 돕기 때문이다. 이건 제대로 복지도 이루어지지 않고 자본주의를 훼손하는 방법이다.

국가가 아니라 국민이
부유해져야 한다

보통 사람들이 많이 갖고 있는 자본주의에 대한 오해가 하나 있다. 자본주의에서는 자본가들이 자기들의 부만 챙기기 때문에 자본가만 잘살 수 있고 일반 노동자들은 못산다는 생각이다. 자본가들이 소유하고 있는 기업만 점점 부자가 되고, 기업에서 일하는 노동자들, 그리고 보통 사람들은 절대 잘 살 수 없게 된다는 생각이다.

이런 생각을 처음 한 사람은 사회주의를 주창한 카를 마르크스이다. 마르크스의 자본론에서는 자본주의가 왜 망할 수밖에 없는가를 논리적으로 설명한다. 자본가는 이기적인 존재라 자신의 이익만 챙긴다. 회사를 운영하면서 생긴 이익을 자본가가 모두 가져간다. 힘이 약한 노동자는 힘이 센 자본가와 협상을 해서 이길 수 없다. 노동자는 자기가 살아가는 데 꼭 필요한 최저 임금만 받을 수 있을 뿐이고, 회사에서 발생하는 이익은 모두 자본가가 가져간다. 그래서 자본주의 사회에서는 자본가만 부자가 되고, 노동자는 간신히 생계유지만 할 수 있다.

그런데 자본가의 이익 증가도 곧 한계에 부딪힌다. 자본가가 운영하는 기업에서는 계속 물건을 만들어내야 하고 또 팔아야 한다. 사회에서 자본가는 극소수이고, 대부분이 노동자들이기 때문에 노동자들이 구매를 해주어야 물건이 팔릴 수 있다. 하지만 노동자들은 최저생계비로 살기 때문에 새로운 물건이 나와도 물건을 살 돈이 없다. 그래서 기업에서 상품을 생산해도 팔리지 않는 사태가 발생한다. 이렇게 자본주의는 내적으로 모순에 차 있는 제도이다.

그런데 자본주의는 실제 그런 식으로 진행되지 않았다. 1914년 미국에서 대기업으로 성장한 포드자동차는 종업원들의 임금을 하룻밤 사이에 일당 2달러 34센트에서 5달러로 약 두배로 늘렸다. 근로자들이 잘 살아야 자동차를 살 수 있게 되고, 그래야 회사의 이익도 증가한다는 이유에서였다. 자본주의가 발달하면서 자본주의가 더욱더 발달하기 위해서는 근로자들의 임금이 증가할 필요가 있다는 것을 깨닫는다. 자본가들이 근로자들을 더 생각해주고 위해주기 때문이 아니다. 근로자들이 돈이 많아야 상품이 더 잘 팔리고, 그래야 자본가들도 더 많은 돈을 벌 수 있기 때문이다. 이유 자체가 아름답다고는 할 수 없지만 어쨌든 자본주의에서는 근로자들도 잘살게 된다. 자본가도 돈을 벌고 근로자도 돈을 벌고, 하지만 자본가가 조금 더 돈을 가져가는 것이 자본주의에서의 소득 분배가 된다.

자본주의에서는 자본가만 잘살고 다른 사람들은 모두 간신히 생계유지만 하게 될 뿐이라는 마르크스의 생각은 오류였지만 마르크스를 비난할 수는 없다. 왜냐하면 자본주의가 발달하기 전까지는 사회의 주도층이 모든 부를 가져가고, 보통 사람들은 최저생계비로만 사는 것이 일반적이었기 때문이다. 자본주의가 나타나기 전 귀족사회와 농업 사회, 그리고 중상주의 사회는 어땠는가를 보자. 귀족사회에서는 귀족만 잘살았고, 일반 농노나 평민들은 간신히 생계만 유지했다. 귀족들은 사회에서 생산되는 모든 부를 독점했고, 그 부를 일반 국민들과 나누지 않았다. 귀족사회에서는 당시 대부분의 보통사람이던 농민들을 잘살게 해야 할 이유가 없었다. 생계유지를 못 할 정도로 가난하면 반란을 일으키고 소요를 일으키니 살아갈 수 있는 빵은 주어야 했다. 하지만 간신히 먹고 살 식량만 주면 그 이상은 생각하지 않아도 된다. 나머지 재산은 귀족들이 모조리 수탈해갔다.

중상주의 사회에서는 국가가 더 많은 돈을 가지는 것이 중요했다. 그런데 중상주의 시대의 국가는 일반 국민들이 아니라 국가 자체, 왕실이 중요했다. 왕실이 얼마나 돈이 많은지, 국가의 국고에 얼마나 돈이 많은지에 따라 국가의 부가 결정되고 국가의 순위가 매겨졌다. 국민이 돈이 많은 것은 소용이 없다. 국가가 돈이 많아야 한다. 그러면 어떻게 하면 국가의 재산이 많아질까? 외국에 수출해서 돈을 모으거나, 외국에서 금, 은을 빼앗아 오거나, 아니면 국민들의 돈을 끌어모으면 된다. 국민들의 돈을 끌어모으면 국민들은 가난해진다. 하지만 중상주의에서는 국민들이 못살게 돼도 상관없었다. 국가의 부만 증가하면 되는 것이다. 유럽에서 중상주의를 계속 추구하다가 미국 독립 혁명이 발생하고, 프랑스 혁명이 발생한 것은 괜히 그런 것이 아니다. 중상주의는 국가의 부를 추구하면서 식민지를 수탈하고, 국민들의 재산을 빼앗아갔기 때문이다. 루이 14세 이후 프랑스는 유럽의 최고 국가로 일컬어졌지만, 국민들은 먹고 살기 힘들어 마침내 혁명을 일으켰다. 중상주의에서는 국가는 부자가 되지만 국민들이 잘살게 되지는 않는다.

그래서 중상주의인가 자본주의인가를 구분하는 중요한 기준은 일반 국민들의 부가 어떻게 되느냐이다. 국가의 부를 중요하게 생각하는 것은 중상주의이다. 국민의 부가 중요한 것은 자본주의이다. 국민의 부를 희생시켜 국가의 부를 증대시키는 것은 최악의 중상주의이다. 자본주의에서는 그 부가 국가나 기업이 아니라 최종적으로 국민들에게 가도록 해야 한다.

한국에서는 수출을 얼마나 많이 했는가를 자랑한다. 수출증가율이 얼마나 되고, 국제수지가 얼마나 흑자인지를 자랑스럽게 이야기한다. 정책의 초점이 이렇게 수출과 국제수지 흑자에 맞추어져 있다. 수출을 많이 하고 국제수지가 흑자가 되면 기업은 돈을 많이 벌고 국가의 돈도 많아진다. 하지만 국민의 돈이 많아지는 것은 아니다. 한국은 수출 중심의 경제 시스템에서 이제 벗어나야 한다. 국제수지가 적자가 되면 큰일이 난 것처럼 난리를 피우는 것에서도 벗어나야 한다. 국민 생활에 도움이 된다면 수입이 많아지고 국제수지 적자가 나도 괜찮은 것이다.

기업을 활성화 시키려고 정부가 각종 지원을 하는 것도 이제는 지양해야 한다. 정부가 각종 지원을 해주어서 기업이 돈을 벌더라도 그것이 일반 국민들이 잘살게 되는 것은 아니다. 정 지원해주려면 기업의 부를 일반 국민들에게 환원하는 기업에 대해서만 지원을 해주어야 한다. 고용을 늘리고 임금을 늘리고, 생산하는 제품의 가격을 계속 낮추는 기업은 일반 국민들에게 도움이 된다. 그런 기업에 대해서는 지원을 해도 된다. 하지만 고용을 늘리지 않고, 임금도 늘리지 않고, 생산하는 제품의 가격은 계속 상승하는 기업은 기업이 잘돼도 일반 국민들하고는 아무 상관이 없다. 중상주의라면 그런 기업도 지원해야 한다. 하지만 자본주의에서는 아니다.

국가의 GDP가 얼마이고, 1인당 GDP가 얼마이고, 경제성장률이 어떻고, 세계에서 몇 위이고 하는 것에서도 벗어나야 한다. 이것들은 국가의 부를 나타내는 지표이지, 국민의 부를 나타내는 지표들은 아니다. 중상주의에서는 중요하겠지만 자본주의에서는 아니다. 실업률이 얼마인가, 물가상승률이 얼마인가, 임금 수준이 얼마인가가 중요한 정책 지표가 되어야 하고, 이것들을 좋게 만들어야 한다. 지금 한국에서는 임금 수준이 좀 떨어지더라도 국가 GDP가 증가하면 그런 쪽으로 정책 방향을 잡고 있다. 하지만 국가 GDP가 떨어지더라도 국민 임금 수준이 높아지는 게 진정한 자본주의에서의 정책 방향이다.

사실 자본주의는 자본가만을 위한 제도가 아니다. 자본가가 사회에서 보다 많은 이익을 얻을 수 있는 것은 사실이지만 이를 통해 일반 국민들이 더 나아지는 것을 추구하는 제도이다. 농업사회에서는 지주의 이익만 중요했다. 귀족사회에서는 귀족들의 이익만 중요했다. 이런 사회에서 지주와 귀족은 농민들을 수탈했다. 지배층이 힘으로 모든 것을 가져가 버리는 것이 자본주의 이전 전통사회였다. 자본주의는 힘의 지배가 아니라 계약의 지배이다. 그런데 계약은 어느 일방이 강제해서 되는 것이 아니라 상호 협의가 있어야 한다. 그래서 자본주의에서는 강제적인 수탈, 어느 한쪽의 일방적인 이익이 불가능해야 원칙이다.

그런데 지금 한국에서는 어느 한쪽에서만 이익을 챙기는 것이 가능하다. 대기업과 중소기업 간 관계, 발주 기업과 하청기업 간 관계, 정규직과 비정규직 간 관계 등에서 대기업, 발주 기업, 정규직이 모든 이익을 챙겨가고 있다. 지배권을 가진 사람들이 모든 이익을 챙기도록 하는 제도는 전통사회, 귀족사회의 특징이다. 자본주의에서는 그래선 안 된다. 자본주의에서는 지배권을 가진 사람의 돈만이 아니라 모두의 돈이 다 중요하다. 지금 한국의 모든 경제 제도나 경제 관습은 국가나 대기업의 이익을 위한 것에 맞추어져 있다. 국가나 대기업의 이익을 위해서 다른 이해관계자의 이익을 희생시키지 않는 사회로 나아가는 것, 그것이 현재 한국에서 필요한 경제의 방향이다.

신분제의 그늘에서 벗어나야 한다

　　사회과학에 경로의존성이란 이론이 있다. 역사적으로 오랫동안 이어져온 것은 엄청난 생명력이 있고 결국 그쪽으로 가려는 경향이 있다는 이론이다. 오랫동안 관습으로 내려온 것이 문제가 있어 바꾸었다. 새로운 방식이 훨씬 더 효율적이고 더 낫다. 그러나 그럼에도 불구하고 계속해서 전통적으로 해오던 방식으로 다시 바꾸려는 사회적 힘이 존재한다. 그것이 경로의존성이다.

　　한국은 전통적으로 농업 사회였다. 그리고 신분사회였다. 한국은 근대화를 통해 이런 것들에서 많이 벗어났다. 하지만 경로의존성은 이렇게 오랫동안 역사적으로 내려온 전통은 쉽게 바꾸기 힘들다는 것을 말한다. 잠깐은 변한 것 같지만, 곧 도루묵이 될 가능성이 항상 존재한다. 경로의존성에 의해 지배받지 않기 위해서는 항상 변화의 방향을 점검할 필요가 있다. 기존의 역사적 패턴으로 돌아가려 하지 않는 의식적인 노력을 해야 다시 과거로 돌아가지 않을 수 있다.

그런데 한국 경제는 요즘 불안하다. 다시 이전의 신분제로 돌아가는 경향을 보인다. 신분제는 자기 신분에 의해 모든 것이 결정된다. 신분에 의해 사회에서의 자신의 지위, 그리고 소득 수준, 생활 수준이 결정된다. 아무리 노력하고 잘해도 신분을 바꾸지 못하면 소용없다. 자기 신분대로 평생을 살아가는 것이 신분제의 문제점이다. 한국은 근대화 과정에서 이런 신분제의 굴레에서 벗어났다. 농부의 아들로 태어난 사람이 갑부가 된 이야기, 재벌이 된 이야기는 쉽게 들을 수 있었다. 또 부잣집에서 태어난 사람이 망하게 된 이야기도 수두룩하게 들을 수 있었다. 그런데 요즘은 금수저, 은수저, 흙수저 이야기가 사람들의 공감을 얻는다. 금수저 집안에서 태어난 사람은 계속 탄탄대로를 갈 수 있고, 흙수저 집안에서 태어난 사람은 평생 고생을 해도 잘 살기 힘들다. 부모님의 재력, 신분에 따라 자식들의 신분이 결정되고, 이 신분에 따라 그 사람의 인생이 결정된다고 본다.

신분제가 좋은 것인가 나쁜 것인가? 우리는 모두 북한의 세습제를 비판한다. 북한의 정권이 김일성에서 자식인 김정일에게, 김정일에서 자식인 김정은에게 3대 세습되는 것은 말도 안 된다고 본다. 이렇게 지위를 세습하는 것은 전통사회에서는 당연했다. 하지만 오늘날 현대 사회에서 3대 세습은 말도 안 된다. 자기 자식에게 직접 권력을 물려준 경우가 있기는 하다. 시리아에서는 2011년 대통령이 사망하면서 자기 자식에게 권력을 물려주었고, 그 이후 지금까지 시리아는 내전 중이다. 세습 정권에 반대하면서 반란이 일어났기 때문이다. 그런데 북한은 그런 소요 사태도 없이 3대째 정권을 물려받았다. 북한은 모두에게 비판을 받고 있다.

그런데 한국에서도 이렇게 자기 자식에게 물려주는 일이 다반사로 일어난다. 대통령의 지위는 물려주지 않지만, 다른 자리에서는 자기 자식에게 물려주는 일을 당연하게 생각한다. 재벌가도 지금 3대, 4대 경영까지 내려갔다. 중소기업, 비상장기업도 아니고 상장 대기업이 이런 식으로 세습 경영을 하는 경우는 어디에도 없다. 하지만 한국에서는 재벌가 자식이 기업을 물려받는 것을 당연하게 생각한다.

재벌가들만 자기 자리를 물려주는 것은 아니다. 노동자들도 자기 자리를 자기 자식들에게 물려주려 한다. 현대자동차 등에서의 노동자들은 자기가 회사를 그만두면 자기 자식을 대신 고용하도록 하는 협정서를 만들었다. 법원은 이런 세습 조항이 무효라고 선언했지만, 실제 많은 기업에서 노동자들이 자기 가족에게 자기 자리를 물려주려는 협의를 했다.

최근 로스쿨에서 문제가 되는 것은 로스쿨에 입학하고 졸업 후 자리를 잡을 때 법조인의 자녀들이 특혜를 받고 있다는 점이다. 서울 강남의 자녀들이 명문대에 들어가는 비율이 높은 것도 금수저, 흙수저 논쟁을 부추겼다. 한 사람의 성공에 자기 부모의 지위가 큰 영향을 미친다.

한국에서 신분이 다시 중시되는 이유는 무엇일까? 원래 자본주의에서는 신분이 별로 중요하지 않다. 자본주의에서는 일단 공식적인 사회적 신분이라는 것이 없고, 비공식적으로 사회 계급이 나뉘어 있기는 하지만 이것이 돈을 버는 것과는 무관하기 때문이다. 신분사회에서는 높은 신분을 가진 사람만 큰돈을 벌수 있었다. 하지만 자본주의에서는 신분과 관계없이 누구나 돈을 벌 수 있다. 사실 대부분의 사람이 원하는 것은 신분은 높지만 가난하게 사는 것보다 신분이 그렇게 높지 않아도 남부럽지 않게 잘사는 것이다.

지금 한국 경제에서 신분이 점점 중요하게 되는 이유는 신분에 따라 자기 수입이 결정되는 경향이 강해지기 때문이다. 자기실력, 능력, 그리고 노력보다는 신분에 의해 기본적인 소득 차이가 발생한다. 신분보다 실력, 능력이 더 중요하게 작용할 때신분을 별로 의식하지 않고 지낼 수 있다. 하지만 신분이 자기상태에 큰 영향을 미칠 때는 신분에 신경을 쓰지 않을 수 없다.

재벌가의 자식은 아무리 능력이 없어도 이사는 된다. 하지만일반인들은 아무리 잘하고 노력을 해도 재벌 기업의 CEO가 될수 없다. 이러면 노력, 능력보다 재벌가 핏줄이라는 신분이 더중요해진다. 비정규직이 아무리 열심히 일하고 성과를 올려도정규직의 보수를 받을 수 없다면, 이때는 업무 능력이 중요하지않다. 아무리 일을 못 해도 정규직이라는 신분이 중요하다.

대리가 회사에 큰 기여를 해서 성과급을 많이 받았다. 대리중에서는 굉장히 많이 받았지만 성과가 나쁜 부장의 월급보다는 적다면? 대리가 받을 수 있는 임금 수준과 부장이 받을 수있는 임금 수준이 이미 정해져 있어, 아무리 대리가 수익을 많이 올려도 부장의 월급을 따라갈 수 없다면? 이때는 일을 잘하는 것보다 대리인가, 부장인가가 중요하다. 부장의 신분이 중요하지 회사를 위해서 일을 잘하는 게 중요하지 않다.

자본주의에서는 원래 보수란 것이 수요와 공급에 의해서 결정된다. 하는 일이 어렵고 하고자 하는 사람이 적으면 보수가 높고, 누구나 다 할 수 있는 쉬운 일은 보수가 낮다. 그 일을 하는데 특수한 능력이 필요해서 아무나 할 수 없는 일이라면 높은 보수를 지급한다. 이렇게 자본주의에서는 업무의 성격에 따라 보수가 정해지고 그 사람의 중요성이 판단되는 것이 원칙이다.

하지만 지금 한국은 그렇지 않다. 보수가 신분에 의해 결정된다. 아무리 일을 잘하고 이익을 낸 과장이라 하더라도 절대로 사장보다 보수가 높을 수 없다. 9급 경찰관은 경찰 조직에서 가장 낮은 신분이다. 그래서 보수도 가장 낮다. 경찰이 아무리 위험한 일을 하고, 목숨의 위협을 받으면서 범인을 쫓아도, 경찰 내에서 가장 낮은 보수를 받는다. 자본주의 국가는 그렇지 않다. 미국 뉴욕시의 경찰관들은 평균 연봉이 1억이 넘는다. 그만큼 힘들고 어려운 일을 하기 때문에 그렇다. 하지만 한국에서는 서울의 경찰관이 1억 연봉을 받는 것은 꿈도 꿀 수 없다. 경찰청장의 연봉이 1억이 안 되는데 일반 경찰관이 1억을 받을 수는 없다.

호주 등에서는 청소부의 월급이 일반 사무직원들보다 훨씬 더 많다. 미국에서는 배관공, 용접공을 해도 큰 부자가 될 수 있다. 레스토랑 웨이터 중에서도 1억이 넘는 보수를 챙기는 사람들이 많다. 보수가 수요와 공급에 의해 결정되고, 내가 일을 얼마나 잘하느냐, 이익을 내느냐에 따라 결정되기 때문이다. 하지만 한국은 그렇지 않다. 신분이 더 중요하다. 조직 내에서 하층부에 있는 청소부는 아무리 일을 잘해도 높은 보수를 안 준다. 배관공이 큰 이익을 얻는 것도 용납하지 못한다. 웨이터가 지배인보다 더 많은 돈을 가져가는 것을 인정하지 못한다. 중소기업의 월급은 적어야 하고, 대기업의 월급은 많아야 한다. 대기업의 하청기업 직원이 대기업 직원보다 더 많은 돈을 가져가는 것은 받아들일 수 없다.

이렇게 되면 일을 잘하는 것보다 신분이 중요해진다. 사람들은 어떻게든 지배인이 되려 하지 일 잘하는 웨이터로 오래 일하려 하지 않는다. 무조건 지배인이 되어야 한다. 그래야 성공하고 돈을 많이 벌 수 있다. 경찰은 무조건 승진을 해야 한다. 지금 자리에서 아무리 일을 잘해도 생활이 나아지지 않는다. 시간강사는 교수가 되어야 한다. 비정규직은 정규직이 되어야 하고, 중소기업 직원은 대기업의 직원이 되어야 한다. 자기의 소득이 신분에 의해서 결정된다. 이러면 모두가 신분에 신경을 쓸 수밖에 없고, 자연히 신분사회가 되어갈 수밖에 없다.

경제가 좋아지려면 생산성을 향상하는 방향으로 사람들이 노력해야 한다. 일을 잘하고 사회의 이익을 내는 방향으로 애를 써야 한다. 그런데 신분사회에서는 그런 것보다 신분상승을 하는 노력을 주로 한다. 사회의 에너지가 사회의 생산성 향상과 상관없이 소모된다. 사람들이 자신의 사회적 지위와 신분에 상관없이 자기 일만 열심히 잘하면 부자가 될 수 있어야 한다. 용

접만 잘해도, 청소만 잘해도, 레스토랑에서 서비스만 잘해도 몇
억 원의 연봉을 받을 수 있는 사회가 되어야 한다. 그래야 신분
제의 굴레에서 벗어날 수 있다.

성과제는 제대로만
하면 된다

한국 경제에서 자본주의가 제대로 정립되기 위해 필요한 것 중 하나는 성과주의이다. 한국에서 성과주의는 1990년대 신자유주의에서 나온 것으로 많은 비판을 받기도 한다. 하지만 성과주의는 성과에 따라 평가를 받고, 성과에 따라 이득을 얻을 수 있게 하는 제도이다. 신자유주의와 관계없이 성과에 따라 평가가 이루어지고 이익을 주는 것은 항상 강조되었다. 신상필벌信賞必罰이라는 사자성어도 잘하면 상을 주고 못 하면 벌을 주라는 것이다. 성과주의는 언제 어디서나 중요했다. 제대로 된 성과주의는 그 사회를 발전시키는 원동력이 되지만, 성과주의가 잘못 적용되면 문제가 발생한다.

사실 자본주의도 새롭게 대두된 성과주의의 일환으로 볼 수 있다. 자본주의가 대두되기 전에는 귀족 중심의 신분사회, 중상주의 시대였다. 어떤 사람이 공로를 세우면 그 상으로 신분을 상승시켜주었다. 영국의 유명한 해적 드레이크는 스페인과의 무역 전쟁에서 공로를 세웠다는 이유로 귀족 신분이 된다. 반대로 귀족이 문제를 일으키면 신분을 하락시켰다. 조선에서도 양반의 신분을 박탈하고 평민이나 노비로 만드는 것은 사형 다음의 무거운 형벌이었다. 자본주의에서는 잘하면 돈을 버는 것으로 상을 준다. 그리고 못 하면 기업을 망하게 해서 벌을 준다. 자본주의에서는 내가 잘하면 얼마든지 돈을 벌 수 있게 했다. 그래서 사람들이 돈을 벌기 위해서 노력하게 만든다. 하지만 기업 운영을 잘 못 하고, 나쁜 제품 등을 만들면 그 회사를 망하게 한다. 회사가 망하면 소유자, 경영자는 재산상의 큰 손실을 본다.

그리고 여기에서 더 중요한 것은 벌이 아니라 상이다. 일을 잘할 때 돈을 많이 벌 수 있다고 해야 사람들이 열심히 한다. 일을 못 할 때 망하게 한다는 것으로는 일을 열심히 할 수 없다. 이때는 일을 조심하게 하고 신중하게 해서 망하지 않게 하려 하지, 열심히 잘하려고 하지는 않는다. 잘하면 큰 이익을 얻을 수 있는 것, 이것이 자본주의 성과주의의 기본이다.

그런데 한국에서의 성과주의는 이상하다. 우선 제대로 된 것을 목표로 하지 않고 이상한 것이 목표가 된다. 대학 구조조정과 관련해서는 대학의 교육 환경을 높이는 것, 보다 잘 가르치는 것, 학생들이 불편하지 않게 하는 것이 주요 목표가 아니다. 교육부의 평가에서 높은 점수를 받는 것이 목표가 된다. 물론 평가 지표 중에는 대학의 교육 환경에 관한 많은 것들이 있기는 하다. 하지만 필요 없는 것들도 많다. 이렇게 필요 없는 것들을 충족시키기 위해 대학들은 많은 노력을 기울여야 한다.

기업에서 일하는 사람들의 성과는 단지 일을 잘하는 것, 많은 이익을 내는 것이 아니라 CEO 등 주요 인사들에게 얼마나 잘 보이느냐이다. 회사에 많은 수익을 올리는 직원보다 회장 바로 옆에서 수발을 잘 드는 직원이 더 중요하다. 회사는 당연히 이익이 중요한데, 이익보다는 다른 것들에 의해서 성과 평가가 이루어진다.

정부의 창업 기업 지원 등에서는 몇 건을 지원했는지, 총 얼마를 지원했는지가 중요하다. 창업 기업 지원을 하면 그 기업이 정말로 얼마나 창업 기업으로서 살아남고 이익을 냈느냐가 중요해야 한다. 그런데 그런 것은 부차적이다. 일단 몇 건을 지원했는지, 얼마를 지원했는지가 중요하다. 지원 건수가 적으면 자격이 적은 업체라도 지원을 해서 지원 건수를 늘려야 한다. 지원 건수가 이미 충분히 있으면 자격이 넘치고 반드시 지금 자금 지원이 필요한 기업이라 하더라도 지원금을 받을 수 없다. 창업 기업의 성공이 아니라 지원 건수가 더 중요한 성과 지표이기 때문이다.

성과 목표가 아주 이상한 경우도 있다. 어떤 병원에서는 의사를 평가할 때 그 의사가 얼마나 많은 수입을 가져다주었는가로 평가한다. 얼마나 병을 잘 고쳤는가, 환자를 살렸는가가 중요한 게 아니라 의사가 낸 수익으로 평가한다. 그러면 의사는 돈이 많이 드는 치료를 우선시하게 된다. 필요하지 않는 수술을 권하고, 고급 장비로 검사를 받게 한다. 사람을 구하고자 하는 고귀한 목적을 가진 의사를 망치는 것은 의외로 쉽다. 돈으로 의사의 성과를 평가하면 의사는 의료 마케팅에 탁월한 능력을 보이게 될 수밖에 없다.

제대로 된 성과주의에서는 제대로 된 성과 목표가 제시되어야 한다. 그런데 한국에서 제시되는 성과 목표는 이상한 성과 목표가 많다. 물론 제대로 된 성과 목표를 제시하는 것이 쉬운 일만은 아니다. 그러면 성과주의를 도입하지 않으면 된다. 성과주의가 적용되기 힘든데도 불구하고 다른 데서 다 성과주의를 하니 자기들도 하겠다고 들어온다. 하지만 제대로 된 성과 지표를 만들기가 어려우니 그냥 측정하기 편한 것을 위주로 성과 지표를 만든다. 하지만 이런 성과 목표는 조직을 이상한 길로 안내한다. 제대로 된 성과 목표가 아니라면 아예 성과 목표가 없는 것이 더 낫다.

또 한국의 성과주의는 큰 공로를 세운 사람에게 큰 이익을 주려 하지 않는다. 일을 열심히 잘한다고 해서 그 사람이 큰돈을 벌기가 힘들다. 그 대신 성과가 낮으면 박살 내려 한다. 기업에서 성과를 내도 한 계급 승진에 유리할 뿐이지 대박 나지는 않는다. 그러나 실수를 해서 잘못하면 이때는 끝이다. 퇴직을 당하거나, 퇴직이 안 되더라도 승진은 어렵게 된다. 과장 때 잘못한 것 때문에 이사 승진에서 물을 먹는다. 성과주의는 언제든 잘하면 그에 따라 성공을 할 수 있어야 한다. 하지만 한국에서는 10년 전 징계기록 때문에 지금 불이익을 받을 수 있다. 한 번 잘못하면 그것이 복구되지 않는다. 한 번의 실수가 계속해서 따라다니고 극복할 수 없다면 그 사람은 지금 열심히 하고자 하는 생각을 가지기 힘들다. 이런 것은 성과주의가 아니다. 겉으로는 성과주의라는 말을 달고 있지만, 이런 성과주의에서는 열심히 하고자 하는 동기가 생기지 않는다.

이렇게 잘해도 보상은 적으면서 잘못했을 때 벌은 크다. 성과가 계속 낮으면 해고를 당할 수 있고, 또 승진에서 누락된다. 진짜 성과주의는 잘했을 때 보상이 커야 한다. 일하는 동기를 끌어내는 자본주의의 성과주의는 잘하면 대박이 날 수 있게 해줘야 한다.

사실 한국 경제 문제의 대부분은 성과주의로 설명할 수 있다. 기업들이 계속 정부에 로비를 하는 이유는 무얼까? 정부에 로비했을 때 나오는 것이 없다면 귀찮게 로비를 할 리가 없다. 기대한 것 이상의 이익이 나올 수 있으니 로비에 매달리는 것이다. 회사들은 기업 활동을 열심히 할 때보다 정부에 로비를 해서 다른 회사들이 들어오지 못하게 만드는 규제를 만들었을 때 얻는 이익이 더 크다. 사실 기업 활동은 어렵다. 계속 경쟁자가 들어오고, 경쟁자에 대항할 새로운 상품과 서비스를 개발해야 한다. 그런데 새로운 기업이 잘 들어오지 못하게 하는 규제를 만들면 그다음부터는 혼자서 편하게 기업 활동을 하면서 돈을 벌 수 있다. 이런 규제를 정부가 만들면 안 되는데, 로비 활동을 열심히 하면 만들어진다. 그러니 경쟁을 막는 규제가 계속해서 만들어진다. 기업 활동의 에너지가 엉뚱한 데로 사용되는 것이다.

재벌 문제가 심화하는 것도 기업에서 일하는 사람들이 기업 자체의 이익을 도모하는 것보다 재벌가의 이익에 봉사하는 편이 더 보수가 많기 때문이다. 다른 주주들이나 일반 사람들에게는 손실이지만, 기업 사람들은 재벌가에 복종할 때 승진 기회가 더 많고 보수도 더 늘어난다. 성과 지표가 그런 식으로 적용되기 때문이다.

사람들이 창업을 잘 안 하려고 하는 이유는 창업했을 때 고생은 고생대로 하는 데 성공했을 때 대박이 나기 어렵기 때문이다. 미국에서도 창업을 하면 굉장히 어렵다. 그런데도 창업을 하는 사람이 많은 이유는 성공했을 때 큰 부자가 될 수 있기 때문이다. 하지만 한국에서는 창업 기업이 성공해도 큰 부자가 되기 쉽지 않다. 그러나 망하면 집안 전체가 망하고, 다시 재기하기가 쉽지 않다. 보상은 적고 벌칙은 크다. 이런 시스템에서는 창업도 활성화되기 힘들다.

사람들이 자기가 정말로 좋아하는 일을 할 때는 성과와 그에 대한 보상이 필요하지 않다. 성과가 좋든 나쁘든, 보상이 좋든 나쁘든 정말로 좋아하면 그냥 그 일을 한다. 하지만 취미도 아니고 직업으로 하는 일이 그 정도로 좋기는 힘들다. 대부분의 사람은 자기 일에 대한 성과, 그리고 그에 대한 보상에 끌려 일을 한다. 그래서 성과주의는 중요하다. 사람들이 일을 잘하고 싶게 성과와 보상이 주어져야 한다. 못하는 사람을 쳐내기 위해 성과주의가 운영돼서는 안 된다. 한국의 성과주의 기본 개념과 적용 방식은 바뀔 필요가 있다.

한국적 자본주의보다
'그냥' 자본주의가 낫다

한국의 1970년대는 독재 정치의 시대였다. 1972년 10월 당시 박정희 대통령은 유신헌법을 선포했다. 이때까지 국민의 직접투표로 대통령을 선출하던 것을 통일주체국민회의에서 대통령을 선출하는 것으로 바꾸어버렸다. 또 이전에는 대통령을 세 번까지만 연임할 수 있었는데, 유신헌법에서는 평생 대통령을 할 수 있도록 했다. 1972년까지는 대통령은 국민의 손에 의해서 선출되었고 장기 집권이 불가능했지만, 유신헌법은 국민의 뜻과 관계없이 평생 대통령으로 집권할 수 있었다. 그래서 유신헌법은 민주주의를 파괴한 독재 헌법이었고, 1970년대의 박정희 정권은 독재정권이 된다.

1979년 박정희 대통령이 10.26 사건으로 사망하면서 박정희 정권은 무너진다. 그리고 1980년에는 5공화국 헌법이 만들어지는데, 이때 대통령은 대통령선거인단에서 선출하도록 했다. 대통령의 임기를 7년 단임으로 규정해서 유신헌법처럼 평생 대통령을 할 수 없게 만들기는 했지만 어쨌든 국민이 직접 대통령을 선택하는 시스템은 아니었다. 그래서 1980년대 전두환 5공 정부도 독재정권이라고 부른다.

오늘날 1970년대와 1980년대 한국 정치가 민주 정치가 아니라 독재 정치였다고 말하는 것은 너무나 당연하다. 박정희의 경제개발 공적, 전두환의 안정화 정책 성공 등에 대한 이야기가 있기는 하지만, 어쨌든 독재 정치였던 것은 분명하다. 그런데 그 당시 한국에서는 스스로를 독재정권이라고 불렀었나? 그렇지 않다. 1970년대, 그리고 1980년대 한국은 스스로를 민주주의 정권으로 규정했다. 하지만 그냥 민주주의는 아니었다. '한국적 민주주의'였다.

민주주의는 좋은 제도이기는 하지만 많은 문제점도 존재한다. 무엇보다 민주주의는 포퓰리즘의 위험이 있다. 국가의 장기적 이익을 위해서 국가의 의사결정이 이루어지는 것이 아니라 지금 당장 선거에서 이기기 위해 의사결정이 이루어지는 경향이 있다. 또 민주주의에서는 무엇이 옳고 그른가가 중요한 것이 아니라 다수결이 중요하다. 일 더하기 일은 이다. 하지만 워낙 무식한 사람들이 많으면 일 더하기 일이 삼이 될 수 있다. 민주주의에서 다수의 사람이 일 더하기 일이 삼이라고 하면 삼이 정답이 되어버린다. 그래서 플라톤도 민주주의가 좋은 제도라고 하지 않았다. 오히려 군주정보다도 더 문제가 발생한다고 민주주의를 비판했다.

한국적 민주주의는 이런 민주주의의 문제점을 보완한 제도이다. 서구의 민주주의는 단기적으로 선거 결과만 중요시하는 부작용이 발생하고, 또 포퓰리즘의 문제가 있다. 국가의 장기적인 이익에 의해서 국가 의사결정이 이루어지지 않고, 선거에서 이기기 위한 정책이 만연한다. 그래서 한국에서는 그런 민주주의의 문제점을 보완하기 위해 대통령을 국민이 직접 뽑지 않고 소위 전문가, 국민이 선정한 대의원 등이 뽑도록 했다. 이들은 똑똑하고 훌륭한 사람들이기 때문에 순간의 인기에 의해 대통령을 뽑지 않고, 정말로 국가의 이익을 위한 대통령을 뽑는다.

유신헌법에서는 국회의원도 국민의 인기에 의해서만 선출되는 것을 막기 위해 정부가 국회의원 전체의 삼 분의 일을 직접 선정할 수 있도록 했다. 그러면 포퓰리즘에 의해 실력은 없지만 인기만 있는 사람이 국회의원이 되는 것이 아니라 정말로 실력 있는 사람들이 국회의원이 될 수 있다.

민주주의의 또 다른 문제점은 의견이 통일되지 않고, 여러 사람이 다양한 의견을 쏟아내는 것이다. 의견 수렴이 되지 않으니 계속해서 논쟁만 한다. 다수결로 의사결정을 한다고 하지만 의사결정을 한 다음에 사람들 생각이 바뀌어 그 다수결이 바뀔 수 있다. 그래서 민주주의에서는 계속 논쟁이 일어나고, 결정된 일을 지속적으로 추구하기 어렵다. 그래서 유신헌법, 5공화국 헌법에서는 다양한 논쟁이 이루어지지 않게 하고, 전체 의견에 해가 되는 의견은 제시하지 못하게 했다. 언론이 마음대로 떠들지 못하게 하고 시위와 집회를 할 수 없도록 했다.

이렇게 한국은 서구의 민주주의의 문제점을 보완해서 한국적 민주주의 제도를 만들었다. 국민이 국가의 주인이라는 민주주의의 장점은 그대로 유지하고 민주주의의 단점들을 보완하는 제도를 만든 것이다. 대한민국의 주권은 국민에게 있다. 그리고 정부는 국민을 위해 일을 한다. 그래서 대한민국은 민주주의 국가이다. 하지만 민주주의 국가는 포퓰리즘, 인기 위주의 정책이 이루어지고 사회 혼란이 발생할 수 있다. 그래서 한국은 이것을 막기 위해 국민들이 대통령을 직접 선거로 뽑지 않도록 한다. 그리고 민주주의의 약점인 사회 혼란이 발생하지 않도록 대통령에게 힘을 실어주고 언론과 시위를 통제한다. 이것이 한국적 민주주의였다.

한국 정부는 스스로 독재정권이라고 인정한 바가 없다. 한국은 어디까지나 민주주의 정부였다. 대신 서구의 원래 민주주의와 다른 한국적 민주주의를 실시할 뿐이다. 하지만 한국적 민주주의가 정말로 민주주의였을까? 민주주의는 국민의 뜻에 따라 국가 지도자가 선출되는 제도이다. 누구든지 자기 의견을 표출할 수 있는 것이 민주주의이다. 이 두 가지가 이루어지지 않으면 민주주의가 아니다. 한국적 민주주의는 그냥 독재정권의 다른 표현이었을 뿐이다. 차마 스스로를 비非민주 정권이라고 말할 수 없어서 만들어낸 표현일 뿐이다. 1980년대 말, 독재정권이 무너지고 한국이 정말로 민주주의 사회가 되면서 '한국적 민주주의'란 말도 사라졌다. 민주주의는 그냥 민주주의이다. '한국적 민주주의'라는 것은 없었다.

오랫동안 잊혀졌던 '한국적'이라는 표현이 2000년대에 다시 등장하기 시작했다. 이번에는 '한국적 자본주의'라는 표현이다. 한국은 자본주의를 채택하고 있다. 그런데 서구에서 말하는 자본주의와는 아무래도 무언가 다르다. 서구에는 재벌이라는 것이 없다. 일본에는 게이레츠라는 기업 집단이 있기는 한데, 일본의 재벌인 게이레츠는 기업 간 협조집단이지 한국처럼 명령 하고 통제하는 사이가 아니다. 그리고 서구에서는 대기업 경영자가 세습되지 않는다. 일본의 게이레츠도 세습되는 경우는 없다. 그런데 한국은 재벌 경영이 2세, 3세로 세습된다. 경제 구조에서 자본주의를 따르고 있는 서구국가들과 큰 차이가 있다.

또 한국에는 자본주의의 문제점들을 보완하기 위한 많은 제도가 있다. 자본주의에서는 기업 활동이 안정적이지 않다. 많은 사업자가 활동을 하면서 혼란을 발생시킨다. 그래서 한국에서는 이런 사업 환경의 혼란을 막기 위해 여러 가지 제도를 도입했다. 사업자들이 서로 다투지 않도록 사업자 협회를 만들어 서로 협력하게 했다. 사업자들이 가격을 가지고 서로 싸우지 않도록 하려고 가격을 함부로 내리지 못하게 했다. 그리고 한편으로는 기업들이 너무 큰 이익을 챙겨가지 않도록 가격을 마음대로 올리지도 못하게 했다. 이런 제도들은 어디까지나 자본주의의 문제점을 해결하기 위한 것들이다. 자본주의를 부정하고 뒤엎기 위해 만든 것은 아니다.

이렇게 한국은 재벌 위주의 경제 체제가 되었고, 자본주의의 문제들을 보완하기 위해 많은 제도를 만들었다. 그런데 자세히 보면 이런 것들이 서구의 자본주의, 자본주의의 원래 모습하고는 많이 달라졌다. 하지만 한국은 어디까지나 자본주의 사회이다. 그래서 한국의 자본주의를 설명하는 새로운 단어를 만들어냈다. '한국적 자본주의'이다. 그리고 한국 경제의 많은 문제를 자본주의의 문제로 파악한다. 서구에서 많은 문제를 야기하는 자본주의가 한국에서도 한계에 도달해 이제는 더 많은 문제를 일으키는 경제 제도인 것으로 말한다.

하지만 '한국적 민주주의'가 민주주의가 아니었듯이, '한국적 자본주의'도 자본주의가 아니다. 한국은 민주주의 국가가 아니라는 말을 듣기 싫어서 '한국적 민주주의'라는 표현을 만들었듯이, 한국은 자본주의 국가가 아니라고 할 수 없어서 '한국적 자본주의'라는 말을 사용할 뿐이다. '한국적 자본주의'의 문제는 자본주의 때문에 발생하는 것이 아니라 바로 '한국적'이라는 부분에서 발생한다. 한국적 민주주의에서도 정말로 문제가 되었던 것은 '민주주의'가 아니라 '한국적'이었다.

'한국적 민주주의'의 문제를 해결하기 위해서는 '한국적'인 부분을 계속 보완하는 것이 아니라 그냥 민주주의를 도입하는 것이었다. 마찬가지로 '한국적 자본주의'의 문제를 해결하는 것은 자본주의를 원칙대로 도입하는 것이다. 물론 자본주의를 원칙대로 도입하면 다른 문제가 발생한다. 민주주의를 도입했다고 해서 한국이 아무 문제 없는 천국이 된 것은 아닌 것처럼, 자본주의를 도입한다고 한국 경제의 문제가 완전히 해결되는 것은 아니다. 하지만 '한국적 민주주의'보다 그냥 민주주의에서 우리는 더 살기 좋아졌고 문제가 해결되었다. 마찬가지로 '한국적 자본주의'보다는 그냥 자본주의가 지금 한국 경제보다는 더 나아질 것이다. 민주주의의 문제점을 해결하는 것은 민주주의가 제대로 도입된 이후여야 한다. 자본주의의 문제점을 치유하는 것도 일단 자본주의가 제대로 도입하고 난 이후에 가능하다. 한국은 아직 제대로 된 자본주의를 따르지 못하고 있다.

한국은 자본주의 사회인가

초판 1쇄 발행   2016년 12월 27일

지 은 이   최성락
펴 낸 이   최용범
펴 낸 곳   페이퍼로드

편   집   박강민, 김종오
디 자 인   신정난
마 케 팅   정현우
경영지원   강은선

출판등록   제10-2427호(2002년 8월 7일)
주   소   서울시 마포구 연남로3길 72 2층
Tel (02)326-0328, 6387-2341 | Fax (02)335-0334
이 메 일   book@paperroad.net
홈페이지   http://paperroad.net
블 로 그   blog.naver.com/paperoad
포 스 트   http://post.naver.com/paperoad
페이스북   www.facebook.com/paperroadbook

I S B N   979-11-86256-55-8 (03320)